马德峰\著

慈善超市救助工程运作机制研究
——以苏南地区为例

CISHAN CHAOSHI
JIUZHU GONGCHENG
YUNZUO
JIZHI YANJIU

苏州大学出版社
Soochow University Press

图书在版编目(CIP)数据

慈善超市救助工程运作机制研究：以苏南地区为例 / 马德峰著. —苏州：苏州大学出版社，2019.12
 ISBN 978-7-5672-3001-9

Ⅰ.①慈… Ⅱ.①马… Ⅲ.①慈善事业－研究－苏南地区 Ⅳ.①D632.1

中国版本图书馆 CIP 数据核字(2019)第 275805 号

书　　名	慈善超市救助工程运作机制研究——以苏南地区为例
著　　者	马德峰
责任编辑	李寿春
助理编辑	杨　柳
出版发行	苏州大学出版社
	(苏州市十梓街1号　215006)
印　　刷	镇江文苑制版印刷有限责任公司
开　　本	700 mm×1 000 mm　1/16
印　　张	11
字　　数	203 千
版　　次	2019 年 12 月第 1 版
	2019 年 12 月第 1 次印刷
书　　号	ISBN 978-7-5672-3001-9
定　　价	39.00 元

若有印装错误，本社负责调换
苏州大学出版社营销部　电话：0512-67481020
苏州大学出版社网址　http://www.sudapress.com
苏州大学出版社邮箱　sdcbs@suda.edu.cn

目 录
Contents

第 1 章 导论

1.1 问题的提出 / 1
1.2 文献检视 / 4

第 2 章 研究基本设计

2.1 核心概念与研究方法 / 12
2.2 研究选点 / 15
2.3 理论视角 / 17
2.4 研究思路与研究重点难点 / 20

第 3 章 慈善超市的酝酿产生

3.1 外在客观指标 / 22
3.2 内在隐性指标 / 31
3.3 简要思考 / 33

第 4 章 慈善超市的运作机制

4.1 慈善超市的发展动力 / 36
4.2 慈善超市的"源头活水" / 45
4.3 慈善超市的救助对象 / 57
4.4 慈善超市的运营要素 / 65
4.5 慈善超市的管理机制 / 76
4.6 简要小结 / 81

第5章 慈善超市的运营困境

5.1 慈善超市发展的政策供给 / 83

5.2 慈善超市的实践探索经验提炼 / 87

5.3 慈善超市的义工队伍建设 / 106

5.4 慈善超市的社会公信力保证 / 110

5.5 慈善超市运营困境的思考 / 116

第6章 慈善超市的发展路径

6.1 慈善超市运作的转向背景 / 120

6.2 慈善超市运作的转向之路 / 123

6.3 企业兼带型之路 / 124

6.4 民间运作型之路 / 131

6.5 慈善超市运作的发展路径 / 138

第7章 研究小结与反思

7.1 研究小结 / 148

7.2 研究反思 / 150

7.3 研究主要不足 / 151

附录

附录1 访谈提纲 / 153

附录2 慈善超市政策相关文件 / 155

主要参考文献 / 169

> 慈悲不是出于勉强,它是像甘露一样从天上降下尘世;它不但给幸福于受施的人,也同样给幸福于施与的人。
>
> ——[英国]威廉·莎士比亚

第1章 导 论

1.1 问题的提出

慈善超市(Charity Supermarket)是我国现代城市社会新增的一道靓丽"风景线",它是借用商业超市自选物品的载体形式,依托经常性社会捐助点或者社区工作站,募集和发放社会捐赠款物,从而达到解决城乡特困居民临时生活困难的目的。作为社会救助的新型平台之一,慈善超市的出现对于保障城乡困难民众的基本权益,缩小社会阶层的贫富差距,完善社会救助现有制度,促进社会和谐稳定具有重要的价值意义,受到社会各界的广泛重视。

1.1.1 现实社会背景

伴随着我国经济的快速发展和社会全面进步,公益慈善受到社会普遍关注与积极响应,并被(国家)纳入社会保障安全网的辅助力量之中。嗅觉敏锐的新闻媒体对慈善超市建设发展进程展开追踪和深入报道,给社会公众留下了两点深刻印象:

第一印象是新生事物的快速崛起。资料显示,我国慈善超市最早出现在上海,2003年5月18日,全国第一家正式以"慈善超市"命名并开展活动的社区慈善组织——镇宁路慈善超市在上海普陀区开业。当时它是作为构建社会主义和谐社会的重要"民心工程"推出的,后来在国家领导同志的批示①和民政部门的大力推动下,慈善超市犹如雨后春笋般在北京、沈阳、武汉、广州、济南、苏州、太原等大中城市兴起。2004年全国共计建成各类慈善超市1 842家,到2014年这个数字已超过10 000家,而到2015年小幅下滑至9 654家,基本实现在大中城市的空间覆盖。作为社会捐助与慈善事业结合的关键载体,以及社会救助体系落在地方基层的重要平台,

---

① 2004年,时任国家主席胡锦涛曾专门就慈善超市做出过重要批示,肯定慈善超市是城市扶贫的新事物,要求做好试点工作,总结经验,不断完善。

慈善超市这一新生事物成为亮点和具有创新意义,它承载着社会各界的爱心与希冀,折射出所处城市的文明风貌和精神底蕴,国家和省市政府部门对该项救助工程是持正面肯定的态度,并出台有关政策文件予以引领和助推。

第二印象是新生事物的生存窘境。备受瞩目的慈善超市快速建成以后,却普遍"叫好不叫座",在运转实践过程中遇到巨大挑战,不少慈善超市因"断粮""缺货"面临关门歇业的尴尬处境,只是在逢年过节或者遇到上级部门检查时才"开门迎客","存活"问题成为我国慈善超市发展征途上的首道难关。在山东省济南市,2004 年共建有 37 家慈善超市,几乎遍布城市社区街道,到 2012 年已有 22 家遭遇倒闭,只剩十余家在苦苦支撑。① 在四川省成都市,2012 年 19 个区(市)县共建有慈善超市 204 个,其中停止运营的已达 42 个,占到总数的两成,还有部分点位因物资资金缺乏而长年关门。② 在江苏省南京市,2003 年 8 月玄武区新街口街道成立了南京第一家慈善超市,2009 年全市慈善超市数量达到 120 余家,实现了街道全覆盖。到 2013 年,慈善超市数量已由最高时的 120 余家锐减至 77 家,而这些面向社会开放经营的慈善超市或勉强维持或亏损,经营并不顺畅,发展步履维艰。③ 国内新闻媒体类似的报道远不止上述这些,新闻媒体止步于将慈善超市在中国遭遇"水土不服"作为它出现"花谢凋零"现象的表层原因,但该种简单的"交代"显然不是社会公众所能满足的。综合国家民政部《社会服务统计公报》近些年披露的数字,2005 年至 2015 年期间,我国慈善超市整体数量保持增长,由最初的 3 076 家上升到 9 654 家,但年增长率却呈现下降趋势,背后的原因令人深思……

坦率地讲,慈善超市给人留下的印象之一是带来欢欣喜悦之感,慈善超市这一新生事物能在较短时间内成功实现在我国大中城市的布点"落子"和空间覆盖,这是慈善超市发展速度上的显著体现,当然,背后更有着国家力量的强力支持和政策推动。相比之下,印象之二则是给人带来沮丧和挫折感,慈善超市建成之后缺乏应有的生机活力,个体"存活率"不高,与国外慈善超市蓬勃发展的良好经营业态形成鲜明反差,这表明慈善超市在内涵质量建设上陷入困境。对比印象一与印象二,印象二所反映出的严峻问题更值得我们加以关注和反思,毕竟在国家力量和举国体制的主导推动下,可以集中全国力量办些大事,所以(救助工程)自上而下的全面推

---

① 牛远飞. 慈善超市"独立行走"难题待解 [N]. 大众日报,2012-05-31(14).
② 刘霏霏. 200 多家爱心超市两成已关门 [N]. 华西都市报,2013-02-22(08).
③ 姚远,马道军. 慈善超市如何走出低谷 [N]. 南京日报,2013-08-27(A3).

广是一件相对容易的事情；而如何使慈善超市"形神兼备"至为重要，我们认为救助工程的展开运作需要模式框架设计与精细化运作实践的结合，具有复杂性、动态性、艰巨性等鲜明特点。在我国改革开放步入"深水区"，及时推出关涉经济社会发展的若干重大社会工程背景下，对它的研究也更能彰显社会科学的应用价值。

1.1.2 研究目的与意义

基于慈善超市发展的客观现实背景，本研究选择以苏南地区慈善超市救助工程运作机制为议题，研究的主要目的是希望能对当前慈善超市的成立基础和运作机制，运作过程中究竟面临何种症结和瓶颈，以及慈善超市的未来发展走向做一科学解答。本研究将目光焦点放在慈善超市救助工程的运作机制议题上，研究具有重要的实际价值和理论意义。在现实层面，面对我国慈善超市经历开业之初的"红红火火"之后，便陷入难以为继、悄然关门的尴尬困境，本研究力图找出苏南地区慈善超市运转不畅、后劲不足的主要症结和背后的实践逻辑，为政府部门的相关决策的制定提供参考依据，指明全国慈善超市未来的发展方向和运作策略，助推慈善超市健康持续发展，建立友好的慈善社会生态系统。在理论层面，西方非营利组织理论的形成是建立在非营利组织充分发展的历史环境和福利制度大背景下的，学者们默认非营利组织的外在形式与内在运作逻辑均契合现实，点明政府部门、企业、非营利组织各自的差异性与协调互动的必要性。而本研究是在我国社会组织发育不成熟、慈善文化氛围不浓厚、多元主体缺乏有效协作的背景之下，通过细致展示苏南地区慈善超市救助工程的产生和运作过程，揭示慈善组织运作面临的具体问题和拟采取的策略举措，它能丰富和拓展现有非营利组织学说，为该领域的"中国化"（本土化）提供鲜活的个案素材和经验性概括。

诚如学者所言，"社会科学家面对铺天盖地的劝诫：要联系社会，不要让社会科学局限于分析工具和方法的清规戒律。决策者叹息，社会科学正沦为无关现实痛痒的抽象理论。这些指责完全正确。经常，由工具或方法产生的科研成果是新方法的操练，而不是发现、更不用说解答当下的难题"。[①]我们认为，慈善超市救助工程运作并不是在超然真空状态下运行的，而是和城市社会的结构及现实基础存在广泛交汇，多元主体互动的过程结果往往制约着慈善超市运作成效，故研究当中应将慈善超市运作建立在具体空间地域情境的考察之上。"只有着眼于实践过程，我们才能避免理念化

---

① 桑迪卡·姆坎德威尔. 社会发展政策：社会科学面临新挑战 [J]. 秦喜清，译. 国际社会科学，2007（3）：13.

了的建构的误导，尤其是意识形态化了的建构的误导。同时，着眼于实践中未经表达的逻辑，正是我们用以把握不同于现有理论框架的新的概念的一条可能的道路。"① 美国著名社会学家默顿（K. Merton）也指出，研究者应该对于生活中不期而遇、异乎寻常而又有关全局的社会事实给予充分关注，因为这些异常现象往往有可能成为新的理论研究的起点，为扩展理论而探索新的方向。② 为此，本研究将立足于苏南地区，对该地区慈善超市救助工程的运作实践（包括动力基础、源头募捐、救助对象、管理机制）及其运营困境等加以考察分析，期望能为慈善超市的可持续发展和相关政策的完善提供某些智力支持。

1.2 文献检视

慈善超市这一新生事物的背后实际牵涉到慈善社会救助的核心议题，因而受到政府和社会公众的广泛关注，在此有必要对国内外相关研究做一简单梳理，以期从已有学术成果之中寻求一些启发与灵感，为本次研究的开展提供方向性导引和文献基础支持。

1.2.1 国外研究状况

国外虽无关于慈善超市议题的专门性探讨，但已有研究多数在非营利组织（Non-profit Organization）、第三部门（Third Sector）的话语体系之下展开，形成若干阐释理论和关于社会企业的基础性研究，包括政府失灵理论（Government Failure Theory）、合约失灵理论（Contract Failure Theory）、第三方政府理论（the Third-party Government）、"政府、市场、志愿部门"相互依赖理论等。

美国经济学家伯顿·维斯布罗德（Burton Weisbrod, 1986）提出了政府失灵理论，他认为政府、市场和非营利部门都是满足个体公共物品需求的主要手段，且三者之间存在相互替代性。政府公共物品的提供仅是反映中位或者中间选民的需求，而市场在公共物品提供方面则容易出现无效率状态。基于政府和市场在公共物品供给方面的局限性，从功能上证明非营利部门存在的必要性，非营利部门提供的公共物品数量取决于公共部门能够满足选民的多样化需求的程度。合约失灵理论是由美国法律经济学家亨利·汉斯曼（Henry Hansmann, 1980）提出的，他认为在再分配性的慈善、提供复杂的个人服务、服务的购买者和消费者分离、存在价格歧视和

---

① 黄宗智. 认识中国：走向从实践出发的社会科学［J］. 中国社会科学, 2005 (1): 88.
② ［美］赖特·米尔斯, 等. 社会学与社会组织［M］. 何维凌, 黄晓京, 译. 杭州：浙江人民出版社, 1986: 62—68.

不完全贷款市场等制度条件下，由于信息上的不对称，会出现依靠合约难以防止生产厂家坑害消费者的机会主义行为（"合约失灵"现象）。而这类慈善服务若由非营利组织提供，则具有优势，生产者的欺诈行为就会少很多。因为非营利组织受到"非分配约束"规则制约，即非营利组织不能把获得的净收入分配给对该组织实施控制的个人，包括组织成员、管理人员、理事等，它完全用于为组织进一步发展生产提供资金。"非分配约束"成为非营利组织与营利组织之间最重要的区别。第三方政府理论是由美国公共管理学者萨拉蒙（L. M. Salamon, 1981）提出的，不同于政府失灵理论、合约失灵理论的观点见解，他认为由于慈善的供给不足、慈善的特殊主义（服务对象是特殊人群）以及慈善组织的家长式作风等的局限，志愿部门也会产生诸如"志愿失灵"（Voluntary Failure）现象。鉴于政府和志愿部门在各自组织特征上的互补性，应使两者建立起合作关系，从而既可以保持较小的政府规模，又能较好地承担福利提供的责任。三部门相互依赖理论是指罗伯特·伍思努（Robert Wuthnow, 1991）提出的"政府、市场、志愿部门三部门提供公共物品供给模式"。该理论认为三部门在解决同一社会问题时存在密切互动，共同参与公共物品的供给可实现优势互补，如政府在制度安排、监督管理等方面具有优势，市场具有专业化和高效的生产管理力量，慈善组织具有公益性、慈善性，可以更好地维护社会公平、服务弱势群体，三部门走向协作有其必然性。[1]

在社会企业研究方面，国外学者力图在明晰概念基本内涵的基础上揭开社会企业的神秘"面纱"，指出社会企业通常具有结构基础（董事参与的企业自治组织）、市场导向（企业直接参与市场生产）和社会目标（明确的社会目标指向）等重要特征。[2] 社会企业的出现贡献在于其经济属性与社会属性的结合，例如它有助于保障弱势群体的基本生计，能创新社区发展基础和实现福利系统的转换。[3] 在运营模式上，国外学者的主流观点是应走出单纯依靠政府补贴和社会捐赠的传统误区，转而采用商业化的运作模式来解决社会企业自身可持续发展面临的经济障碍。

应该来讲，国外的政府失灵理论、合约失灵理论、第三方政府理论等以及关于社会企业的研究对于非营利组织的产生和发展具有重要的阐释意义，很大程度上指明了公益慈善组织的性质、发展方向及其与政府、企业

---

[1] 田凯. 组织外形化：非协调约束的组织运作：一个研究中国慈善组织与政府关系的理论框架[J]. 社会学研究, 2004（4）: 64-75.
[2] Eleanor Shaw. Marketing in the Social Enterprise Context: Is it Entrepreneurial? [J]. Qualitative Market Research: An International Journal, 2004, 7（3）: 194-205.
[3] 赵莉, 严中华. 国外社会企业理论研究综述[J]. 理论月刊, 2009（6）: 154-157.

之间的关系，成果有利于指导慈善超市具体事务的运作。

1.2.2 国内研究现状

与国外慈善救助领域研究偏重理论阐释相比，国内慈善超市救助议题研究更注重实践类探讨，基础理论研究薄弱，也没有形成一股持续研究热潮，整体研究尚处于起步发展阶段。查阅中国期刊网全文数据库电子资源，以慈善超市、爱心超市、扶贫超市、阳光超市等为关键词，选取时间从2004年到2018年进行检索，结果剔除部分通讯报道类文章后，共计获取160余篇学术论文；在学术著作方面，国内到目前为止尚没有研究该方面的书籍。选取几个关键指标加以分析现有文献的话，可以发现论文作者主要是来自高等学校的教师和社会科学博、硕士研究生，他们在关注慈善超市这一新生事物时，多与政府民政部门、街道社区合作开展课题调查研究，或者从事专业学位论文的撰写；受到社会舆论热点关注度的影响，不同年份之间学术期刊论文发表数量不一，平均下来每年发表的论文在10篇左右，如图1-1所示。

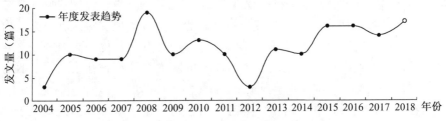

图1-1 我国慈善超市年度发表论文的进展趋势

归纳整理已有的研究成果，可以发现学术界重点关注的主旨内容有：

1. 慈善超市的基本面相。

不同于市场经济浪潮中的广大商业超市，慈善超市具有自身的显著特点，已有研究成果也揭示出这一点。学者王先进认为，首先是主办单位多样化，呈现出百花齐放的特点，这是最突出的一个特征；其次是涉及的操作部门具有准行政性，从各地的实践来看，我国慈善超市并非是一个完全意义上的非政府—非营利组织，其负责具体操作的部门也没有形成统一，但基本立足街道，由街道一级准政府组织统筹运转；再次是工作人员配置非专职化，慈善超市的主管人员大多是由政府或者准政府组织委任的兼职人员，超市的职员面向社会公开招聘，并优先考虑下岗失业人员，必要时候志愿者服务也是一种选择。① 学者孙京江指出，我国慈善超市具有以下特

---

① 王先进.当前我国慈善超市的特点与发展困境［J］.广东青年干部学院学报，2007（3）：53—58.

点：一是有一个统一的捐赠接收网络，包括接收中心和分散到各个街道社区的接收站；二是慈善超市有一个统一的管理网络；三是慈善超市运营与志愿活动相结合；四是慈善超市运作借助信息技术手段；五是慈善超市建设注意"品牌"形象，扩大宣传面。[①] 学者高功敬认为，慈善超市从构词上看，是由慈善与超市两个词构成的，慈善体现出慈善超市的宗旨与目标追求，超市体现的是一种实现方式或运作方式，慈善超市借用近代市场中出现的超市运作模式而实现救助目的。慈善超市具有如下功能特征：（1）慈善超市提供了一种经常性、规范化的捐助与接受平台；（2）慈善超市为统一调配社会捐助物资提供了一个崭新的机制；（3）慈善超市为特困家庭增加了一种更具人性化的救助方式；（4）慈善超市可以通过开展便民服务使社会捐助物资变现，筹集救助善款，实施二次救助[②]。学者费湘军认为，慈善超市的基本特性可以归结于慈善救助新型平台。一方面，困难对象可以主动到慈善超市挑选自己需要的物品，实现按需救助；另一方面，对于捐赠者而言，这种救济方式提供了一个经常化的捐赠渠道，有利于更快更好地帮助困难对象。[③]

显然，我国慈善超市的基本面相理应是慈善之"道"（理念）与运作之"术"（手段）的结合体，它们多数依托辖区街道和基层社区展开，目的在于救助所在区域城乡困难对象。

2. 慈善超市的运作模式。

慈善超市的运作处于不断探索之中，逐渐成形的运作模式有待总结提炼。学者高功敬基于大中城市实地调研提出，我国慈善超市存在以广州（市）等地为代表的单纯的一次性救助模式，以上海（市）为代表的市场化运作模式，以济南（市）等地为代表的混合型模式。他指出，慈善超市运作模式的选择要考虑当地地域资源和文化特征，做到因地制宜。单纯的一次性救助模式虽在管理运行上较为简单，但是在可持续性方面存在较大的风险，其运作对主管部门依赖性很强，面临着社会捐赠物品有限的现实制约。市场化运作模式存在着较大的市场风险，经营运作十分复杂，目前它运用条件不太成熟，一般适用于诸如上海等经济较为发达、社会捐赠水平较高的地区，而在经济社会发展相对不发达的城市或地区难以运作。混合型模式是一次性救助模式和市场化运作模式的混合，它具有较强的灵活性，

[①] 孙京江. "慈善超市"的特点和发展模式初探 [J]. 广东民政，2006（6）：20—22.
[②] 高功敬. 慈善超市的运行模式：济南市慈善超市的个案分析 [J]. 社会科学，2006（3）：121—126.
[③] 费湘军. "慈善超市"：路在何方？[J]. 江苏商论，2005（8）：3—5.

可以成为慈善超市初期探索的一种稳妥模式。① 学者李雪萍和陈伟东认为，处于发育阶段的我国慈善超市具有两种运营方式：方式之一遵循"社会捐赠→慈善超市→发放给困难户"路线，如此运营的慈善超市自身没有资产积累能力，只是成为免费发放捐赠物品的救助点，社会救济功能有限，政府财政负担较重；方式之二依循"社会捐赠→慈善超市→兑换、销售→慈善基金"路线，它基本实现市场化、企业化运作，具有帮困范围广、力度大和较强的自我发展能力，可以避免运营方式之一所面临的社会困境，故应是慈善超市发展的选择方向。② 学者吕洪业归纳指出，根据运转资金来源不同，将慈善超市分为财政供养型、财政支持型和社会捐助型；根据运作主体不同，将慈善超市分为政府主导型模式、市场化模式和社会组织型（合作型）模式。在诸多类型的慈善超市中，吕洪业指出社会组织型（合作型）比较适合当前慈善超市发展建设，即由社会组织牵头、普通超市合作、政府辅助的办法来运作慈善超市。③

在运作模式议题上，虽然各自划分的标准有所不一，但学者们的基本共识是政府主导型的慈善超市发展模式较多，而市场化的发展模式、混合型等的发展模式较为少见，各个地方需要积极探索符合自身特点的发展路径和经营管理机制，扎实推进慈善超市救助工程建设。

3. 慈善超市的政策设计。

政策设计代表着政府高端层面的思维操作活动，它是对救助工程发展的整体规划，慈善超市基层事务的良性发展离不开国家顶层政策设计的支持指导。学者马德峰认为，当慈善超市推广建设达到一定规模量级之后，紧接着救助的重心便转移到提升慈善超市的内涵质量上来，需要与之匹配的政策供给和总体规划建设，以推进慈善超市的持续健康发展。④ 学者汪大海和杨永娇指出，中国慈善超市建设是政府选择推动的结果，自创立伊始就被定为民政工作的一部分，它更像是政府的连锁机构，作为经常性社会捐助接收点（站）的延伸。政府与慈善超市的关系如同亲子关系，这种紧密关系使得慈善超市不能"断奶"而依靠政府"输血"维持，给政府造成

---

① 高功敬. 慈善超市的运行模式：济南市慈善超市的个案分析［J］. 社会科学，2006（3）：121－126.
② 李雪萍，陈伟东. 社区慈善超市：慈善为本 市场为径［J］. 社会主义研究，2006（4）：71－74.
③ 吕洪业. 如何构建慈善超市的长效机制：以京、辽两地为例［J］. 甘肃行政学院学报，2008（1）：78－81.
④ 马德峰. 慈善超市救助工程多维释义［J］. 成都理工大学学报（社会科学版），2013（2）：64－68.

沉重的财政负担，也造成慈善超市社会公信力不足，故政策设计亟须调整已有发展思路，借鉴社会福利多元主义思想，重新界定政府、市场、非营利组织以及家庭等各主体的职能。① 学者蒋积伟调研发现，我国国家层面缺乏一个宏观的总体指导性意见，如慈善超市的性质、功能定位、准入制度、救助对象确定以及是否应该走市场化道路等。现有政策层面的最大问题是"捐"与"助"的失衡，"捐"——化解慈善超市的资源输入占据相当大的比例，而对于如何"助"——解决慈善超市的输出端问题的规定甚少。政策设计上的滞后及内容缺失必然会对慈善超市建设构成负面影响，慈善超市容易走上一条偏重数量轻视质量的道路，难以做大做强做久。②

在政策设计议题上，学者们一致赞同尽快由政府出台指引基层实践的纲领性政策文件，但因种种原因，目前政府政策文件的推进存在被实践倒逼的现象，足见其政策供给较为滞后。

4. 慈善超市的发展困境。

慈善超市这一新生事物的发展道路及其进程并不平坦，其面临的困境是多种影响因素综合作用的结果。首先，社会救助物资开源不足。学者韩煜皎、吕洪业等指出，慈善超市面临救助物资来源难以保障、捐赠物品量少质次、资金不足等难题，主要捐助渠道有待挖掘。③④ 其次，慈善超市的经营理念中缺乏市场运作意识。学者棕河提出，慈善超市缺少明确的身份定位，缺乏商业化运作和企业化管理，仅将慈善超市作为捐助物品发放站。故应借鉴国外慈善超市的经营模式，增强自身"造血"机制。⑤ 再次，慈善超市专业化水平不高。学者王先进发现，慈善超市工作人员配置非专职化及临时招募志愿者的特征明显，慈善超市内部管理缺乏规范性，捐助物品未能进行分类处理和价格估算。⑥ 最后，宣传方式和宣传对象的偏差，造成慈善超市社会知名度不高。学者蒋积伟直言，慈善超市注重使用单位内部动员和捐助的方式，这起不到很好的社会宣传效果，难以达到家喻户晓的程度；加上各个地方缺少宣传规划，宣传的力度远远不够，往往是通过突

---

① 汪大海，杨永娇. 中西方慈善超市的发展模式及造血机制比较研究 [J]. 中国民政，2012 (10)：31-34.
② 蒋积伟. "慈善超市"政策评价：制约"慈善超市"发展的政策因素 [J]. 社会科学研究，2008 (2)：133-137.
③ 韩煜皎，刘乃山. 从辽宁省"扶贫超市"引发的思考 [J]. 中国减灾，2004 (10)：9-10.
④ 吕洪业. 如何构建慈善超市的长效机制——以京、辽两地为例 [J]. 甘肃行政学院学报，2008 (1)：78-81.
⑤ 棕河. 慈善超市困局 [J]. 城乡致富，2009 (6)：20-21.
⑥ 王先进. 当前我国慈善超市的特点与发展困境 [J]. 广东青年干部学院学报，2007 (3)：53-58.

击募捐的方式来筹集物资和资金，公众对慈善超市知之甚少。而慈善超市的知名度不高，就很难引起企业捐资赞助的直接兴趣。① 针对上述困境，学者潘小娟、吕洪业主张要对慈善超市进行制度再造和机能重构，慈善超市的未来发展要借鉴社会企业②模式，走"慈善＋企业"的发展道路，以促进其健康有序发展，实现社会效益最大化。同时，政府民政部门应转变主导角色，着重发挥规范、支持和监督职能。③ 学者王伟提出，完善慈善超市的发展模式，必须要寻求多种渠道，采取构建完善的外部环境、提升慈善超市自身能力和构建社会支持网络这三个层面的应对策略。④ 学者路笃书补充指出，应在社会救助日常化、网络化、信息化和（主体）多元化"四化"建设方面探索出一条慈善超市的健康发展路径。⑤ 由于造成慈善超市陷入发展困境的因素众多，我们认为需要在实地调研、摸清主次影响因素的基础上，厘清慈善超市的发展思路和实施路径。

1.2.3 简要评析

应该来讲，关于国内慈善超市的已有研究取得了较大成绩，研究当中具有一些值得肯定与借鉴的地方，主要体现在以下几个方面：

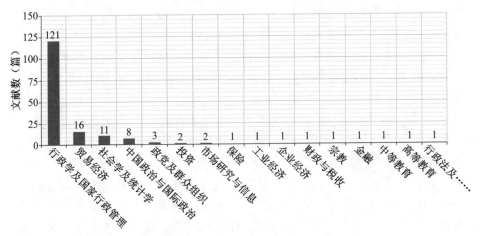

图1-2 "慈善超市"议题下已发表论文的学科分布状况

---

① 蒋积伟. 慈善超市经营之困境与对策研究：基于武汉市的个案分析［J］. 中国党政干部论坛，2008（11）：58－60.
② 社会企业，简单地说，就是投资于公益事业的企业。它借助企业运作方式，以提升社会和社区福祉以及环境治理等为目标，通过非分配性约束保证非营利性，逐步实现自己"造血"，而不是长期依靠"输血"。它介于纯慈善与传统企业的中间，是公益与商业模式结合的项目。
③ 潘小娟，吕洪业. 构建慈善超市长效发展机制的探索［J］. 国家行政学院学报，2010（1）：96－100.
④ 王伟. 慈善超市发展的三个策略［J］. 社会福利，2014（11）：35－37.
⑤ ［美］路笃书. 山东济宁：慈善超市助推救助"四化"［J］. 社会福利，2014（1）：25－26.

1. 研究注重联系实际，善于从地方慈善超市运行及暴露出的诸多问题入手，在现状描述、成因探究分析的基础上提出相应的对策建议。可以说，研究呼应了实践发展的客观需要，成果的现实紧迫感强，应用性倾向明显。

2. 研究采取多维视角剖析新生事物，从经济学、管理学、社会学、社会工作实务等多维学科视角对"慈善超市"议题做出政策探讨和实践经验的总结、提炼，拓宽了慈善超市的研究视域和问题谱系，研究成果为省市民政部门相关政策制定和学术界后续研究提供了参考与借鉴，如图1-2所示。

3. 研究运用分类划分的基本思想，将全国已有的慈善超市按照相应标准分成若干类型，例如政府主导型、市场运作型、民间运作型、宗教介入型等，然后逐一探讨各种类型的本质内涵、实施策略、优缺点及其推广适用条件，研究成果有助于深化公众对慈善超市的认识和了解。

当然，不能忽视的是，国内已有研究还存在明显不足之处，主要是：

其一，研究缺乏系统连续性。对于慈善超市议题的研究多停留在慈善超市的功能特征、运行模式和面临的发展困境等几个传统模块上，对诸如慈善超市运作机制、慈善超市转型发展、慈善超市模式比较等核心议题缺少深入研究，研究成果缺乏承继性和系统性，故有必要在慈善超市研究统一框架之下进行长期的系列专题探讨。

其二，分析方法比较单一。已有研究大多对慈善超市政策进行解读评议，或者基于慈善超市的某类现象展开描述与原因分析，主要依靠研究者的主观经验判断或者心得体会泛泛而谈，而基于实地调研的定性分析和定量分析方法运用较少，特别是以数据为支撑的经验研究成果甚少，影响制约着研究成果的质量。

其三，相关研究缺乏理论关照。针对慈善超市的问题研究，缺乏必要的理论支撑与呼应，出现研究与理论脱节的现象，致使多数研究的导向性不足，存在问题成因解释的深入性、穿透性不够，解决对策的匹配度不高和有效性不强等。

其四，针对慈善超市发展的现有政策文件缺乏评估研究。已有研究未能很好地将慈善超市运作与推进慈善超市发展的政策文件设计形成衔接对照，对出台的政策文件实施效果缺乏科学评估，对政策文件的改进与完善缺少强有力的回应，降低了研究成果的应用价值。

鉴于国内外慈善超市的研究现状，本研究设计拟做些改进和调整，主要是结合有关数据的量化分析，在社会工程思想的指导下，细致剖析苏南地区慈善超市救助工程的运作机制，让社会公众对慈善超市建设有一更为客观、清晰的认识，便于政府部门制定完善慈善超市创新发展的指导意见，提升慈善超市救助工程的实施效果与可持续发展。

> 存在着一种出自内心的礼貌，它是变换了形式的爱心。
> 由此产生出一种外部表现出来的最适宜的礼貌。
>
> ——［德］歌德

第 2 章　研究基本设计

对于社会科学研究而言，研究设计甚为重要，它具有智慧性和策略性，关系到研究的成败。美国社会学家艾尔·巴比（Earl Babbie）曾指出，社会科学的研究设计就是设计一个发现某事物的战略，虽然设计的细节会因研究对象不同而有所不同，但它通常包括两个方面：第一，必须尽量明确要发现的东西；第二，必须采用最好的方法进行研究。[①] 慈善超市救助工程运作机制的研究在明确具体对象、研究内容之后，必须高度重视设计环节，采用合适的研究方法以便达到预设的研究目的。

2.1　核心概念与研究方法

社会科学研究方法具有若干不同类型，需要经过深思从中选择适合慈善超市救助工程运作机制议题的研究方法。这里对研究方法选择及应用的明确交代，既是研究者向读者明示该项成果是如何一步一步得出的，也是学术界对学术成果规范倡导的具体体现。

2.1.1　核心概念

作为理论建构的"基础单元"，概念是指客观事物的属性在人们头脑中的反映，是可供团体交流的某种共识的结果。概念为广大研究者提供了一种观察或者勾画那些无法直接观察到的事物的方式，它也是社会科学迈向经验研究操作化的关键一环。在本研究中，除"慈善超市"之外，"机制"无疑是一个重要的核心概念，它是指机体内部各构成要素间相互作用的规律性模式。有学者综合当前管理学、经济学、政治学等各学科使用"机制"一词时所表达的含义，较为全面地指出"机制"范畴的基本含义有三种：一是指事物各组成要素的相互联系，即结构；二是指事物在有规律性的运

---

① ［美］艾尔·巴比. 社会研究方法基础［M］. 邱泽奇，译. 北京：华夏出版社，2004：69.

动中发挥的作用、效应,即功能;三是指发挥功能的作用过程和作用原理。① 若将这三种含义加以综合、概括的话,机制就是指带有某种规律的模式。

相较于政府、企业等主体而言,公益慈善组织不具备政府强大的资源支配力,也无法像企业那样依靠追求利润最大化的驱动力,公益慈善组织的运作依赖的是人的非物质需求的最大化,这种基于主观内在的心理需求,加大了慈善组织运作机制的定型难度。相对于外在有形的公益慈善组织形式而言,(组织)运作机制比较灵活、巧妙,但两者之间不一定能够完全匹配成功,或者说多数慈善组织的形式和实际运行逻辑之间存在不同程度的差距,从而极有可能产生非协调、非一致的特殊状况。本研究的主要任务之一就是在苏南地区已有慈善超市现状调研的基础上,对慈善超市运作机制做一剖析,力图揭示在慈善超市运作过程中,影响这种运作的各种组成因素的结构、功能及其相互关系,以及这些因素产生影响、发挥功能的作用原理,给社会公众提供慈善超市运作机制的大致轮廓,为慈善超市的可持续发展提供可行路径的选择。

2.2.2 研究方法

本研究运用个案研究(Case Study)方法,个案研究是实地研究方法中的一种类型,它是通过解剖"麻雀"的方法来实现对某类现象或事物深入、详细和全面的认识,遵循的是分析性的扩大化推理逻辑,即直接从微观具体个案归纳推理上升至一般结论。个案研究通过案例式考察有助于准确把握研究对象的问题、需要及其原因机制,进而提出具体有效的解决方案,适用于文化、情感、现象发展变化过程等问题的研究。学术界普遍认为,个案研究所面临的最大困难是能否突破局部观察的限制,将研究发现或者所得结论进行外推,进而获得更具一般性的概括。也就是说,基于个案研究能否获得超出个案适用范围或限制的知识?这是个案研究始终要面临的超越性问题。② 对此,社会学者王宁曾指出,在个案的代表性不清楚的情况下,实现外推的关键在于选取具有典型性的个案。不同于样本的代表性,典型性是个案体现某一类别的现象或共性的性质,依据事物共性类型的不同表现形式,存在集中性、极端性和启示性三种不同的典型性。普遍现象的共性类型,选择个案研究可以遵循集中性标准,即以集中某个类别现象的主要特征和属性的典型载体为对象;反常现象的共性类型,选择个案对

---

① 郑杭生. 社会学概论新修(第 3 版)[M]. 北京:中国人民大学出版社,2005:33.
② 王富伟. 个案研究的意义和限度:基于知识的增长[J]. 社会学研究,2012(5):161-183, 244-245.

象的标准往往依据极端性标准,即以最反常的个案作为研究对象;未知类型的共性,个案对象的选择往往遵从启示性标准,即所选个案对某类现象最具有揭示性意义。[①] 就在全国"遍地开花"的慈善超市这一般现象而言,研究适宜选取集中展现现象主要特征和属性的载体,依循的是集中性标准。苏南地区慈善超市建设具有地缘优势,符合典型个案要求的集中性标准。该区域的慈善超市建设工作起步早,拥有值得总结推广的宝贵经验,它代表着江苏慈善救助事业的发展水平;同时,该区域的慈善超市采取以政府为主导的发展模式,这也是后来其他地区慈善超市所采用的通用路径。本研究在实地调研的基础上展开分析,研究将慈善超市建设作为一项系统工程加以对待,揭示其运作子系统及其各自功能发挥的现状。

本研究的资料收集方法以实地观察法和结构式访谈为主。2011—2014年期间,调查组利用每年的寒暑假时间,组织具有社会调查经验的社会学、社会工作等专业学生对苏南地区慈善超市及其政府相关部门进行实地访谈调研,以获取重要的第一手资料;2015年至2016年,根据研究需要,对部分资料进行了补充调查搜集。慈善超市方面,基于成立时间、超市规模、社会形象等核心指标选取苏南地区具有一定影响力和知名度的30家慈善超市加以调查,凭借调查者的敏锐感知和相机等辅助设备去观察、了解正在发生、发展的情况,这是一种非结构性的观察,采取作为观察者的参与者角色(Participant-as-observer),重点考察慈善超市的外部环境、内部结构安排及其运作流程,并现场绘制慈善超市布局的轮廓图;同时,围绕事先设计好的慈善超市运作机制访谈提纲,分别对慈善超市工作人员(含部分义工人士)、慈善超市负责人以及受助对象进行一对一的个别访谈,详细获取慈善超市运作信息。为更全面了解慈善超市的发展情况,调研团队还积极联系其业务主管部门等,对苏南地区民政部门、慈善基金会负责人进行深度访谈,并做了现场录音和事后的文字整理。[②] 从访谈对象来看,共计访谈慈善超市负责人30位,慈善超市工作人员35位,民政部门、慈善基金会主管人员8位,慈善受助对象12位。

此外,调研团队还注意收集近些年来苏南地区民政部门、慈善基金会、慈善超市关于推进慈善超市救助事务的文字材料,如慈善超市的政策性文件、年度工作总结、内部管理规章条例、对外宣传资料等。或许是为了应

---

① 王宁. 代表性还是典型性:个案的属性与个案研究方法的逻辑基础[J]. 社会学研究, 2002(5): 123—125.
② 个案访谈资料的技术性编码处理,是遵循被访对象—访谈日期—城市—个案访谈编号的顺序,其中被访对象、城市用中文首字母缩写代替。

对上级政府部门检查以及彰显机构取得显著业绩的需要，部分慈善超市保存的文献资料比我们预想的要多些。对于收集上来的所有资料，经整理核后，采取定性和定量相结合的方法进行处理。定量分析主要是进行单变量频数和百分比之类的描述性统计；而定性分析主要是运用例证法，它是使用经验证据来说明或支撑一个理论，"通过例证法，研究者把理论应用到某个具体的历史情境或社会背景中，或者根据先前的理论来组织资料"①。最后，在实地调研的基础上撰写调查研究论文，力求对慈善超市救助工程运作机制做出有说服力的描述与解释，揭示资料数据背后隐藏着的深刻意义，点明慈善超市未来的发展趋势。

2.2 研究选点

考虑到慈善超市在我国是一新生事物，本研究将以经济发达的苏南地区作为考察区域，这主要源于其在公益慈善领域走在江苏省乃至沿海地区的前列，公益慈善总指数年度得分优秀，且慈善超市运作已形成特色鲜明的模式，具备先导和示范的性质特点。需要说明的是，本研究中的苏南地区②仍延续使用传统意义上的概念，即是指苏州、无锡和常州③三个地级市和各自所辖的市区（简称"苏锡常地区"，见图2-1），区域总面积约为1.75万平方公里，常住人口1 993.66万人，其中户籍人口为1 659.13万人。在空间地理位置上，苏南地区位于太湖之滨、长江三角洲的中部，自然地理条件优越，交通运输十分便利，有着悠久的开发历史，是我国商品粮的主要基地。由于区域居住人口稠密，而耕地面积相对有限，故乡村剩余劳动力的转移成为苏南地区乡镇企业迅速崛起的重要动因。苏南地区以乡镇政府为主组织资源，政府出面调配土地、资本和劳动力等生产要素，出资兴办企业实体，并由政府指派"能人"来担任企业负责人。以政府为主导的方式能将企业家精英与社会闲散资本链接起来，迅速跨越资本原始积累阶段，实现苏南乡镇企业在全国的领先发展。通过发展乡镇企业，以及之后的设立经济开发区、工业（科技）园区，引入大量外商投资企业，苏南地区走出了一条"先工业化、再市场化"的发展路径，为地方经济腾飞奠定了坚实基础，并成为我国经济发展最快、现代化程度最高的区域之一。仅以2012年为例，苏南地区地区生产总值为23 549.67亿元，约占江苏全省

---

① [美]劳伦斯·纽曼. 社会研究方法[M]. 郝大海，译. 北京：中国人民大学出版社，2007：574.
② 现代意义上的苏南地区，是将南京、镇江两市也纳入原有版图。苏南地区土地总面积27 872平方公里，占江苏省土地总面积的27.17%；城镇化率超过70%，所有县（市）都进入全国综合实力百强县行列。
③ 出于研究方便的需要，无锡、苏州、常州三市文中分别用W市、S市和C市代表、对应，下同。

经济总量的 42%;公共财政预算收入达 2 241.35 亿元,占到全省预算总收入的 34.81%。其中,S 市地区生产总值为 12 011.65 亿元,人均地区生产总值为 11.40 万元,公共财政预算支出达到 1 113.47 亿元;W 市地区生产总值 7 568.15 亿元,人均地区生产总值 11.74 万元,公共财政预算支出为 648.61 亿元;C 市地区生产总值 3 969.87 亿元,人均地区生产总值 8.50 万元,公共财政预算支出是 391.22 亿元。可以说,雄厚的财力为该地区包括慈善超市在内的慈善公益事业发展提供了有利条件和拓展空间。

图 2-1　现代意义上的苏南地区空间位置示意图

图 2-2　苏南地区 HZ 慈善超市内部一角

值得指出的是,苏南地区除具有经济社会发展的先发优势之外,还拥有灿烂的历史文化和充满魅力的名城景观景点。仅以所属的 W 市为例,该市是江南文明和吴文化的发源地,具有 7 000 多年的人类生活史、3 100 多年的文字记载史和 2 200 多年的建城史,是兼具古典与活力的旅游度假之地。S 市、C 市情况与 W 市颇为相似,具有较高的美誉度。深厚的文化积淀不仅造就了苏南地区鱼米之乡的特色,还为其社会经济发展积攒了能量。慈善公益事业的发展就可以从中觅到已存的历史文化脉络:以人道主义为根基,以改变救助对象的困境为己任,为公益慈善举动提供了充分的正当性。经过近十年的探索实践,苏南地区慈善超市经历了一个从无到有、从点到面的生长期,目前已分布在城市主要街区,产生了诸如"一家人"慈善超市、"家得福"慈善爱心超市、360 慈善超市等全国或省市级先进典型,成为当地社会救助体系的有益补充。中央电视台、《人民日报》《光明日报》等主要新闻媒体曾报道过苏南地区慈善超市取得的成绩。对此,我们希冀以典型个案的方式来科学把握慈善救助的内涵实质,服务于该项救助工程的运作发展实践,最终将慈善超市救助项目经验向全国诸多城市推广和复制,促进公益慈善事业的整体进步。

2.3 理论视角

社会问题（现象）犹如一个"万花筒"，理论视角展示的是究竟从何种角度去看待复杂的社会问题（现象），由此得出的结论概括或者解决对策通常具有可预见性。常见的社会科学理论视角有结构功能主义视角、冲突理论视角、符号互动理论视角等。

2.3.1 理论视角的引入

鉴于我国慈善超市救助工程的政府主导特性，本研究基于社会学的视野采用社会工程理论视角加以透析。与前面提及的结构功能主义、冲突理论、符号互动理论等视角不同，社会工程理论视角运用相对偏少，其思想萌芽于十九世纪三四十年代，社会学鼻祖法国学者奥古斯丁·孔德（Auguste Comte）提出将研究自然界的观察法、实验法以及比较法和历史法等科学方法应用于人类社会，主张从事实出发、尊重事实，在事实基础上建立知识体系，提出了基于社会秩序（静态）的社会静力学和基于进步机制（动态）的社会动力学。二十世纪上半叶，社会工程的概念被社会科学家加以明确，美国法学家罗斯柯·庞德（Roscoe Pound）就将法学视为一种社会工程学，指出社会工程法学就是研究社会秩序，科学构建社会结构的一门学科。"社会工程是社会主体人以社会科学理论为前提，以社会技术为中介，与'物理工程'或者'自然工程'相对应的人们改造社会世界、调整社会关系、协调社会运行的实践活动。"① 与自然工程迅速而剧烈地改变周围环境景观不同，社会工程则是通过对现存社会世界的主动介入、积极改造，创设出适应发展进步之需的新的制度、模式或运行机制，它注重与既有制度衔接和具体机制创新，具有新生事物性、规模宏大性和社会关系指向性的重要表征。

2.3.2 理论视角的透析

伴随着我国全面深化改革进入"深水区"和攻坚期，及时推出关涉未来经济和社会发展的重大工程，已经成为新时代发展的必然要求。社会工程理论视角告诉我们，慈善超市就是典型的社会工程，这主要体现在如下几个方面：

1. 慈善超市社会工程（所处）的领域是公益慈善。

与社会公众想象中的不同，慈善超市这一新生事物的出现绝不是应付上级政府部门检查或者年终考核评估的应景之作，而是公益慈善事业的新型运作平台，它提供了一个常态化的慈善捐赠接收网点和救助服务载体。

---

① 田鹏颖. 论社会工程的本质和方法 [J]. 大连理工大学学报（社会科学版），2006（2）：65.

社会慈善捐赠款物的规模数量、种类及其稳定性直接影响到慈善超市救助工程能否做大，慈善超市运作的专业化水平和管理服务质量决定了该救助工程能否做强，慈善超市自身的社会公信力决定了该救助工程能否做久。此外，良好的社会公益慈善文化整体氛围也影响到慈善超市救助工程能否顺利推进……。因此，关于慈善超市社会工程的研究，应把它放到慈善事业大的舞台背景之下，按照慈善组织的公益理念和使命，开展多种形式的公益性救助服务。它与居民个体息息相关，无论他是捐助者还是受助对象。慈善事业并不单单是为贫困对象提供小额救济，而是要通过专业方法激发贫困对象自助自立自强，希冀能带来更为持久和根本性转变的效果，它有助于社会稳定和秩序维护。

2. 慈善超市社会工程的本质是惠民之举。

在构建共享改革发展成果的和谐社会建设背景下，慈善超市救助工程担负着重要使命，其实施推广刻不容缓，"上为党委、政府分忧，下为困难群众解难"，"从帮助困难群众解决最直接、最现实、最紧迫的问题着手"。慈善超市社会工程涉及民生的诸多现实痛点和难点问题，其实施成效备受社会各界关注。在救助对象上，慈善超市的帮扶对象主要是特殊困难群体，包括低保户、优抚对象和残疾人士等；此外，生活出现临时困难的低保边缘户、因突发事件造成家庭生计困难的居民也囊括其中。慈善超市惠民之举关注弱势群体的日常生活，努力维护其基本的生存发展，致力于促进社会的和谐稳定，具有浓厚的社会关系指向性。在救助方式上，任何一项惠民举措的出台，只有做到科学设计、严格落实、修改完善，才能实现惠民便民的预设初衷，达到民生政治的基本要求。在地方基层实践中，慈善超市被列为政府年度重要惠民工程项目来抓，并注重以街区为单元来推广普及。政府通过免费发放具有一定数额的救助卡或代币券，使救助对象在慈善超市中能以低廉的价格自由选购生活必需品，从过去阶段性的节日"送温暖"活动向现在的经常性社会救助转变。同时，也能在一定程度上对救助资金使用效能进行监督，展现出新型救助方式的人性化和个性化优势[1]，在一定程度上实现了资源的"第三次分配"，有助于公益慈善项目的机制创新。

3. 慈善超市社会工程的根基是社区运作。

慈善超市运作通常与城市街道、社区基层紧密结合，形成我国社会救助体系的一大亮点——社区慈善超市。社区慈善超市利用贴近基层民众的显著优势，依托城市街区里常年接收社会捐赠的工作站或者工作点，能有

---

[1] 高功敬. 慈善超市的运行模式：济南市慈善超市的个案分析[J]. 社会科学, 2006 (3): 123.

效集中社会各界爱心人士的捐赠款物，可以更加便捷、有效地把爱心帮助快速送给社区一线困难家庭，在满足社区公共需求、回应社区共性问题、塑造社区道德条例以及表达社区文化价值上发挥着重要作用。同时，它的存在与运营还直接影响着辖区社区居民的主观精神世界。当周边诸多成员个体融入慈善事业发展洪流中时，这一进程所蕴含的精神力量无疑是巨大的，而且随着时间的推移，这种精神力量也将改变整个社会的行为风尚，慈善主旋律由传统的全民动员、行政指令走向全民自觉、"我要慈善"。基层社区成为慈善超市社会救助工程"落地"的根基，而慈善超市社会工程也承担起基层社区治理的部分使命任务，一定程度上能促进社区的整合发展。

4. 慈善超市社会工程的特性是系统工程。

"社会的发展与变迁在本质上具有'工程'特征，用'科学'的概念并不能完全解释它。每当我们提出一个改造社会的方案，拟定一项新的社会政策，我们就在进行社会工程的研究和实践活动。"[①] 社会工程思维的核心在于社会模式的顶层设计与实施，在把握规律、法则、方向的基础上，人们通过对象设计构思出一套发展蓝图，再通过过程设计将发展蓝图转化为现实。有学者认为，当前公益模式的特点之一是多方合作，形成综合的系统工程，重视结果导向。"新公益的发起者在选定工作目标后，首先要寻找合作伙伴。合作参与者有发起人（也可能同时是最初的出资者）、捐赠人、投资方（个人或公司）、专家、研究单位、社区、媒体以及政府（地方或联邦）等，形成一张联络网。出资者将项目视为投资，给有意愿、有能力的对象去执行。发起人不但投入资金，还要出时间、出智慧，全程参与，帮助执行组织培养能力，提供咨询，追踪效果和影响，评估工作结果等。其所追求的影响力注重规模效应，也就是可以大规模推广，而不限于单一的项目或少数受益者。"[②] 慈善超市作为一项庞大的社会系统工程，在实施过程中遵循着上述思想，需要最后提交一份科学的实施方案和运作图表，在经营运转过程中充分展现慈善超市的救助职能。

对照慈善超市救助工程的推进建设，我们认为可将其整体运作过程大致分为要素驱动、效率驱动和价值驱动三个阶段。要素驱动是初始的启动阶段，基于城市困难群众按需捐助、政府民生工程经常性救助、文明城市考评指标（慈善文化）等客观要素驱动，慈善超市应运而生、摸索前进。效率驱动为发展的关键阶段，随着项目的持续推进实施，慈善超市治理结

---

① 王宏波. 社会工程的概念和方法 [J]. 西安交通大学学报（社会科学版），2000（1）：46.
② 资中筠. 财富的责任与资本主义演变 [M]. 上海：三联书店，2015：403—404.

构清晰，配套辅助措施有力，整体运作较为顺畅。价值驱动为理想阶段，慈善超市进入成熟阶段后，其慈善宗旨与运营之术实现融合，慈善超市主导功能得以显著释放，品牌形象在公众心目中得以树立。由要素驱动迈入效率驱动，最后进入价值驱动，体现出发展的过程性与阶段性，核心议题是要妥善解决每个阶段面临的主要任务：要素驱动阶段重在"量"和"形"的推进建设，而效率驱动阶段重在"神"（内涵）的打造，价值驱动阶段则是要求"形神兼备"。对照我国慈善超市救助工程发展实践，目前苏南地区多数慈善超市处于效率驱动的关键阶段，能否迈过这道关键的"门槛"，以及如何尽快跨过这道"门槛"进入价值驱动阶段是摆在我们面前的难题。

2.4 研究思路与研究重点难点

慈善超市救助工程在我国纯属新生事物范畴，目前仍旧处于"摸着石头过河"的探索与实践中，由此，现实发展情形给整个研究工作带来不小的挑战。

2.4.1 研究思路

为呼应慈善超市救助工程的现实运作，本研究力图体现出社会科学应用性的重要特点，即研究不能仅仅停留于理论的规划和观念形态的设计上，而应该从现实的社会实践出发，寻求来自实践的智慧和启发。"社会的内在运转所产生的制度不出自任何人的设计，而是源于千百万人的互动。"[1] 基于此，本研究的总体思路（图 2-3）是在描述苏南地区慈善超市运作现状的基础上，揭示慈善超市的现有运作机制，包括发展动力[2]、源头

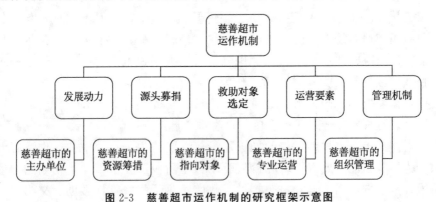

图 2-3　慈善超市运作机制的研究框架示意图

---

[1] 柯武刚，史漫飞. 制度经济学：社会秩序与公共政策 [M]. 韩朝华，译. 北京：商务印书馆，2001：120.
[2] 这里的发展动力，主要是指推动慈善超市发展的动力基础，是从慈善超市的主办单位切入。

募捐①、救助对象选定、运营要素②、管理机制等内容；然后，剖析困扰苏南地区慈善超市运作的若干障碍因素，包括政策供给不足、(基层)实践探索缺乏积累提炼、义工队伍培育薄弱、社会公信力有待提升等；接着，点明苏南地区慈善超市救助工程的政府主导型背景，揭示慈善超市的转型升级——由政府主导型迈向企业兼带型（过渡）和民间运作型（最终指向）之路，以及最后具体的运作路线。最后，进行简要小结，给出研究的主要结论，指出研究结果的应用价值和理论意义，以及研究尚存的主要不足。

2.4.2 研究重点

如前所述，慈善超市尚属新鲜事物，已有研究对其分析仍不够深入细致，本研究希望能有所改进提升。本研究的重点主要有两个方面：一是客观准确描述当前苏南地区慈善超市的运作机制，围绕慈善超市的发展动力、源头募捐、救助对象选定、运营要素和管理机制等逐一展开（图2-3），勾勒出慈善超市运作的"轮廓"架构和内在机理；二是针对苏南地区慈善超市经营运作的现有问题和生存困境，在分析成因的基础上提出相应的对策建议，主要是基于未来慈善超市发展的道路选择和相关技术路线，希冀构建一套切实可行的运作策略。

2.4.3 研究难点

对于本次实地调查来讲，本研究的难点主要体现在实施层面的调查资料收集上。慈善超市作为一种新型救助平台，有待进一步发展完善，不断提升其内涵、成效，因而针对慈善超市进行调查研究需要时间，需要长期耐心地跟踪观察，需要不断地累积资料，同时也需要在相关理论指导的条件下，能够进行前瞻性的合理预判。以上种种决定了此次调查资料收集的难度系数较大。

---

① 源头募捐，着重强调募捐在慈善超市运作中的重要位置和制约作用，只有将款物来源主渠道解决好，慈善超市后续健康运营才能拥有物质保障。

② （慈善超市）运营要素是指除前面所提的源头募捐、救助对象、发展动力之外的运营要项，如店牌标识、收银系统、评估定价、成本收益、服务流程等，它们属于实际运营层面的分项内容。这里我们根据研究的需要进行局部合并。

> 我们常常无法做伟大的事,但我们可以用伟大的爱去做些小事。
>
> ——[法国](世界著名慈善工作者)特蕾莎修女

第3章 慈善超市的酝酿产生

"非营利部门比我们广泛理解的要远为复杂,在我们国家的生活中起着更为重要的作用。非营利组织参与了大量令人困惑的活动,这些活动反映了人类利益的多样性,以及社区生活的全景。它们远远不是专门关注穷人,而是服务于更广泛的人群,回应各种需求。"① 伴随着城乡社会的转型发展与变迁,我国社会救助工程的实施需要慈善公益组织等非营利部门的广泛参与与积极作为,以缓解社会弱势群体的生活窘境和促进个体潜能发挥,促进社会整体的和谐发展。在此背景下,苏南地区慈善超市救助工程尝试采取"政府推动、民间运作、社会参与、各方协作"的发展模式,遵循"依靠社会办慈善,办好慈善为社会"的原则,积极开展接收捐赠、义卖变现和属地救助活动,试图建立一套多方参与的慈善超市运作长效机制。

3.1 外在客观指标

超市实体经营发展情况通常具有显性指标可供衡量考察。指标或者指标体系的设立犹如指挥棒引导着超市业态发展方向,也是行业内部对超市实体经营运作做出客观评价的重要依据。这里,我们选择几个主要客观指标予以考察。

3.1.1 成立时间

成立时间是考察慈善超市救助工程运作现状的重要维度,它能反映慈善超市运作时间的长短以及所处的发展阶段。实地调查表明,苏南地区慈善超市成立发展可以分为三个主要时段:

1. 2004—2008 年,属于快速崛起期。

在国家民政部门发出推进慈善超市救助工程建设的号召之下,苏南地

---

① [美]莱斯特·M.萨拉蒙. 公共服务中的伙伴[M]. 田凯,译. 北京:商务印书馆,2008:69.

区地方政府领导高度重视、积极作为,这一时期的慈善超市犹如雨后春笋般在城市街区兴起,起步及推进颇为顺利,成为地方新闻媒体争相报道的热点对象,如屡见报端的"慈善超市暖人心""慈善超市温暖贫困家庭""慈善超市搭起爱心桥""慈善超市亮相 S 城"之类。截至 2006 年 3 月,W 市慈善超市总数已达 44 家,基本实现城市街道全面覆盖,公益慈善事业得到有效推进。相形之下,S 市与 C 市发展稍晚一些。2008 年 12 月,S 市慈善超市挂牌成立 126 家,实现市区慈善超市的空间布局;而几乎在相同时间,C 市业已筹建开放 66 家慈善超市,达到城市街道的基本覆盖,形成三级慈善组织工作网络。慈善超市由点到面的铺开体现出新生事物的蓬勃生机,成为城市社区内外爱心交流互动的"驿站",为苏南古城增添"慈善之城""爱心之都"的星级名片。整理资料发现,W 市、C 市和 S 市多次荣获国家民政部以及江苏省民政厅设立的慈善奖项殊荣,城市慈善品牌形象得以进一步提升,软实力的不断加强也暗合了城市管理者的建设理念思想。正如学者在书中所言:"诸如慈善是一个品牌,它的超值性是决定于其在经济运行中的项目的价值上,它可以为许多经济项目进行形象包装,这种包装后的项目的价值将远远超过其原本的价值。"[1]

2. 2009—2010 年,属于延伸发展期。

这一时期的慈善超市数量仍在持续增加,并兼顾到不同街道社区和区县空间布局的平衡。调研访谈得知其中的主要缘由,一是地方政府响应慈善超市向城乡社区继续延伸的上级号召,持续加码推进。如江苏省民政厅曾下发文件要求,"十一五"期末要使慈善超市、爱心超市在苏南、苏中、苏北(县、市、区)的普及率分别达到 100%、90% 和 80%。随着苏南地区地方政府开始破解城乡二元社会结构难题,城市公共服务与公共产品不断下移,乡村版的慈善超市(爱心超市)开始涌现,村庄里的农民足不出户,也能够享受到与城镇居民同样的服务与实惠。二是新建慈善超市是得到省市慈善总会经费奖励支持的结果。慈善超市的门店新建、设施设备添置、工作人员工资等均需要经费支持。苏南地区文件规定,凡是乡镇、街道新建慈善超市,由省市慈善总会各资助 1 万元/个,原已建成的超市由市慈善总会资助 1 万元/个。以 S 市为例,截至 2010 年年底,慈善超市数量上升到 160 家,比 2008 年的 126 家增加了 34 家。尽管处于延伸发展期,但慈善超市增速步伐明显放缓下来。苏南地区慈善超市成立时间的时段性或者节点性,对于江苏省乃至全国慈善超市也同样适用。据有关数据显示,截至 2007 年年底,全国慈善超市共计 5 721 家;到 2011 年年底,我国慈善超市

---

[1] 徐卫华. 发展慈善事业的理念认知与行为方式 [M]. 北京:中共中央党校出版社,2006:37.

数量上升到 8 802 家，时段上，显出快速兴起和延伸发展的差异变化。总的来讲，在地方政府主导力推的背景下，成立时间之早、起步之快是苏南地区慈善超市发展的重要特征之一。

3. 2011 年至今，进入发展与转型升级期。

慈善超市的率先发展一方面意味着实施主体意识超前，起步和运作的门槛较低，容易在较短时间内产生创新性的成果业绩，吸引社会公众关注，这是先行发展的巨大优势所在；但另一方面，也应清醒地认识到，率先发展往往意味着率先"遇坎爬坡"，会最先面临发展瓶颈限制，发展过程容易出现波动，慈善超市这一新生事物业已出现生存危机。就数据来看，W 市、C 市慈善超市现存 20 家、49 家，这也表明了一点，慈善超市数量呈现出"成立—扩建—减少"的势头。显然，苏南地区慈善超市救助工程运作需要及时转变思想观念，创新发展运作模式，在运作机制上提供具体可行的路径，以突破前进过程中遇到的诸多障碍瓶颈。而且，这种转型升级花费的时间越短越为有利，因其所付出的成本代价较为有限，而越往后拖延，其面临的挑战难度越高，慈善超市失败风险可能会增大。

3.1.2 超市选址

选择什么样的地理位置经营是现代商业超市成功的第一要义，它需要对客流量、商业氛围、目标消费群、周边竞争门店数量、交通状况、建设成本等进行数据资料的收集和汇总分析，从而做到科学选址。选址位置的好坏决定了超市辐射距离的远近和区域内目标顾客的多寡，影响到超市的销售力、获利力与竞争力，关系着超市经营发展的前途。本着适应人口分布、客流情况以及便利购物的基本原则，绝大多数商业超市都将店址选择在城市繁华地带、人流必经的要道路口和交通枢纽、居民居住区以及聚客点附近，形成城市中央商业区、街区交通要道和交通枢纽的商业街、城市居民购物带等不同类型的商群形态。商业超市经营的主要是日常生活用品，容易受到消费者购物距离和通勤时间的制约，消费者不大可能为一些日常生活用品而远距离奔走。因而商业超市难以像大型百货商店或者家用电器专卖店那样具有比较宽广的流动顾客群体，它只能依靠对一定规模的目标消费群体的服务，来获得相对稳定的经营收入。然而，与商业超市经营大为不同，基于行善救助的慈善超市建设似乎没有刻意考虑选址、人流、志愿者居住位置等关键因素。

调研观察发现，苏南地区慈善超市选址主要有以下几种情形：

情形一，多数慈善超市设在街道社区服务中心之内，作为新增的特色项目，与卫生体育、教育科普、计划生育、司法援助、福利保障、劳动就业等事务模块统合在一起，产生了组织模块间互嵌情形。慈善超市本着

"情系社区、服务万家"的宗旨，为辖区居民提供便捷服务。这种杂糅混合的好处在于公益慈善贴近社区居民，与已有其他服务项目能形成集聚效应，且能相互依托、支持，提供便利、快捷的救助服务。不利之处在于，多种模块的统合容易造成慈善超市项目"隐身"，不易受到外界关注；与街道民政科室有着较为密切的联系，容易造成其角色定位不清。

情形二，一些慈善超市是在合理利用原有街道社区捐赠接收站点条件的基础上，经部分改造升级或者租赁转换而成，可谓"旧貌换新颜"，我们暂且把它归为环境嵌入型。它的优点是在政府部门的支持下较短时间内能快速成形，工程建设难度系数小，成本费用大为降低，且能与社会捐赠源头紧密结合起来，易被周边居民熟悉接受，也满足了地方政府部门快速推广慈善超市的要求。当然，它的缺点是慈善超市运作基础和硬件条件存在先天性不足，运作的规范性有待提升。

情形三，部分慈善超市"虚化"，没有实体"外壳"，身份昭示并不明显。它是依托或借助与辖区已有成熟商业超市的联合共建，由商业超市代行、代办慈善救助功能，而政府采取购买服务项目或者给予办公费用补贴等支持。这种企业兼带型慈善超市的好处在于运作成本相对较低，因为商业超市区域服务网点众多、超市物品丰富，受助对象可自由选购，满足自身的物品申领需要，实现了政府部门与企业在慈善公益方面的协作共赢。不利的方面在于，企业兼带型慈善超市属于勉强应对，它不能满足公益慈善长期发展的需要。

情形四，个别慈善超市被政府列为标杆项目、"旗舰店"，项目坐拥城区中心临街旺铺，场地面积达上百平方米，免除场地租金、水电等费用，享有政府财政拨款，并能时常获得政府机关、企事业单位等机构的捐助和订单。它主要由政府指导确定，其优势在于持续得到政府财力支持，社会关注度高；（项目）交通出行便利，拥有潜在的消费者目标人群。可以说，它是现有慈善超市对外经营条件最好的一类，运作也基本正常，但问题是该类"形象工程"较为特殊，其数量屈指可数，对外辐射影响较小。

比较而言，国外慈善超市多数基于机构支持者、捐助者、顾客、志愿者、零售强度等数据来综合决定最佳的选址位置。而国内苏南地区慈善超市选址类型的多样性说明，多数慈善超市选址并没有做好前期市场调研与科学评估，主观决策随意性大；没有充分考虑规模性的目标顾客群、便利的交通道路体系以及可供持续经营的外部环境；没有注意捐赠发放点与救助平台的差别，突出慈善超市自身的特点；停留在表面的环境嵌入性上，未曾考虑与周围环境中社会组织的协调联系，位置相对隐蔽等，这些会给慈善超市的后续运营发展埋下不少隐患。与苏南地区民政部门几位负责同志访谈的资料内容也证明了这一点,慈善超市若想做大、做强、做久,在选址等重要指标上尚需事先做出综合、全面的考察决断。

  C市民政部门科室负责人谢××,女,主管福利慈善工作。"地方慈善超市的最初酝酿那完全是积极响应国家号召的,加上苏南经济社会发展情况在全国所处的领先位置,所以当时'上马'速度非常快,选址压根儿没有很好地设计考虑,这也是当时实情。比方说,超市所在的道路路口是否修建坡道、有无障碍通道等,那些乘坐轮椅的残疾人和老年人对象对通行道路有基本的要求,而没有上述便捷路面体系他们很难进入超市呀!还有超市选址是否考虑人流量大和就近便民的问题,有可能是人流量大、生意好,但对老年救助对象却不太有利。此外,还有消防安全、食品卫生安全上的考虑也不足……。归结下来,我们对慈善超市的内涵再认识,以及慈善超市建设一路走来都是在摸索探路,'走一步、看一步',带有明显的阶段性,存在着这样或那样的问题,有的还是因为先天性的不足。但是话说回来,'有'个超市实体总比'没有'要强些,至少起到社区互助效应,起到激发居民发扬善念意识、提升社区归属感的作用,这是肯定无疑的啦。"[资料编号MZJ—120704—CZ—02G]

  S市民政部门科室负责人张××,男,负责社会救助工作。"慈善超市重在开展扶贫、济困等公益活动,那会儿刚起步的时候,分管领导就敏锐地把握住这一契机,要求下面加以培育扶持发展这一新生事物。好在政府部门手头拥有人力、物力、财力等资源力量,经过对外地的考察学习、理清思绪后,当时就物色了一个街道作为典型树立起来,加码推进建设。慈善超市平台就逐渐成形推开啦,起到了催化式慈善的作用。但客观来说,对慈善超市项目的运作规范性、科学性方面重视不足,关注度不够。比如,慈善超市的场地空间有限,其覆盖面和影响力一般;在'阳光运作'方面,没有及时公布捐赠款物接收、使用和去向情况,没有实现捐赠人查询功能,收支两条线不明等,后期运作方面确实容易陷入困境。这些问题,需要在发展过程中逐一去想办法解决。"[资料编号MZJ—130110—SZ—01D]

3.1.3 规模大小

  规模是考察非营利性组织的重要指标之一,它具有多重含义:一是作为展示实力的规模,是与机构自身能力有关的,具有规模意味着拥有财政实力,机构发展具有可持续性;二是作为项目服务的规模,是以所服务的救助对象数量来衡量服务的范围或广度,具有规模意味着项目可以涉及的范围广和延展扩张的程度大;三是作为复制推广的规模,它通过组织体系内部设立分支机构或下属机构，以及组织体系外部吸纳类似其他组织加盟，形成的模式多重拷贝复制。本研究主要是在第一种含义上阐释规模，比如像中国红十字会、联合国儿童基金会这些被称为"慈善巨人"的机构，它们规模庞大，拥有生存发展所需的财力资源。对于零售业的新型业态超市而言，它采用"顾客自我服务、一次购齐"的销售方式，以经营日常生活用品和食品等中低档商品为主，实行"高周转、低盈利、价廉物美"的销售方针，带来零售业的第二次革命。如专家指出的那样，超市改变了过去手递手的传统销售方式和购物方式，促进了商品流通的大力发展，提高了周转效率，成为零售商业的"领头羊"，创造出一种全新体验。基于消费者的购物需求和机构追求利润指标的价值取向，超市对于规模大小有着相对明确的规定，并相互组合，形成连锁经营格局。传统超市作为小商业的代表，营业面积在100—500平方米之间；标准超市作为基本生活需求满足型的主力化业态，营业面积控制在500—1 500平方米；大型综合超市营业面积达到2 500—5 000平方米；而超大型综合超市营业面积在6 000—10 000平方米甚至更多。超市规模往往与机构实力、效益等发展指标联系在一起。规模越大，代表着机构实力越强，通常所需物流成本越低，经济效益也就越好。

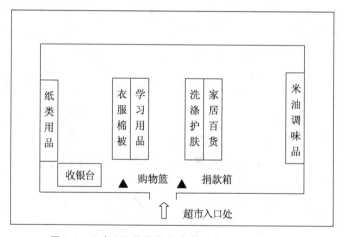

图3-1　S市YJ慈善超市内部结构的简要示意图

从苏南地区调查来看，慈善超市的兴建或改造并没有按照上述营业面积的规定设计，除极个别标杆性的慈善超市之外，大多数慈善超市营业面积在50平方米左右，规模上并不太起眼。上海市金山区民政部门在慈善超市工作实施意见中规定，营业面积基建标准一般不少于30平方米，而辽宁省沈阳市、鞍山市等城市规定慈善超市面积在20—35平方米之间。而国家市场监督管理总局曾明文规定，营业面积低于100平方米的不能称作超市，只能叫作商店或者便利店之类；且规定出于安全质量因素考虑，超市需要建立索证索票制度[①]，而一般商店只需建立进货台账[②]制度即可。尽管如此，出于日常习惯叫法，慈善超市一词仍然继续沿用，并采取进货登记方法。现实的慈善超市如此小规模，主要是主办者考虑到成本费用支出和急于迅速建成的结果。苏南地区城区店铺场地租赁费用高昂，且要在较短时间内寻找到大面积的门面房实属不易。于是，就出现了"麻雀虽小，五脏俱全"（图3-1）的缩微版本。在空间规划上，它们普遍悬挂"XX辖区慈善（爱心）超市"牌子，部分标有"福利彩票资助"的标识，整体布局仿照超市样式，备有相应的货架和功能分区（如便民服务区、物资储备区、义卖展示区等）；物品按照类别分类摆放，基本保持横平竖直[③]，常年维持在几十个品种、数千件物品的库存，一般周一至周五（部分采取周二、周四、周六）[④] 面向特定救助对象开放；慈善超市配有电脑、电话、办公桌椅、消防安全等必要设施。业务经营方面慈善超市主要接受来自辖区政府民政部门的指导，并得到慈善基金会的款物支持；不同慈善超市之间"形影独立"，未能有效形成连锁、合营，也未能发挥出资源共享、互济的系统功能，容易增加主体之间的交易费用成本。

总体来讲，苏南地区慈善超市规模偏小，营业场地并不宽敞，配送体系不完善，物品流通相对较慢，经营状态不稳定，仍旧处于初始的起步发展状态，离成熟稳定形态尚有较远距离。若与周边商业超市进行真正竞争的话，在实力上它显然处于不利的位置，好在其背后有来自政府部门的强力支持，故而能勉强维持下去。

3.1.4 服务对象

在商业超市服务体系中，服务对象（消费者）无疑居于中心的位置。超市载体的优势是能够提供良好舒适的购物环境以及多种商品备选的机会，服务对象是商圈内具有固定场所以常住人口为主体的现有及潜在增量人口。面对消费者自由选购的特性，超市运营需要吸引并维持一定的顾客流量。为此，它需要尽可能扩大自己商圈的影响力和辐射力，比如通过开通

[①] 索证索票制度是食品经营户在进货时，应向生产企业、经销商索取营业执照、卫生许可证、生产许可证等合格证明的复印件保存备查，并向供货商索取进货发票或销售凭证，确保交易对象主体资格合法，购入食品质量合格。

[②] 进货台账是经营户在进货时，应当按照每次进货的情况如实记录，包括食品名称、规格、数量、生产日期、保质期、购货日期、供货商及其证照号码、联系人和联系方式等信息。

[③] 所谓"横平"是指同一层板上的商品尽量选择高矮相差不多的商品，而"竖直"是指上下两层的商品尽量对齐。"横平竖直"是超市货架商品陈列的原则之一。

[④] 慈善超市具体开放时间在不同地区、不同超市存在差异，总体保持平峰（非发放物品的日子）时刻化、高峰（发放物品的日子）高频化的特点。

购物专线，增加商圈以外的客流；引入会员制，采取低于竞争对手的会员优惠价格出售欢迎度较高的商品，以维系新老顾客人群；需要增加便民利民的服务内容，形成差异化的经营特色；需要广泛宣传和不断造势，积极参加社会公益慈善活动，增加超市的知名度和美誉度……。商业运作实践表明，一个品牌或者科技产品的效能扩增，至少需要 3 000 万人口做市场基础，言下之意，保持一定数量的消费人群十分重要。与人气、销售两旺的商业超市相比，苏南地区慈善超市客流量严重不足，人气堪忧。通常开业之初的几周时间内，慈善超市货源充足，人头攒动，显现一片新兴景象，但在运转一段时间后，便普遍暴露出（货源）品种单一、服务滞后的短板，慈善超市门可罗雀，陷入惨淡经营的"泥塘"，后劲乏力问题凸显出来。

调查员杨××，男，20 岁，S 高校社会学专业二年级本科生。"上午十点半左右，（我）才好不容易摸索到这家慈善超市。噢，挺难找的，路人也没听说过这儿有个慈善超市。店铺实在不起眼，场地约有 50 多个平方吧，没有想象中的琳琅满目的商品和来来往往的人群。里面除了两个正在整理物品的工作人员外，几乎没有购物的顾客，冷清的场景和旁边相距千米左右的大润发（商业超市）里熙攘购物人群形成鲜明对比。快要到正午的时候，慈善超市才迎来第一位顾客，但这位顾客也只是进店转了一圈，看了看后便直接转身离去。此番景况让我着实惊讶万分，这哪有什么营业收入呀！同是超市差距怎么那么明显呢！也对眼前媒体大力宣扬的慈善超市的未来发展前景充满了忧虑，缺乏资本积累能力的慈善超市谁都不知还能坚持多久，它的救助功效到底能有几成，真是夹缝中求生存的慈善啊……"［资料编号 GCYT－120702－CZ－03G］

然而，客流量的稀少、（超市）聚客能力差等对于身处其中的慈善超市工作人员来说似乎是司空见惯、习以为常的事情。

W 市慈善超市工作人员张××，女，56 岁。"这是一家带有一点政府背景的慈善超市，据说最初发起人就是现在街道民政部门的负责领导。我呢，也是从其他单位退休不久（经人介绍）返聘过来的。平时，我在这家慈善超市上班还挺轻松的，收拾整理货架物品，打扫地面卫生，事情真不多，也很少有外人来超市购买物品。但是，到了月底超市发放救助物品、库存盘点的时候，情况就不同啦，事情比较多，忙得让人几乎喘不过气来。好在也就几天时间，坚持一下忙过之后就好了。"［资料编号 GZRY－120715－WX－05F］

S 市慈善超市工作人员蔡××，女，54 岁。"走走看看转上一圈的话，你们可以观察到，慈善超市和周边的商业超市是有些不一样的，我们是店小货少,商品种类也不多,不搞那些花式的促销活动,店内甚至连张印刷海报都没有。就只有常见的居民生活必需品,绝对保证货真价实(毕竟是政府主办的超市,信誉没问题的),照顾好特定的服务对象,做到行善助人就行。我在这儿主要是负责收银这块,偶尔也去码码货之类的。超市几乎是封闭式的运作,经营业务也比较简单,促销经营的味道实在不浓,好些时候一天都没有生意,但这在我看来符合我们公益慈善的定位啊。"[资料编号 GZRY-120706-SZ-01F]

C市慈善超市工作人员李××,女,57岁。"慈善超市出现的时间还不长,基本上就是救个急啥的,很少对外面的顾客销售,走进来选购的绝大多数是我们事先圈定的固定受助对象,他们一般是在每月固定的几天来领一些日常生活必需品,像大米、食用油、酱油之类的领取较多。慈善超市刚开始建立的那几年,可能由于比较新奇(新生事物)的缘故吧,来自周边城市政府民政部门和街道社区的考察参观学习比较多,慈善超市自个儿举办的义卖募捐活动也有一些,到现在这些慢慢变少啦,好似一阵风刮过那样渐渐平静下来,这不店里也变得冷清许多,我们也已经习惯了。"[资料编号 GZRY-130709-04F]

访谈得知,与商业超市面向全体消费者不同,慈善超市的服务面窄,服务对象少,它主要锁定的是经政府调查和核实过的社会弱势群体,如低保困难户、残疾人士等。可以说,目前慈善超市的服务对象与救助对象是同一指向的。观察发现,慈善超市服务对象的数量在一定时间内是稳定的,进入超市后并不要求他们自掏腰包购买消费,而是根据限定的救助金额免费领取生活救济品。平时,慈善超市人流量十分有限,只在每月固定的日子,通常是月末的几天,服务对象会集中前来慈善超市选取救助物品,这是慈善超市忙碌和热闹的时刻。以苏南地区YJ慈善超市为例,每月开门营业22天,日常救助的对象约210户,临时性救助接近60户,考虑到陪护的情况,每户若按照1.5人次粗略计算的话,该超市救助对象每天的"光顾率"为$1.5×(210+60)/22$,结果约为18人/天。学者张彦通过对上海市长寿路街道慈善超市统计发现,该超市每月开门22天,每月运作过程中发放代币券135张、实物券170张左右,按一券一人次计算,该超市每天帮困对象的光顾率是$(135+170)/22≈14$(人/天)。[①] 上述数据表明,慈善超市客流量要远远低于普通商业超市成百上千次的顾客光顾率。从商业成本核算的角度考虑,在成本支出一定的情况下,过低的客流量是对成本的一种浪费,慈善超市运作面临缺乏经济性的问题;同时,慈善超市服务对象

[①] 张彦. 社区慈善超市如何做久做大?:以上海的经验为例[J]. 社会科学, 2006(6):79.

过窄，容易被外界贴上贫困救济另类特殊的标签，对服务对象的自尊心产生负面影响，容易形成阶层分割与对立。从运作可持续发展的角度审视，慈善超市运作发展需要重视"科学慈善"的问题，需要锁定服务群体，设计营销策略，需要跳出目前近乎封闭的服务对象圈子，扩大服务职能范围，通过市场便民服务（可捐可买）手段以寻求盈利空间的可能，进而为慈善超市的持续健康发展奠定经济基础，稳定并长期发挥其对社会的积极影响。

上述，我们仅从成立时间、超市选址、规模大小、服务对象四个客观指标对苏南地区慈善超市救助工程酝酿产生的基本业态做了简要刻画描述，力图展现出政府主导之下的处于成长中的慈善超市的"自画像"。

3.2 内在隐性指标

若由外在的客观显性指标进一步向深层因素思索的话，我们很快就将目光聚集到诸如慈善的本真意义、慈善超市的结构—功能、慈善超市的需求导向基础和外部环境等隐藏的内在指标上，其对政府主导运作的慈善超市的作用及影响一样不容小觑。

3.2.1 慈善的本真意义

"慈善"一词在普通民众头脑中的简单定义是做善事，提供服务或捐助他人等。谈及慈善，公众内心往往会质疑慈善人士行为背后的真实动机，误解慈善是机构为投资者创造财富的行为，或者完全不相信他人慈善行为发生的真实性。为此，有必要对慈善超市发展进行追本溯源，我们认为，慈善是基于公益事业的志愿行为。"慈善事业将捐赠者们的个人化表达性愿望转化为旨在满足公共需求的公共行动。它既有公共功能，又有私人功能，使社区能够解决问题，令个体能够表达他们的价值观念，又将其付诸实施。"[1] 慈善力量的来源相当程度上是个人主义的，它是个体表达爱心、帮助他人基本需求的体现，政府仅是起到扶持参与作用；与此同时，慈善力量又极具公共性质，它是缩小阶层贫富差距，共享经济社会发展成果，促进社会和谐稳定的平衡器。慈善也是一个复合体概念，既关系到理念价值，也关系到实践行动，慈善致力于将理念与实践相融合。认真对待公益慈善热点，需要以理智约束情感，以思考引导行动，明确慈善背后的意义，公正地看待慈善的优缺点、成功和失败。[2] 慈善本真意义的揭示，意在加深社

---

[1] [美]彼得·弗朗金. 策略性施予的本质：捐助者与募集者实用指南[M]. 谭宏凯，译. 北京：中国劳动社会保障出版社，2013：8.

[2] [美]罗伯特·L. 佩顿，等. 慈善的意义与使命[M]. 郭烁，译. 北京：中国劳动社会保障出版社，2013：12—17.

会公众及机构主办方对慈善超市宗旨理念的正确认知,提醒人们从事慈善一定要"不忘初心"。否则,不当或者错误认知会成为限制慈善超市运作实践能力发展的深层思想"病根"。

3.2.2 慈善超市的内在结构与外显功能

苏南地区慈善超市发展重在载体或者平台建设,要把工作重心落在慈善超市的救助功能上,赋予其重要的价值意义,将慈善超市视为政府救助体系的有益补充和重要伙伴。问题是慈善超市作为一有机体,依据结构功能主义思想分析,功能与结构是紧密联系在一起的,前者的发挥在很大程度上依赖系统结构安排。换句话说,慈善超市救助功能的释放,需要在内在结构安排上精心设计,它需要实践层面不同子系统良好的运营基础,包含募捐系统、营销系统、管理系统、救助系统等,以便能够持续提供维持有机体运行的物质支持。如果慈善超市系统结构要素缺失或者错位,产生经营治理结构上的缺陷问题,那么即使一味追求的理想的救助功能目标达到了,结果也必然是无功而返。在起步阶段,苏南地区慈善超市按照政府行政部门运作模式展开,市场运营要素严重缺乏,内部结构趋于失衡,显性后果之一便是慈善超市面临生存困境和发展危机,救助功能的发挥亦为有限,现实境况已经清楚地表明了这一点。

3.2.3 慈善超市的需求导向基础

苏南地区慈善超市的产生和运转有其先天的"土壤"条件,但更具有依赖指向的是强烈的需求导向基础,主要是来自身处生活困境之中的救助对象的主观诉求,这并不是媒体宣传的政府部门追求政绩的表面幻象所致。需求是客观存在的且在不同阶段呈现不同的"面貌",需要机构去认真搜集汇总分析得出。正如,苏南地区民政部门负责同志指出的那样,城市民生工程或者慈善救助工程的背后是要想方设法多方筹措社会资源来满足救助对象个体的迫切需要,应该采取的是"需求+对接"的方式,需求内容到底是什么甚为关键。为此,慈善超市需要转变"高高在上"的做法,将救助服务重心下沉到基层社区,通过实地调研弄清救助对象的身份特点及其需求内容,从而"对症下药",确立适宜的救助项目,以提升慈善超市救助运作效率。我们认为,慈善超市救助工作回归最初的需求主导起点,慈善超市平台讲求以救助对象(人)为本,这有其合理性和必然性。

3.2.4 慈善超市的外部环境

慈善超市要在现代社会中得以生存发展,必须秉持打开大门开放运作的思想。它非常依赖友好型的外部环境来为其提供人力、物力和财力资源,同时满足外部环境对其产品与服务的主观要求,这一切要在开放系统体系中通过要素流动才能完成。"互惠型慈善事业的内在逻辑在于,慈善事业与经济发展、社会建设存在互惠关系；经济发展与社会建设的共同进步，则能实现效率与公平的有效均衡；公平与效率的均衡也最终将有助于慈善事业进一步成长。"① 当然，外部经济环境和社会气候不是一成不变的，捐助者的兴趣和热情也在发生变化，慈善超市的运作管理必须能够适应外部形势要求。在坚守慈善机构宗旨、价值观、核心内涵的同时，赋予机构宗旨符合时代"气息"的新内容。需要指出的是，即使身后有来自地方政府部门的支持，那种无法适应外部环境要求、所提供的公共服务产品与公众的需求严重不匹配的慈善机构，自然也就失去吸引社会捐赠和关注的能力，募捐能力和其后的经营状况就是衡量慈善机构是否具有活力的重要指标，外部环境产生的负向支持效应是慈善机构力求避免的。

3.2.5 慈善超市的募捐时机掌控

时机挑选是慈善机构发起募捐活动时考虑的一个重要因素，慈善救助需要对捐助者捐助的时机（何时捐赠）做出思考判断，同时还需斟酌利用赠予进行救助（款物发放）的时机。应该来讲，这里的时机选择与日子吉不吉利没有多大关联，关键是在募捐阶段，捐助者的施予时间与要解决的问题的预期发展之间的契合十分重要。捐助者须确定一个恰当的支付速度，往往交付时间的流逝和向后拖延会改变公共需求的性质，影响慈善救助项目的效果，特别是在相对紧急的救助领域捐助者需快速而果敢地做决断。在随后的救助环节，应该基于救助对象的需求迅速将募集款物发放到他们的手中，使他们得到及时救助并脱困，故慈善机构运作效率颇为关键。对于政府发起、主导的慈善超市容易出现忽视或者延误募捐大好时机的情形。所以，从社会募捐开始到正式救助完成，这中间接力所花费的时间长短需要引起机构关注，捐助时机的选择关乎捐助者慈善意图实现的速度，关乎募集资源被用于满足公共需求的进度，也关乎着慈善机构的运营成效。可以说，募捐时机的把握是影响慈善超市募捐的一个隐性因素。

3.3 简要思考

苏南地区慈善超市的蓬勃兴起，对所在城市而言似乎是件颇为风光的事情，但留给我们以下几点思考：

思考之一，慈善超市早期快速发展的意义。尽管苏南地区慈善超市早期筹划准备如此顺利以致常常为人们所忽视或者略过，但它的确能对慈善

---

① 汪大海，唐德龙. 互惠型慈善事业的内在逻辑与模式建构[J]. 国家行政学院学报，2011(1): 95.

超市的今后发展起到至关重要的作用。国外学者就曾使用"抛锚式慈善"[①]的概念来指代其中潜在的不良后果，意思是慈善超市虽然起步较为平顺、快速，但其后续发展却呈减缓停顿之势，缺乏效率和活力，结果是面临失败风险，科学慈善的呼声渐起……筹划准备阶段，事实上应该对关键议题自觉思考并主动做出前瞻性设计，如慈善超市的组织宗旨及其属性，如何争取外部机构如政府、企事业单位的支持，慈善超市的自身如何运转（包括组织名称、组织治理结构），以及慈善超市的内在动力基础等，同时也应该注意慈善超市运作技巧的积累和经验教训的吸收。公益慈善项目的成功实施，80％取决于前期设计，20％取决于后期执行。早期起步阶段应为后续的发展提供更多的谋划和准备，尽可能减少后续发展过程中的障碍或者瓶颈。

  思考之二，慈善超市现今发展面临的议题。如果说，早期苏南地区慈善超市建设规范性不强是出于试点探索的"破冰"需要，或者起步阶段的慈善超市出于实验需要而不可能具有强劲的内生动力，社会需宽容公益慈善活动"瑕疵"[②]，那么现在摆在我们面前有三件事情需要迅速应对或加以调适：一是针对已有慈善超市因先天发育不良给后续运作带来的不良影响，必须找到解决问题的妙方加以消除。换句话说，如何针对现有慈善超市进行转型升级，提升运营能力，避免慈善超市经营发生萎缩、卡壳的问题。二是强化建章立制工作。经过十多年的探索实践和建设试点，慈善超市的准入门槛必须明确，须建立标准化的准入规范和促进发展制度，明确挂牌营业的基本条件和指标要求，从承办主体身份、规模大小、门店选址、运作资金、人员配备等各个环节进行把关约束。有学者指出，在实践中，标准化建设可以包括外部的慈善超市登记制度与支持措施标准化，也可以包括内部的慈善超市设施设备、服务内容和管理制度标准化。[③] 三是树立布局合理、运作良好的发展导向。在培育、优化慈善超市营业网点的同时，加强事中和事后有效监管；须强化慈善超市的运作机制，解决好"运作难""发展难"的问题。由注重（慈善超市）数量转向质量，是科学慈善的内在

---

① "抛锚式慈善"是根据帆船上的一种用于让船只减速以抵消强风影响的行为而形象地描绘出来的，它起到一种双重的、自相矛盾的作用。尽管抛锚能防止这种运输工具被吹离航道，但它也是降低生产效率的——减缓前进的速度。详见［美］马克·T. 布雷弗曼，诺曼·A. 康斯坦丁，等. 慈善基金会和评估学：有效慈善行为的环境和实践［M］. 陈津竹，刘佳，姚宇，译. 北京：中国劳动社会保障出版社，2013：147.
② 中央电视台著名节目主持人白岩松在北京师范大学京师公益讲堂上曾说过，目前中国公益慈善的确有瑕疵，如果稍有一点瑕疵公众就谩骂诋毁，将限制中国公益慈善的发展。
③ 徐家良，张其伟，汪晓菌. 多中心治理视角下慈善超市角色与困境：基于S市的调查［J］. 中国行政管理，2017（12）：58.

要求，也是慈善事业向外推广并成功应用的要求。它提醒我们在关注慈善超市社会效益的同时，提高慈善超市管理运行水平，实现与经济效益的协调、同步，推动慈善超市救助工程的可持续发展。

思考之三，慈善超市发展的本土化问题。慈善超市最早是源自英美等西方发达国家，它当时崛起的历史和社会背景如何？它的实际运作模式有何具体特点？支持慈善超市发展的辅助机制又有哪些？俗话说，"他山之石，可以攻玉"，这些宝贵的经验需要我们尽快认真归纳总结，加以合理吸收利用。慈善超市引入中国之后，必然面临着不同的社会情境和文化氛围，如何进行合理"变身"和准确定位，从而建构符合中国国情的慈善超市运营模式？长期居于主导地位的政府部门又该扮演何种角色？慈善超市如何与民间社会组织建立契合关系？在日渐兴起的虚拟网络社会背景下，慈善超市如何与互联网产生叠加效应？这些都是苏南地区慈善超市本土化过程中需要思考与解决的主要问题。只有解决了以上种种问题，才能逐步建立具有自身特色的富有活力的慈善超市。

> 慈善以人的慈善之心为重要的道德基础，以慈善捐赠为重要的资源基础，以慈善组织和专业人员运作为重要的组织基础，以慈善志愿者参与为重要的社会基础。
>
> ——国家民政部前部长李学举

第 4 章　慈善超市的运作机制

社会救助工程通常是以新推的规范条例来取代旧有的社会守则，以此解决社会关系领域面临的主要矛盾，满足社会公众的内心诉求与愿景期盼，进而促进社会良性运行和协调发展。社会救助工程的实施烦琐，其运作的核心在于机构内部各种要素间的良性互动，它远远超出泛泛而谈的道德说教层面，需要我们据实一一加以解析；而且，要避免仅仅停留在"我们应该不断完善发展运作模式""大力发展慈善事业"之类的笼统总结或者号召式话语上，要深入讨论真正实现这一目标的具体项目手段和行动方式。"如果没有一个很强大的社会服务项目，慈善只是不平等的人之间的短暂相遇。若捐助者与受助者之间没有直接的相互关系，那么最终，公益的现实有效性与道德意义都将失去。"① 解构慈善超市运作机制这一带有规律性的复杂模式，我们尝试从以下几个维度展开分析。

4.1　慈善超市的发展动力

作为一项"舶来品"，慈善超市在我国兴起的动力基础是什么？它究竟是短暂一时、"昙花一现"的，还是富有持久性的？动力基础对慈善超市的健康发展起到何种正向促进作用？这些基础议题均是引发社会公众思索的首要内容。

4.1.1　西方国家慈善超市动力之源

从历史发展（纵向）的角度考察，慈善超市无疑是外来导入品。现代意义上的慈善超市最早源于美国 1902 年成立的"好意慈善事业组织"（Goodwill Industries International），这是世界上第一家由非营利机构开办

---

① [美] 劳伦斯·J. 弗里德曼，马克·D. 麦加维. 美国历史上的慈善组织、公益事业和公民性 [M]. 徐家良等，译. 上海：上海财经大学出版社，2016：35.

的免税零售公司，创始人是一位名叫埃德加·赫尔马斯（Edgar J. Helmas）的社会革新者，他认为帮助贫困者获得工作机会和能力要远胜于对他们的简单施舍，并尝试在社区里践行他的这一革新理念。首先，他从城市富裕片区中收集捐赠的二手日常用品和衣服，然后花钱雇佣和培训贫困者来进行打理，再把修理好的物品重新卖掉变现或者送给打理它的贫困者，让社区中的每一个被救助个体都能发挥作用，获得经济上的独立，享受有尊严的生活。由此，好意慈善事业组织的主要业务是收集、翻新和销售公众捐赠的闲置物品，用销售这些捐赠物品所得善款为社区残疾人、失业者、孤儿、新移民等弱势群体兴办福利工厂、职业培训机构、就业安置所、社区学校等。现在它业已发展成为世界级连锁企业，总部设在加利福尼亚州洛杉矶市，在全球拥有近3 000家零售商场、网站、捐赠中心及职业中心等，营业收入达到50多亿美元，同时，它提供了31.8万个就业岗位以及总计8 900万次社区服务，成功进入美国15家顶级折扣零售商行列。

梳理美英等西方公益慈善强国的慈善超市成长历程，可以发现其背后的成长发展逻辑：在初始阶段，慈善超市是由个体价值驱动的，是基于慈善助人目的而设立的组织。它的起步颇为艰辛、缓慢，主要依靠民间机构或召集人发动组织，采用前店后厂式[①]经营，销售物品主要来源于社会人士捐赠，多为衣被、生活用品等普通家用物资，经洗涤、整理、修配、包装、估价、上架等一条龙作业后，借助（二手物品）低廉价格吸引顾客人群，并借助广大志愿者的力量实现低成本运营。慈善超市与地方政府之间并没有隶属关系，也没有资金财务上的依赖关系，它是社会选择的结果[②]，政府很少干预、介入慈善超市业务。随着其资本和人脉的积累，社会公信力的增强，慈善超市逐渐进入快速发展通道，借助高效的市场化运作机制，利用商品零售、信息咨询、为企业合作伙伴提供劳动力服务等手段来拓展业务范围，增加慈善机构营业收入，而盈利部分再回馈给这些社会弱势群体。这一时期的慈善超市注重商品的质量和品种的多样化，改善内部经营管理方式，提升品牌吸引力与顾客满意度。慈善超市逐渐发展为集物资救助、技能培训、业务承接等为一体的综合性救助体系，并沿着专业化、效率化、产业化的方向发展壮大。政府在公共服务供给体系建设中给予就业

---

① 所谓"前店后厂"，顾名思义，即前面是慈善超市门店，后面是捐赠物品的维修处理车间、工厂，涵盖物资接收、物品处理、物品销售三个主要流程。"前店后厂"的设计有其便利性和科学性，它强化了生产（加工）与销售环节之间的联系，符合企业经营运转的要求。
② 汪大海，杨永娇．中西方慈善超市的发展模式及造血机制比较研究［J］．中国民政，2012（10）：31—34．

服务、购买项目减免税收等政策资金支持，但这种支持没有明文规定政府每年定向资助慈善超市的金额，政府也明确澄清没有义务供养这些机构和人员，而是与慈善超市在解决失业、反贫困等社会问题上进行真诚合作，形成"合作伙伴"的关系。由此，慈善超市在救助、教育、职业培训、支持性服务等方面成为无可争议的独立的领袖组织，成为西方国家慈善事业的一个缩影，它所体现的慈善理念已经融入广大居民日常生产生活中。

从慈善超市主要收入来源数据看，如表4-1所示，2015年美国好意慈善事业组织的商品零售收入要远远超过社会捐赠、政府拨款等，零售占到年收入总额的70%以上，而政府支持仅占收入总额的10%左右。概括来讲，西方国家慈善超市已由零星的个体化慈善进展到更为系统、更具导向性的组织化慈善，市场化的运作加上民间志愿奉献精神，构成西方国家慈善超市发展的动力基础，双轮驱动塑造出慈善超市强大的"造血"机能，融资途径多样化，与营利性超市竞争未显现出劣势，慈善超市的品牌得以成功树立，走上一条健康发展的良性轨道。而且，慈善超市的民间组织外在形式与其内在运作逻辑是高度吻合的，具有自我控制性和组织结构上分离于政府的显著特征，达到"形"与"神"的完美统一，避免了慈善超市组织形式的变异。国内已有研究成果将西方慈善超市发展概括为闭合的"车轮"模式，即从依靠捐赠、经营二手物品的进入阶段，进展到提升商品质量和打造社会口碑、改善管理方式的发展阶段，最后顺利来到成熟阶段。[①] "他山之石，可以攻玉"，这些已有成果结论对我国慈善超市救助工程的建设是有重要的启发与借鉴意义的。

表4-1　2015年美国好意慈善事业组织收入的频数分布[②]

收入来源	金额（百万美元）	所占百分比（%）	排序
（1）商品零售	3 790	73.31	1
（2）政府资助	90	1.74	5
（3）政府对就业培训的支持	455	8.80	3
（4）个人捐赠、服务收费	46	0.90	6

[①] 汪大海，杨永娇. 中西方慈善超市的发展模式及造血机制比较研究［J］. 中国民政，2012（10）：31.

[②] 谢家琛，李鸿兴. 慈善超市体制机制改革研究：以上海模式为例［J］. 社会福利，2018（9）：49.

(续表)

收入来源	金额（百万美元）	所占百分比（%）	排序
（5）公司和基金会捐赠	27	0.52	7
（6）企业服务合同工作	647	12.51	2
（7）其他	115	2.22	4
合计	5 170	100	

4.1.2 苏南地区慈善超市动力之源

与上文西方国家慈善组织的自然成长历程不同，我国慈善组织无论是在内部治理的规范化还是在外部环境的制度化上都打上了鲜明的中国特色烙印，公益慈善力量尚处在进一步崛起之中，慈善超市产生的动力之源也存在差异。如果说西方国家慈善组织是"民办"的，原始动力来自民间，那么，毫无疑问我国慈善超市组织最初就是"官办"的，原始动力来自政府。苏南地区慈善超市自诞生起就有着强大的政府支持背景，可以说它完全是政府催生和主导的结果。2004年7月，当国家民政部发出两三年内在全国大中城市普遍建立慈善超市的通知要求后，苏南等经济发达地区积极响应上级部门号召，以原有的经常性社会捐助站为依托，着力推进以"慈善超市""爱心超市""阳光超市"等为具体形式的载体建设，有计划、有组织地募集和发放社会捐赠款物，以此缓解城市当地困难民众的生活窘境。它们绝大部分直接依托于各级政府的民政部门建立，和民政部门有着极其紧密的血肉联系。[①] 慈善超市在苏南地区城市主要街区相继设立，起步及推进颇为顺利，成为新闻媒体和业务主管单位报道、关注的热点。

2007年，（C市）新北区、天宁区、钟楼区、戚墅堰区均成立慈善分会，作为市慈善总会的分支机构，在本辖区内独立开展慈善活动。同时在街道、社区建立56家慈善超市，实现四城区街道、社区慈善功能全覆盖，从而形成三级慈善组织工作网络，实现慈善三级机构分工合作，即慈善总会以龙头企业的劝募和集中救助为主，分会以中小型企业的劝募和补充救助为主。慈善超市在基层社区常年开展以实物捐赠、实物救助、临时救助为主的慈善活动。[②]

在（出台）机制保障的同时，一张"四位一体、全面覆盖"的慈善爱心网正在密密织就。目前（W市）全市各县、区、街道（镇）、社

---

① 田凯. 非协调约束与组织运作：一个研究中国慈善组织与政府关系的理论框架[J]. 中国行政管理，2004（5）：88.
② 成功. 爱心之都，慈善之城[N]. 常州日报，2010-07-30（A1）.

区均成立了慈善公益组织，相继建立各级慈善超市。与此同时，还积极与市红十字会、共青团、妇联、残联等慈善公益组织开展多领域项目合作，一些热心公益的企事业团体、社会人士、志愿者也纷纷加入慈善队伍，一个"政府推动、法律规范、政策引导、民众参与、慈善组织实施"的慈善事业新格局，正逐渐由蓝图转变为现实。①

起步阶段苏南地区慈善超市的建设重心是围绕慈善超市的布点生成，关注慈善超市的数量扩展，而其内涵质量建设相对忽视，从无到有、从少到多，代表着政府在推进社会组织建设方面取得了实绩，但这种外部管理需要尽快从慈善超市的"出生证"监管向过程性监管转移。正如S市民政局在2009年度部门总结资料中撰写的那样，"秉着'建一个成一个、健康发展一个'的指导思想，经过过去五年多的努力建设，目前（2008年）全市慈善超市已挂牌成立126家，实现慈善超市的全覆盖，构建起区、街道、社区三级超市型实物救助网络。慈善超市成为我们城市扶贫助困的一大品牌和亮点"②。在具体运作上，起步阶段的慈善超市往往采取政府主导的方式，基本遵循行政体制的规章惯例，依据行政指令进行垂直管理，这可以说是慈善超市成立发展过程中最早的1.0版本。"中国的政府部门意识到了慈善资源的利用对于解决社会问题、缓解社会紧张的重要作用，但直接以政府形式利用慈善资源会受到潜在捐赠人（尤其是海外捐赠人）的排斥。通过从政府内部分化出具有慈善组织外观的新的组织形式，政府可以让慈善组织领域的参与者理所当然地相信，这些慈善组织确实是按照组织所宣称的方式在运作，从而保持了潜在捐赠人对慈善组织的社会认同。"③ 它主要以政府确定的低保家庭、低保边缘家庭等为服务对象，重点工作就是扶贫济困，这决定了慈善超市实际上属于政府救助组织的延伸④，是政府救助机构和慈善机构的混合体，承载着类似政府的职能。一是补充，即做党和政府的帮手、助手，作为资源动员和服务提供的补充；二是协调，即做党和政府联系社会的桥梁纽带；三是执行，即承接政府转移的职能或交代的任务，

---

① 任伟．慈善，让太湖明珠更璀璨［EB/OL］．凤凰网公益，2011-09-08．https：//gongyi.ifeng.com/special/foreverhappiness2011/content—2/detail_2011_09/08/9046937_0.shtmlhttp：//gongyi.ifeng.com/special/foreverhappiness2011/content—2/detail_2011_09/08/9046937_0.shtml.
② 详见S市民政局2009年度部门工作报告，资料业已公开。
③ 田凯．非协调约束与组织运作：一个研究中国慈善组织与政府关系的理论框架［J］．中国行政管理，2004（5）：93.
④ 王云斌．运营社会化：中国慈善超市可持续发展路线图：美国好意商店和英国乐施商店的启示［J］．社会福利（理论版），2013，（5）：47—51.

以民间组织的形式实现政府意图①。

苏南地区慈善超市不具备法人资格身份，其启动建设资金和货架物资多半来自地方政府部门的财政拨款与企事业单位的无偿捐赠，工作人员主要为街道社区兼职人员和退休特聘人员，逢周一至周五（9:00—17:00）开门营业，面向辖区困难对象提供救助服务。通过免费发放具有一定数额的代币券或者救助卡，使救助对象能在慈善超市中以相对低廉的价格选购生活必需品，从过去季节性的送温暖活动向现在的经常性社会救助转变，由"你捐我受"的被动救助方式向按需捐助的积极救助方式转变，慈善超市的经济合法性和社会合法性也得到公众的认可。与西方国家慈善超市"双轮"运作、追求经营性收入相比，苏南地区慈善超市显然是"单轮"（政府）运作，自主性经营收入几乎可以忽略不计，慈善超市缺乏基本的资产积累的能力，获得利润或者盈利似乎并不是它们经营的核心理念和主要目的，经营只是为了履行政府部门相关政策承诺，即便不盈利甚至做赔本买卖也要勉强为之，缺乏寻求发展的竞争意识和解决社会问题的使命担当。可见，苏南地区早期1.0版本的慈善超市虽然倾向于将资源应用于现有存在问题领域，却并不太留意最后救助结果成效如何。对于它们而言，慈善本身即是报偿，这是"授人以鱼"回报社会，具有至高无上的道德光环和无可置疑的正当性，是行为主体自我道德满足的工具。当然，这意味着1.0版本的慈善超市运行及其推进背后需要强大的地方经济财力持续支持，但政府"埋单"这种局面到底能维系或者支撑多久？慈善超市运作的稳定性如何？确是令人感到疑虑的地方。

表4-2　慈善超市运作模式的若干类别归类

运作模式	运作主体	经费支持	工作人员	开放时间	开放程度
政府主导型	政府	财政拨款	行政兼职、雇佣人员	定期（工作日时间）	封闭
企业兼带型	商业超市	政府购买	雇佣人员	全日制	开放
民间运作型	民间组织	社会募捐	雇佣人员、志愿者	全日制	开放

除政府主导型之外，如表4-2所示，还有企业兼带型和民间运作型两种主要类型。所谓企业兼带型，也称为挂靠联办式（图4-1），是指地方政府部门与现有商业超市协商合作，由商业超市兼带运营，辟出专柜或者部分区域承揽物品捐赠、义卖和救助，而政府部门给予企业税收减免政策或者办公费用等支持。企业兼带型走出慈善超市建设"必先配备人员、先提供

---

① 王名.中国民间组织30年：走向公民社会1978－2008[M].北京：社会科学文献出版社，2008：194.

场所、先完善设施而后运营"的旧有路径,最近几年颇受地方政府部门的青睐,特别是在政府主导型慈善超市运作遇到瓶颈困境、急于找寻新的出路之际。对于企业来讲,具有所谓的"三重底线"——经济底线(经济责任)、环境底线(环境责任)和社会底线(社会责任),企业基于社会责任关注慈善救

图 4-1　苏南地区企业兼带型慈善超市一角

助本身,也关心公益慈善的产出。慈善公益是社会品牌最有力的支撑。"有些企业是从战略、产品营销以及品牌推广等角度,通过实施公益项目提升企业的形象和美誉度,在社会和消费者中扩大自身影响,增加企业竞争力;有些企业希望通过员工积极参与公益项目丰富他们的生活,增强员工对企业的凝聚力、归属感以及团队协助能力,使员工增加对企业价值观的认同和理解,同时,推动企业文化建设;有些企业通过开展公益项目促进资源可持续利用,同时为自身的产品创造更好的资源条件。"① 本研究的第 6 章将要对此做具体阐述。而民间运作型则是由社会组织或者民间发起人遵循慈善宗旨理念从事非营利性的社会救助,是慈善超市搭档社会组织的具体模式。

西方国家慈善超市建设之路多以民间运作型为主,它以良好的民间社会基础为前提。相形之下,苏南地区慈善超市的现有民间基础并不那么牢固,慈善传统文化因子未能实现与社会主义市场经济的有效对接,民间运作型慈善超市并不多见。仅以苏南地区 S 市为例,由表 4-3 可以看出,政府主导型的慈善超市占据 77.78%,排在第一位;其次,是企业兼带型慈善超市,占到总数的 19.05%;而民间运作型排在最后一位,仅占 3.17%。② 从全国数据来看,呈现出类似的情形,政府主导型慈善超市一枝独秀,占据总体的八成以上,而民间运作型慈善超市力量十分微弱,几乎可以忽略不计。鉴于以上情况,如无特殊说明,本研究主要是在政府主导型的意义上

---

① 商道纵横.跨界对话:公益项目实战宝典[M].北京:社会科学文献出版社,2016:17.
② 在 S 市城区,设有一家草根慈善组织——汤妈妈慈善中心店,这是募集社会资金建成并独立运作的慈善超市,主要向企业、社会爱心人士募集闲置物品,通过"回收、分类、整理、消毒、再利用",为残障人士提供就业机会,而农民工、保安、环卫工等困难群体可低价购买,具有较强的亲和力。

使用慈善超市的概念。同时，从研究选点来看，本研究立足于苏南地区，这具有典型意义，它不是在特定个案上做深入分析，所以不会陷入"局部观察"的困境。

表4-3　苏南地区S市早期慈善超市的生成类型

生成类型	频　数（家）	有效百分比（%）	累加百分比（%）
政府主导型	98	77.78	77.78
企业兼带型	24	19.05	96.83
民间运作型	4	3.17	100
合　　计	126	100	

经起步阶段进入发展阶段之后，苏南地区慈善超市的中心工作按理应迅速转移到运作管理上，着力赚取经营性服务收入，重视获取来自企事业单位、政府机关、个人、基金会的慈善捐赠，不断提升管理服务水平。遗憾的是，由于（政府部门）财政投入有限、捐赠物资无法变现、运营成本增加等情况，慈善超市个体很快地进入到退出阶段。也就是说，它还未真正发展就已退出。[①] 正如新闻媒体标题披露的那样，"慈善超市面临两难窘境[②]""慈善超市经营遇困""慈善超市遭遇发展瓶颈""慈善超市前行乏力为哪般？"，苏南地区不仅新增慈善超市寥寥无几，而且已有慈善超市面临倒闭关门的尴尬境地。截至2013年年底，S市现有慈善超市150家，比2010年减少了20余家；W市慈善超市由起先的44家降至20家；C市慈善超市由2008年最初筹备建立的66家降到25家，慈善超市数量总体呈现萎缩之势。可以说，在政府襁褓中成长和催熟的慈善超市缺乏自主经营和创新发展能力，尚未走上健康发展的良性轨道。生存困境将是慈善超市建成之后面临的首要难题，必须取得重大创新突破才行。

W市民政部门科室负责人李××，男，主管慈善捐助事务。"本地的慈善超市建设已经取得了一些成绩，但我们也不能否认问题的存在，每年年终总结的时候都会提到这些通病，归纳起来主要是慈善超市的定位模糊、社会募捐能力弱、超市运行成本高和自我经营获利能力差等。这些现实问题一直困扰着慈善超市的进一步发展，严重影响到慈

[①] 汪大海，杨永娇．中西方慈善超市的发展模式及造血机制比较研究［J］．中国民政，2012（10）：31-34．

[②] 所谓"两难"窘境是指慈善超市存在着既想接受社会捐赠，但又害怕接受的矛盾心理。访谈得知，其中主要的原因是居民现行捐赠的绝大多数是旧衣物和二手电器等，与贫困救助对象需要的油米等基本生活用品不太符合，形成捐与助的错位失调。

善超市救助服务功能的发挥。今后，我们想在现有管理工作的基础上，继续夯实慈善事业的基层工作平台，吸收借鉴其他城市慈善超市运营的成功经验，比如，加强慈善超市建设、人员培训等，进一步发展好慈善超市载体，毕竟市民也对它寄予很高的期望啊。"[资料编号MZJ－130128－WX－03F]

　　S市民政部门科室负责人王××，女，主管社会组织事务。"不可否认，慈善超市是个很好的救助平台，能够体现党委、政府对困难群众的关怀，能够挖掘和集聚社会慈善资源，弘扬慈善精神。但问题是经过人为快速催熟的慈善超市当前呈现出'一潭死水'的局面，基本生存状态令人忧心。简单地说吧，政府如果继续支持，它就会存活下来；政府如果撒手不管呢，它就慢慢经营不下去了。慈善超市（救助物品）简单发放与真正的按需救助存在很大差距，那么慈善超市的运作主体到底是谁？如何有效培育运作主体？慈善超市经营有何良方？恐怕是民政部门现在工作中有待思索的话题。我们反思下来，政府主导、统包统揽，不太利于慈善超市等慈善实体做大做强。道理很简单嘛，政府机关与民间社会组织两者运作体系和秉持理念是截然不同的，政府民政部门花费大量力气，努力去推动付诸实施，但慈善超市经营中长期效果并不是很好。如果顺应时代发展潮流，将政府主导变为政府引导，由台前转到幕后；如果超市能够独立运营，取得合法的经营性收入，具有强大的'造血'机制，那么它的社会救助实际效果可能会更好些。"[资料编号MZJ－20120705－SZ－01F]

　　非营利领域的生存远比商业领域要复杂、艰难得多。通常，商业领域面临的市场压力驱使企业组织更为高效运转，它有明确的利润考核指标；而非营利领域考虑更多的是繁杂的社会关系而不是单一体制因素，且缺少一个比较普遍的标准规范和监督机制，慈善超市发展在经历初期"顺风顺水"之后面临"攻坚克难"的困境。与西方国家慈善超市发展比较，苏南地区慈善超市的发展动力直接来源于政府的正式支持，它是单轮驱动，缺少社会爱心支持和市场运作等"拐杖"，容易造成慈善超市对政府部门的路径依赖和等待观望，缺乏合作过程中对等的抗衡能力。"政府主导尽管对慈善事业发展的'原始积累'作用明显，但由于政府目标与社会目标并不总是一致的，当政府力量过于强势，将压制社会力量参与慈善事业的积极性。"① "尽管政府部门为非营利组织的发展提供了重要的资源，但同时，由

---

① 汪大海，唐德龙. 互惠型慈善事业的内在逻辑与模式建构[J]. 国家行政学院学报，2011(1)：96.

于政府部门在管理上，尤其是在人事管理上对非营利部门的过度介入，也使得它们效率低下，组织成员缺乏工作的动力。"[1] 调研发现，慈善超市独立性与自主性不足，有时还会派生出官僚性，对救助对象的需求缺乏有效关注，不能做出及时回应，这是政府行政运作由上往下的路径所致；信息披露不透明，救助简单化、项目化倾向明显，与基层"接地"不够；慈善超市的非营利组织形式与政府行政运作逻辑之间存在矛盾，容易产生慈善宗旨与超市功能的脱节，要么是不具备慈善宗旨的超市，要么是不具备超市功能的慈善，超市之"形"与慈善之"神"难以同时兼备。

此外，也应看到，苏南地区慈善超市的发展还会受到地方政府的重视程度以及领导班子换届节点的影响。已有研究显示，在政府主导慈善超市的背景下，慈善超市更多的是一种"形象工程"，政府把自己的责任仅仅定位于"出资"和困难对象的资格认定，而不是积极探索慈善超市长效发展的办法，对慈善超市的重视程度还远远不够。[2] 从我们收集的资料来看，换届前后的地方政府领导层在对待慈善超市发展的态度上存在不同程度的差异，这可从慈善超市的政策支持力度、新闻媒体的宣传报道强度以及政府领导对慈善超市的走访视察次数对比上得出，往往换届之后的领导对上届领导所主推的新生事物或者救助工程兴趣不浓。可以判断，苏南地区慈善超市的发展动力难以保持恒定，政府是它建设中很重要的干扰因素。因而须审视慈善超市运作的动力之源，借鉴西方国家慈善超市发展经验，重新寻找自我驱动引擎——慈善之心，要"恪守宗旨使命，不忘慈善初心"，以确保慈善超市救助工程发展的不竭动力。

4.2 慈善超市的"源头活水"

慈善超市的"源头活水"指的是社会捐助。"捐助"一词本身就有着先"捐"后"助"的次序意味，表明慈善超市的救助很大程度上依赖于社会各界的募捐，初始的募捐数量及其种类影响着后面慈善超市的救助范围和救助深度。慈善超市救助工程的实施需要将募捐摆在重要的位置上。

4.2.1 苏南地区慈善超市的募捐

"问渠那得清如许？为有源头活水来。"慈善超市被誉为社会爱心的接力与中继站，（向外）募捐是其款物来源的主渠道和入口关节，它居于慈善

---

[1] 田凯. 机会与约束：中国福利制度转型中非营利部门发展的条件分析[J]. 社会学研究，2003(2)：97.

[2] 蒋积伟."慈善超市"政策评价：制约"慈善超市"发展的政策因素[J]. 社会科学研究，2008(2)：135.

行业生态链中顶端的位置，在很大程度上决定着慈善超市能否做久做大。国外现有慈善超市运作表明，募捐是慈善超市载体所需展示的关键资源能力（如经营、义卖、募捐、获得政府购买服务能力）之一，其性质完全不同于政府税收资金和企业投资收益。募捐的对象可以是现金、不动产、有形动产，还可以是无形动产如股票或知识产权，呈现多样性、变动性的特点；募捐需要加以制度化，拥有稳定性的中长期规划和实施策略技巧；募捐来源要具有多样性，包括政府资助、个人捐赠（遗产捐赠）、国家福利彩票金、商业部门捐赠和其他经营投资收入。与营利性组织、企业相比，公益性慈善组织更依赖于广泛的社会资金来源，因而不得不把重要事项放在融资流程里面。

苏南地区的经济社会快速发展为慈善募资提供了极大的运作空间和基础，常规劝募活动是以市级慈善基金会公募机构而非慈善超市的名义向社会发出的，市民可在本市慈善基金会官方主页快速浏览、查询有关捐赠的详细信息，包括募捐目的、起止时间和活动地域、主办者身份和办公地址、接受捐赠方式、银行账户、救助对象、资金用途等；主体的劝募活动是"一日捐"①，由政府相关部门联合发出倡议，在地方报纸、电视、广播等主要媒体登出，它有点类似国外的年度基金筹款。S城市政府往往在每年的12月份启动"同在蓝天下——慈善一日捐"大型活动，号召企事业单位和广大市民伸出友爱之手，展放慈善情怀，"拿出一笔收入，献出一笔利润"，以实际行动支持地方公益慈善事业的发展。就募集现金这块来看，主要是以企事业单位和政府部门为主，企事业单位捐赠的金额最高。在"定向捐"②"冠名捐"③"一日捐"等多种募集手段组合发力之下，企事业单位捐款总量呈现增长态势，起到立竿见影的捐赠效果。表4-4显示，2012年、2013年和2014年W市企事业单位捐款达到1 142.16万元、1 774.88万元和2 078.02万元，分别占到捐款总额的80.79%、87.12%和88.38%。表4-5表明，S市2011年和2012年企事业单位捐款分别达到1 401.12万元（81.90%）和1 474.24万元（79.51%），遥遥领先于其他捐款主体，而且参与的单位有限，仅有219家和230家。这也表明参与募捐的是些具有实力的大中型企事业单位，这与苏南地区企业的雄厚实力也是匹配的。从全国

---

① "一日捐"是指每人捐出一天的工资给需要帮助的人，"一日捐"筹款往往作为城市公益慈善组织日常运作的关键资金来源。
② "定向捐"是城市慈善捐赠的一种形式，它是指根据捐赠主体的意愿，为特定对象进行捐赠和资助而实施的慈善活动。
③ "冠名捐"也是城市慈善捐赠的一种形式，它以捐赠者的称谓和救助项目名称命名。凡有捐赠意愿或愿意定向救助的各类企事业单位、社会团体和个人，认捐资金达到一定规模的，均可设立慈善冠名基金。

捐赠情况来看，企业也是我国社会捐赠的第一大主体，贡献最大。2012年，来自各类企业的捐赠达474.38亿元，占全国全部捐赠的58.04%①；2014年，企业捐赠占比为69.4%，约为721.6亿元；2015年，企业捐赠保持上升的势头，捐赠金额占总额的70.70%。

调查发现，苏南地区企事业单位慈善理念不够成熟，其捐助行为仍停留在原始的由外部因素（如政府动员、舆论引导）驱动，期望能够通过捐助塑造自身的良好形象，表明自己是一个具有社会责任感的机构组织，使公众对机构产生信任感。同时，企事业单位支持所在地区发展慈善公益事业，还可以长远造福于身处当地的单位员工，例如能使工作区域卫生环境变得更加美好，促使员工工作满意度增加，这是企事业单位自我利益的推动使然。随着市场经济的充分发展，企事业单位作为利益相关者应深刻体会到慈善的价值和魅力，如能给自身带来更多的商业机会和利益，规避经营风险和应对危机，自觉地将慈善作为企事业单位文化建设的重要元素，摆脱"将慈善视作作秀"的错误偏见；同时企事业单位以慈善为支点纽带，会影响政府公益政策制定和公民行为，真正成为改变社会力量的"一极"，这是一项双向性战略投资，能够实现企事业单位自身发展与社会和谐的双赢。当然，调研也发现，慈善募捐活动的开展，本应遵循自愿、诚信的原则，不得摊派或者变相摊派，但上述参与捐助的一些企事业单位面对上级主管部门的募捐要求，存在重复募资的情形，一定程度上影响了他们对慈善公益参与的积极性；部分企业存在被道德绑架的无奈情形，现存的认为企业有钱必须捐助的观念迫使他们捐助，否则，容易遭受到新闻媒体和网民群众的负面评论。

与企事业单位捐赠相比，政府部门捐赠金额总量不高。由表4-4和表4-5可以看出，W市2012年、2013年和2014年政府捐赠金额为267.90万元、260.40万元和270.37万元，分别占捐赠总额的18.95%、12.78%和11.50%；S市2011年、2012年政府捐赠金额分别为260.25万元和290.44万元，占捐赠总额的15%左右。尽管捐赠总额不高，但响应并参与募捐的几乎囊括了政府所有部门，他们在慈善募捐中起到带头示范和催化剂的作用，政治和行政力量仍然是一种辐射力和穿透力极强的资源。在行政化运作模式下，慈善组织在资源获取上进行体制动员，即依赖政府红头文件、官员讲话等行政动员方式筹集资源，甚至用"摊派式"捐款代替"自愿性"捐赠。② 它

---

① 杨团.中国慈善发展报告（2014）[M].北京：社会科学文献出版社，2014：18.
② 汪大海，张玉磊.论中国慈善组织市场化运作与公信力提升的有效整合[J].社会福利（理论版），2012（12）：18.

的好处是由于领导班子率先垂范能较快完成慈善组织的资金积累，局限在于慈善组织的能力提升较为缓慢，其社会公信力易受挑战[1]；且具有行政色彩的被动捐赠，大大抑制了民间建立在自愿基础上的经常性募集捐赠能力的生成。[2] 正如康晓光等学者指出的那样，在中国的社会转型过程中，由于政府积极应对，采取"社会的方式"进入社会，在社会自治不断扩大的过程中成功地重建了行政控制，从而形成了以国家与社会融合为特征的"行政吸纳社会"的制度模式。[3] 统计数据还显示，募集物品的（折合）金额要远远高于现金总额。如表4-5所示，S市2011年度募集物品折合金额为9 756.30万元，募集现金为1 710.72万元，两者之比为5.7∶1；2012年，募集物品折合金额上升到11 981.52万元，募集现金为1 854.16万元，募集物品金额是募集现金的6.5倍；2013年，S市募集物品折合金额和募集现金都有显著增加，两者之比为7.0∶1；2014年，S市募集物品折合金额与募集现金的比变为6.23∶1。在对S市慈善基金会负责人的访谈中得知，地方慈善基金会正在努力丰富捐赠物资来源，发动更多的企业和个人捐赠，并与公安、海关、银行等部门协商，争取更多利用现有罚没[4]物资，在拓展慈善物资来源的同时，又能减少开支，避免物资浪费。

表4-4 2012—2014年W市慈善基金会募集款物情况   单位：万元

年份	募集现金			合 计
	政府部门	企事业单位	市　民	
2012年度	267.90 (18.95%)	1 142.16 (80.79%)	3.74 (0.26%)	1 413.80
2013年度	260.40 (12.78%)	1 774.88 (87.12%)	1.98 (0.1%)	2 037.30
2014年度	270.37 (11.50%)	2 078.02 (88.38%)	2.85 (0.12%)	2 351.24

---

[1] 近些年，慈善公益领域出现的"铁三角"利益圈颇受公众质疑，政府将官办慈善机构当作"钱口袋"，慈善机构则不遗余力地迎合政府需求，而捐赠企业情愿向官办慈善机构捐赠，从而获得政府的商业支持。由政府、官办慈善机构、捐赠企业形成了利益联盟，政府不太愿意放开对募捐市场的主导，进而阻碍了公益慈善事业的深入发展。

[2] 崔璨，刘新圣. 慈善超市的理论基础、现实依据及出路选择 [J]. 理论与现代化，2017 (2)：117.

[3] Kang Xiaoguang, Han Heng. Government Absorbing Society: A Further Probe into the State-Society Relationship in Chinese Mainland [J]. Social Sciences in China. A Quarterly Journal Vol. XXVIII. No. 2 (Summer 2007).

[4] 罚没，这里是指国家行政执法机关依照有关法规规定，强制违法违章者缴纳罚金和没收其非法所得财物。

表 4-5　2011—2014 年 S 市慈善基金会募集款物情况　　单位：万元

年份	募集现金			募集物品（折合金额）	合计
	政府部门	企事业单位	市　民		
2011 年度	260.25 (15.21%)	1 401.12 (219 家) (81.90%)	49.35 (320 人次)	9 756.30	11 467.02
2012 年度	290.44 (15.66%)	1 474.24 (230 家) (79.51%)	89.48 (270 人次)	11 981.52	13 835.68
2013 年度	2 900.00			20 300.00	23 200.00
2014 年度	3 205.73			19 970.36	23 176.09

总体而言，苏南地区慈善募捐走的是一条以政府部门引导、企事业单位回应为主的道路。对于募集的慈善款物，苏南地区主要用于慈善救困、慈善助学、慈善助医、慈善助老、慈善助孤、慈善助残和慈善救急等若干公益项目，慈善超市属于慈善救助部分，每年能从中获得部分款物支持。资料显示，2012 年，C 市慈善基金会将助困重点定为因各种突发因素造成生活困难的家庭和无就业能力的困难家庭，共发放助困金 326.96 万元，惠及 2 万余名困难群众。同时，慈善基金会开展"情暖龙城"慈善助困春节慰问活动，出资 82.92 万元，采购大米、食用油、暖被和过节大礼包等，通过慈善超市对困难家庭发放。2014 年，C 市慈善基金会的救助项目更趋于细化，下拨 56 万元开展慈善助困活动，通过慈善超市以实物救助的形式，帮扶全市困难群众，缓解其日常生活困难，惠及 1 万余人次；出资 83.6 万元，采购过节物品慰问全市 2 000 户困难家庭。同时，出资 145.8 万元开展慈善助学活动，救助全市低保困难家庭在校大学生 551 人；出资 70.36 万元开展慈善助孤活动，惠及全市孤残儿童 678 人；等等。和 C 市相比，W 市的慈善救助条目较多。2013 年，W 市慈善基金会用于助困支出为 720.61 万元，其中发放低保边缘困难家庭慈善生活救助金 123.60 万元；支付生活困难补助金 100.37 万元；资助千名困难妇女就业创业技能培训费用 40 万元；资助民生保险支出 78.5 万元；资助对口援建地区支出 45 万元；购买米油等慈善物资发放城镇低保户支出 205.14 万元；资助市区级慈善超市支出 128 万元。2014 年，W 市慈善基金会助困支出上升到 845.88 万元，其中发放低保边缘困难家庭慈善生活救助金 123.60 万元，支付生活困难补助金 155.87 万元，购买米油等慈善物资发放城镇低保户支出 201.54 万元，资助千名困难妇女进行就业创业技能培训支出 40 万元，资助市区级慈善超市支出 100.43 万元，资助民生保险支出 100.55 万元，资助对口援建地区支出 123.89 万元。

借由慈善基金会的款物（含利息收入）支持，加上来自所在街区民政部门的财政经费支持等，慈善超市得以维持运转。

4.2.2 苏南地区慈善超市募捐的症结

实地走访调研发现，苏南地区慈善超市在资源募捐方面取得了一定的成绩，但同时也存在四个主要问题，需要我们予以重视并加以改善。

1. 募集物品的变现能力差。

在苏南地区慈善募捐中，救助物品（实物）占据大头，占到慈善募集款物的八成左右。除部分适销对路的救助物资直接用于救助外，对于那些捐非所需、供过于求、呆滞积压、仓储困难或保质期临近的救助物资，通常需要及时变现处理，即对外销售或者通过义卖把它们变成现金。在扣除必要费用支出后，再将善款余下部分用于资助受助对象，这是提高救助物资使用效率和实现二次救助的手段和方法，也是城市募捐善后处理的常规操作。遗憾的是，慈善超市尚未成为慈善募捐的主体和指向对象，慈善超市没有采用常规紧凑的"前店后厂"式布局，缺乏盘活和保值救助物资的能力，物品的洗涤、消毒、加工、包装、估价等系列服务严重滞后。仅有的一点义卖、拍卖，也是"犹抱琵琶半遮面"，仅在拍卖牌子上标注一组数字，难以引起公众的注意，不能形成一定的规模收入来源。正如C市某慈善超市负责人访谈中指出的那样，"慈善超市现在募集的物品还是挺多的，但令人头疼的是与救助对象的需求不太匹配。物品堆放那儿吧，积压严重又占据空间；义卖吧，又没有人愿意来买；扔掉不利用又有点可惜，这真是让人有些左右为难"。慈善超市变现难的问题在全国其他城市也存在类似的情形。在山东省济南市，市慈善总会开办的慈善超市中，2007年救助资金约为40万元，主要是募集的善款，而一年变现仅有4 000元左右，非常有限。[1] 在经济发达地区上海，对捐赠品义卖变现，虽已有4个慈善超市为之，但仅仅是尝试，所占份额还远构不成比例……[2] 整体而言，苏南地区慈善超市的变现能力差、市场化程度低，运作所需的资金完全压在社会捐款和政府财政拨付上面，面临的资金风险大。此外，这还涉及慈善资源的社会净损失问题，"在社会所可能提供的慈善资源与低效率的慈善组织实际动员和利用起来的慈善资源之间存在一个差值，这个差值就是慈善资源的社会净损失"[3]。慈善超市无疑在运营过程中或多或少存在慈善资源的社会

---

[1] 王亚男，任晓敏. 慈善超市运作中的问题及对策研究：基于济南市的调查与研究[J]. 济南职业学院学报，2011（2）：15.

[2] 张彦. 社区慈善超市如何做久做大：以上海的经验为例[J]. 社会科学，2006（6）：78.

[3] 田凯. 非协调约束与组织运作：中国慈善组织与政府关系的个案研究[M]. 北京：商务印书馆，2004：230.

净损失。

调查发现,慈善超市的畅销物品是粮油等基本生活必需品,比较"接地气"。表4-6是C市CS慈善超市一天的营业流水明细表,从表中我们可以清楚看出,粮油占日销售额比重最大,合计为69.84%;其次为白糖、盐、酱醋等,合计占日销售额的10.9%;再次为卫生纸、抽纸,合计占到9.44%,牙膏、洗衣粉等合计占5.48%,故目前慈善超市进货选择主要是大米、油糖盐醋、卫生纸、牙膏、洗衣粉等救助对象属意种类。

表4-6 C市CS慈善超市2013年10月11日营业流水统计

物 品	数 量	金 额(元)	占日销售额比重(%)
大 米	42(袋)	1 794	21.63
食用油	104(桶)	3 999	48.21
白 糖	96(袋)	384	4.63
食用盐	44(包)	220	2.65
酱 醋	45(瓶)	300	3.62
卫生纸	169(包)	507	6.11
抽 纸	184(包)	276	3.33
牙膏、肥皂	110(盒)	330	3.98
洗衣粉	50(袋)	125	1.50
其 他	/	360	4.34
合 计		8 295	100

表4-7中S市YL慈善超市配送库存情况也表明了这一点,主要进出物品为日用品、副食品和调料类。我们认为,粮油等生活必需品鲜有捐赠,只能用现金直接购买,处于紧缺状态,出现来晚的救助对象有可能申领不到的情况;而大量募捐而来的闲置衣被、二手电器等用品几乎无人问津,只能束之高阁、堆置积压,既占用场地空间,又会浪费人力保管。久而久之,慈善超市不再经营二手物品,失去应有的经营特性,沦为一个救助物品的发放点。可见,慈善超市的输入和输出两端不尽通畅,捐献物品与救助对象需求结构不尽一致,致使供求失衡;物品变现收入几乎可以忽略不计,慈善超市造血机能严重缺乏,时常会面临现金流危机,最后关门歇业整顿也就不足为怪了。

表 4-7　2014 年 6 月份 S 市 YL 慈善超市配送库存情况

序号	原料类别	原料名称	单位	单价（元）	入库数量	总金额（元）	第二季度爱心包裹发放数量	第二季度爱心包裹发放金额（元）	库存数量	库存金额（元）
1	调料类	白糖（袋装）	包	2.90	120	348	96	278.4	24	69.6
2		海天草菇老抽1.9L	桶	16.34	120	1 960.8	96	1 568.64	24	392.16
3		恒顺陈醋	瓶	4.20	120	504	96	403.2	24	100.8
4		后塍老酒	包	1.75	210	210	120	210	0	0
5		排骨汤	包	3.30	120	396	96	316.8	24	79.2
6		太太乐鸡精 200g	包	6.60	120	792	96	633.6	24	158.4
7		食用盐	包	1.00	320	320	192	192	128	128
8	副食品	康师傅方便面（盒装）	盒	3.00	600	1 800	576	1 728	24	72
9	日用品	500g 白猫洗洁精	瓶	3.30	240	792	96	316.8	144	475.2
10		佳洁士草本水晶清爽薄荷牙膏 140g	支	3.50	220	770	192	672	28	98

2. 平民慈善格局尚未形成。

受地方财政税收、产品市场行情波动等因素影响，政府部门、企事业单位的捐助及经费支持金额虽大，但通常是不太稳定的。面对慈善的供给不足，慈善机构需要有效防范政府部门等捐赠方突然中断捐助而造成的财务风险，比较可靠、持久的应是来自民间社会的平民慈善。许多国家和地区慈善机构的成功经验表明，动员处于社会金字塔顶端人士和优势企业捐款固然重要，但更重要的是唤醒庞大的金字塔顶端以下人群的慈善意识。俗话说，"集腋成裘，聚沙成塔"，捐滴成河式的平民捐款是慈善事业真正的宝藏，且平民慈善有助于提升慈善机构的自主权。在美国，"最常见的慈善募捐发生在节假日期间。每年感恩节和圣诞节之间的那段时间，救世军的成员们都会站在街角摇着铃铛从路过的行人那里募集善款。平均每笔捐赠的数额很小，而且往往就是人们走在街上时在其口袋里乱蹦的那点儿零钱。但那些捐赠者的意图很明显：在节假日里帮助那些不如自己幸运的人们。……那些给这个组织捐赠小额金钱的人之所以那么做，并不是因为真的幻想他们个人的捐赠会带来重大变化。相反，他们相信点滴的奉献汇聚起来就有可能非同一般。事实上，救世军从他们摇着铃铛的街头募捐活动中募集了数百万美元"①。从表 4-5 可知，S 市慈善募集款物当中，市民捐赠人次较少，只有区区两三百人次；且捐赠金额的总量不高，在募集现金总额中的占比仅为 2.88%（2011 年）和 4.83%（2012 年），远远低于同时期企事业单位和政府部门占比。调研还发现，苏南地区市民捐赠多以现场捐赠（募捐箱和面对面捐赠）、银行转账和邮局汇款等方式实现，其中网银转账和网络捐赠（支付宝、微信）情况逐渐增多；募捐动机一般都属于"灾难驱动型"或者被动反应式，即当某个地区突发灾害、事故造成重大伤亡损失后而产生的帮扶救助意愿，比如，2008 年 5 月 12 日四川省汶川县特大地震发生之后广大市民的踊跃捐助。此种救急捐助可视作道德化实践，并非是一种常态的公益偏好，这表明平民慈善氛围尚未形成，慈善公益大网尚需继续编织。

耐人寻味的是，苏南地区是吴文化的发源地和核心场域，具有鲜明的水乡文化色彩、浓郁的市民文化特色、外柔内刚的文化品格和重文重教的"个性"文化理念。而慈善救助文化是吴文化的重要组成部分，故苏南地区慈善事业的发展有其传统根基背景。受到社区演进历史和人文生态环境的影响，苏南传统社会内在的自我救助系统较为发达。而慈善事业是地方公共事务不可缺少的组成部分，它以积德行善为宗旨，将财富用于公益事业上，体现在赈灾扶贫、救助孤寡残疾、修路造桥、兴学助学等方面。虽然，相关历史资料缺乏系统连贯性，但在历代志书以及民间文本上不难见到，反映出当时开明人士和民间组织的心智与作为。例如，北宋时期范仲淹曾在苏州设立义庄共同体，它是用于救济范氏族人的慈善机构，义庄置有族田和房屋等，可供贫困且不能自给的族人居住使用，并提供日常生活以及婚丧喜庆之需。到了（设立）后期，由于族产入不敷出，义庄被迫进行变革调整，专门侧重于保障孤贫老弱者的生活。在民间组织方面，到明清时期，随着商品经济的进一步发展，江南地区工商业组织也趋于活跃，它们灵活采取自愿捐款、同业分担等方法筹集善款，开展善举活动，对贫困失业者、年老孤苦者予以生活补助，对病者给药医治、死者给棺安葬，对同业子弟和失业人员提供就学就业机会……成为当时慈善事业中不可忽视的一股力量。

问题在于，新中国成立之后，以计划经济为核心的福利国家主义极大地压缩了公益慈善事业的发展空间，政府部门包揽民众从摇篮到坟墓的诸多需要；加上，在思想意识领域，慈善公益被批判为富人的伪善术，目的

---

① [美] 彼得·弗朗金. 策略性施予的本质：捐助者与募集者实用指南 [M]. 谭宏凯，译. 北京：中国劳动社会保障出版社，2013：37—38.

在于麻痹和瓦解劳动人民的革命斗志，民间公益慈善渐渐消失；而私有（营）企业被消灭取缔，也就没有所谓的企业社会责任。直到 2005 年 3 月，国务院政府工作报告中才正式出现"支持慈善事业发展"的字样，过去被认为具有伪善性、欺骗性而大加批判、否定的慈善事业被定位为社会主义精神文明建设的组成部分、道德建设的载体、社会救助体系的有益补充，备受推崇，由过去的错误否定、贬义评价转为现在的积极肯定，"慈善事业本是一种激动人心的追求，是现实的梦想，就像一根撬动地球的杠杆"①。苏南地区的慈善事业也重新获得政治层面的发展空间，但如何尽快修复传统与现代之间的断裂，或者说如何激活地方社群慈善传统，促使传统慈善文化因子顺利融入市场经济，形成社会力量，增加对公益事业的共同投入，是慈善救助事业发展的当务之急。从政府层面来讲，我国社会捐赠主要由政府组织和发动，是具有强烈行政色彩的被动捐赠，大大抑制了民间建立在自愿基础上的经常性募集捐赠能力的生成②，为此政府需要由原先的组织发动型角色转变成带动引领型角色。就捐赠个体来讲，我国《公益事业捐赠法》中规定，捐赠人的权利除自愿之外，还具有自主、知情和监督，即捐赠人可以选择符合其捐赠意愿的公益性社会团体和公益性非营利的事业单位进行捐赠，并对捐赠财产的使用管理负有知情和监督的权利。自主、知情和监督权的顺畅运用，会反过来增强捐赠人的自愿性和积极性。当然，这归根结底是个体慈善意识提升的问题，即由目前灾难驱动的被动反应式发展为有意识地主动参与，并实现长期性的转型改变，最终把慈善事业作为自己生活标准的一部分，视公益捐助为个人剩余财富的最佳使用路径，体现个体对社会不可推卸的责任。"他们强调为共同的慈善事业捐款，也是为了捐助者自身的利益，因为他们最终会从预期的结果中得到好处。从某种程度上来说，所募集到的钱将帮助消除疾病、营造健康的环境、延长寿命以及其他类似的所有的国人一定受益的集体事业。个人的捐助是为了一个大家安全的家所做的投资，这是非常值得的一时牺牲。"③

就苏南地区城市调研情况来看，社会公众在慈善募捐意识方面存在三个习惯性思维误区：(1)过分看重捐赠钱物的数量多寡。个体通常把所处的身份地位与其公开的捐助数额的对应作为衡量标准，据此快速做出褒贬

---

① [美]比尔·萨莫维尔，弗雷德·塞特伯格. 草根慈善[M]. 吴靖等，译. 北京：商务印书馆，2014：20.
② 潘小娟，吕洪业. 构建慈善超市长效发展机制的探索[J]. 国家行政学院学报，2010 (1)：99.
③ [美]奥利维尔·聪茨. 美国慈善史[M]. 杨敏，译. 上海：上海财经大学出版社，2016：40.

的道德判断。对捐赠数量的强调很大程度上会抑制个体的公开捐助行为，主要基于担心捐助数额偏少达不到公众的社会期望而受到舆论指责、非议，个体善行举动常会出现消极退缩、隐匿的现象。事实上，平民慈善的真谛在于众人公开的积极参与，不在于款物数量多少，它讲求（捐赠）积少成多。(2) 强调个人捐赠的低调、"不见光"。慈善是平衡社会贫富差距的重要手段，属于社会资源的"第三次分配"。在慈善捐赠过程中，有些公众认为，个体主动公开捐助意味着宣示自己是富人群体，会显财露财、遭人嫉妒而带来麻烦隐患，故认为应该隐蔽或者低调捐助，尤其不能把捐赠行为高调放在"聚光灯"下，个体只求得到自我心理满足感即可。实际上，与低调捐赠相反，个人捐赠应该受到全社会的褒奖，以此可以引领和带动他人捐助，形成公益慈善潮流。(3) 片面地将捐赠善举抬高到慈善事业高度。捐赠善举是向需要帮助的人们提供物质救济，具有单一施舍的特点，离慈善事业高度尚有很大距离，故需要有意识地将个体善举与慈善事业区别开来。慈善事业遵循自助和机会创造两大原则，它致力于能带来更加持久和具有根本性干预效果的事情，这种转化具有重要的节点意义。而个体捐赠是零星的、自发的，需要集聚以便汇集成慈善潮流。在募捐环节，我们认为，为适应公益慈善事业的正常发展需要，公众的这些习惯性认识误区需要加以扭转和改变。

3. 政府福利支出的挤出效应。

公益慈善并不是存在于社会真空之中的，它会受到诸多因素的影响与干扰，有时处于主导位置的政府和公益慈善可能相互替代。政府在慈善事业上的开支会导致公众减少对慈善组织的捐助，而出现的个体捐赠款物不断下降的现象，最合适的解释莫过于个体将政府的援助作为个人慈善的替代品。如果政府用纳税人的钱帮助其他人，个体就会减少自己的个人捐助，经济学界把这种现象称为"公共支出的挤出效应"。国外研究已经证明："政府在非营利机构上所支出的1美元最多只能代替个人捐赠的50美分，在帮助穷人和其他社会福利事业上，'挤出效应'会达到顶峰，这意味着政府对那些贫困的福利接收者的社会福利开支要低于它的票面价值。"① 就此来说，政府并不适合做慈善运作的主体，实际上政府财政预算使用的是纳税人的钱财，而用于扶贫、医保、教育等福利支出，系政府职责所在，并非慈善领域，真正的公益慈善应交由民间社会组织来运作。从苏南地区 C 市来看，政府财政实力雄厚，公共财政预算支出呈现增长态势，由 2010 年的

---

① ［美］亚瑟·C. 布鲁克斯. 谁会真正关心慈善［M］. 王青山，译. 北京：社会科学文献出版社，2008：40.

225.81 亿元增加到 2012 年的 313.66 亿元，占财政总收入的比例从 31.80%
上升到 33.71%。尽管政府公共支出在增加，但个体捐赠并没有增加，相反
维持在一个很小的比例，85% 以上的慈善捐赠资金来自爱心企业的认捐。
政府的福利支出对个体捐赠会造成阻碍，而政府减少福利支出反而会激励
慈善行为，窘境似乎是捐赠之母，西方国家过去的每一个慈善黄金时代最
后都以政府在社会中的作用扩大、挤出一些慈善家而告终。① 显然，面对上
述此消彼长的捐赠窘境，苏南地区在增加政府公共福利支出的同时，须强
化对个体慈善公益意识的宣传和引导，防止个体产生（捐献）逃避心理。
再者，须巩固和加强慈善机构的融资增值能力，在风险适度的情况下，通
过购买银行理财产品、信托基金等，增加对外投资获得收益的有力补充，
以提升慈善事业的发展空间。

4. 非公募基金会的发展有待加强。

基金会是管理慈善款项的体制化渠道，是慈善资源供应的主体之一，
在公益慈善组织中扮演着促进者（提供资金让公益慈善机构按照项目方案
设计予以实施）、伙伴（与公益慈善机构建立伙伴关系，合作共同对项目负
责）和"孵化器"（培育扶持慈善机构以解决面临的共同问题）的角色。健
康良好的公益慈善组织体系，既要有数量众多的提供服务产品的公益服务
组织，也应有提供资金支持的基金会组织。居于慈善产业上游的基金会组
织负责筹集善款，发挥类似"慈善银行"的作用，处于下游的慈善组织
（机构）承担救助服务项目的运作，两者之间形成有效的资源链接和角色分
工。国外基金会主要有运营基金会、社区基金会、公司基金会和私人基金
会多种形式，而在国内的苏南地区，是以政府主导的公募基金会为主，如
官办民资的省市慈善基金会。非公募基金会的发展较为逊色，数量及其规
模偏小，资产管理较为滞后。根据 2004 年 6 月我国出台的《基金会管理条
例》（中华人民共和国国务院令第 400 号）规定，非公募基金会由个人或企
业等组织出资设立，资金由设立者提供，不得面向社会募集。非公募基金
会每年用于从事章程规定的公益事业支出，不得低于上一年基金余额的
8%；而基金会工作人员工资福利和行政办公支出不得超过当年总支出的
10%。非公募基金会具有民间公益团体的性质，它为经济发达地区富裕的个
人和企业培育慈善理念、回报社会提供了渠道，是政府社会救助的重要补充。

截至 2015 年年底，我国拥有非公募基金会总共 3 198 家，非公募基金
会与公募基金会共接收社会捐助 439.3 亿元。来自美国的慈善发展史表明，

---

① [美] 马修·比索普，迈克尔·格林. 慈善资本主义：富人在如何拯救世界 [M]. 丁开杰等，
译. 北京：社会科学文献出版社，2011：30.

传统慈善赠予和个性化服务会逐渐过渡到现代化基金会，注重系统的科学化捐赠，如洛克菲勒基金会、卡内基基金会、罗素·塞奇基金会、凯洛格基金会、盖茨基金会等机构的迅猛发展。包括非公募基金在内的基金会能成为连接分配式慈善和科学化捐赠的桥梁，通过建立业务流程来组织募捐，能减轻公益慈善负责人的工作量，充分发挥基金会在贫困救助、兴建大学与公共图书馆、资助科学研究、修建医院（实验室）和公园、帮助弱势群体等方面的重要作用。例如，引人注目的美国福特基金会长期秉持自身一贯的宗旨，"加强民主价值观，减轻贫困和不公正，促进国家合作，推动人类长久"，在教育、社会改良、国际合作、社会科学研究等领域展开实务。对比国外慈善基金会，从性质角度来看，苏南地区的非公募基金会以教育基金会、医学基金会为主，多为大型企业或者院校医院发起成立，意在进行奖学助学、开展硬件设施建设、实施疾病防控，其他诸如社会服务、精神文明与闲暇生活等实务领域很少涉及。我们认为，当前苏南地区非公募基金会无论是它的类别、职能，还是其运作能力、资产保值增值等方面均有待进一步改进，需要不断扩大慈善资金的规模，使之与不断发展的公益慈善事业相契合。

4.3 慈善超市的救助对象

慈善超市救助功能的发挥，离不开指向的救助对象或者服务对象，他们（她们）是慈善超市救助得以发生的基本前提，其生存发展困境决定了慈善超市实体存在的必要性和价值性。问题是这些救助对象名单是如何设定"出笼"的？他们的身份地位有哪些显著特点？个人求助又有何具体诉求？这些疑问均需一一加以弄清。

4.3.1 慈善超市救助对象范围

在市场经济发展浪潮中，伴随着产业结构的调整、社会结构和宏观利益的整合，大中城市低收入群体致贫现象成为一种常态，为此需要国家广泛建立社会兜底与救济机制。作为慈善公益行为过程的受益人端点，国家民政部在 2004 年《关于在大中城市推广建立慈善超市的通知》中指出，要把建立慈善超市与社会救助体系建设结合起来，通过慈善超市整合社会扶贫济困资源，提高对困难民众的救助水平。在苏南地区，民政部门根据当地的实际情况制定出慈善超市的救助对象和救助标准。如图 4-2 所示，慈善超市的基本救助对象为管辖区域"三无"人员[①]、低保家庭和低保边缘

[①] 所谓"三无"人员，是指在社会救助领域无劳动能力、无固定收入来源、无法定抚养人和赡养人的社会成员。

家庭①,以定点、定户、定期免费发放购物券的方式实施适当救助,平均每人每年救助金额 1 000—2 400 元不等,救助标准不高,纯属是一种考虑多种因素之后的适度普惠制救助。在捐助款物不充足的情况下,慈善超市要想维持正常运营,产生物品"量入为出"的发放结果,救助面和救助量必然有限。救助是以日常救助为主,即以保障受助对象基本生活为目的,发放基本生活必需品,具有长期性的考虑。

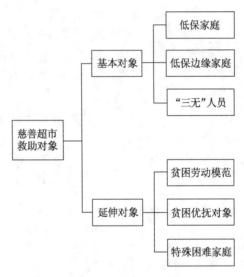

图 4-2　W 市慈善超市救助对象示意图

除基本救助对象外,还有少数的延伸对象,其遴选带有选择性,属于临时性救助和定期救助范围。临时性救助主要是指向遭遇突发性事件而无法保障基本生活的对象提供临时性救助的形式,具有应急性特点,救助遵循及时性原则;而定期救助则是在每年春节、中秋节、重阳节等重要传统节日向特定对象发放物品的救助方法,带有政府慰问的性质,体现组织的关心与关怀。显然,苏南地区慈善超市的救助对象是由基本对象和延伸对象组合而成的,以基本对象为主,以延伸对象为辅或者补充,两者存在救助上的主次和先后顺序差异。

4.3.2　慈善超市救助对象的特点需求

从访谈基本资料来看,目前慈善超市的救助对象名单在所在社区均有备案,对象范围较为狭窄、固定,主要定位在生理机能减退、身患疾病或者经济收入状况不良的特殊人群上面,他们的共同特点是不能适应当前工

---

① 低保边缘家庭,具体是指年满18周岁无劳动能力,父母已到退休年龄,家庭人均月收入在低保标准两倍以下的有重症病人的家庭。

业化、城镇化、信息化的剧烈社会变迁，基本生活陷入困境，需要救助型社会组织出面帮扶解困，这与西方国家慈善超市早期救助对象是一致的，属于慈善救助的传统对象范畴。

  钱XX，S市YJ慈善超市救助对象，女，65岁。"老伴前年得重病去世了，现在只剩我自己一人过日子，老伴的治疗前后花去十几万元积蓄。我自己呢有胃病，心脏也不好，一只眼睛有点看不见东西，日子过得实在很难，幸亏有低保和超市的申领券勉强维持着，真的要感谢身边有个慈善超市。我前几年也曾想做点事，但是年纪大了身体状况不允许，用人单位也不太敢用咱呀。"［资料编号YJJZDX－120706－SZ－09F］

  郑XX，C市CS慈善超市救助对象，女，70岁。"我跟老头子两个人都没有收入来源，也没有退休金可领。老头子患有严重的心脑血管疾病，每年光是看病吃药就花掉不少钱。我的年龄也大了，身子骨也越来越不好了，身边的子女混得实在一般，勉强能自己照顾自己，我们老两口也不想去拖累他们。现在，我们每个月从慈善超市那领取一些日常用品来用，对慈善超市感到满意啊，它便利实惠，确实能帮助到我们。"［资料编号CSJZDX－130704－CZ－10F］

  王XX，S市JF慈善超市救助对象，男，50岁。"我的年龄不算大，但一条腿不好了，属于二等肢体残疾，移动起来比较困难；眼睛也不好使，平常做不了什么工作。前几年街道负责人曾经托人给我介绍了一份工作，但是由于身体原因，我最后还是无奈地放弃了，感觉与社会有点距离啊……"［资料编号JFJZDX－130707－SZ－07F］

困难个体（救助对象）的需要为公益慈善组织的存在提供了合理性与正当性。对于个体需要诉求的考察，理论界有较为成熟的研究成果，奥尔德弗（C. P. Alderfer）在马斯洛（Abraham H. Maslow）需要层次理论的基础上于1969年提出了著名的ERG理论，将人的需要分为三种类型：生存（Existence）的需要、关系（Relatedness）的需要和成长（Growth）的需要。生存的需要，关系到人的机体的存在或生存，包括衣、食、住、行等基本物质需要。关系的需要，是指发展人际关系的需要，这种需要通过工作中或者工作以外与其他人的接触和交往得到满足。成长的需要，侧重于个人自我发展和自我完善的需要，通过发展个体的潜力和才能，使个体得到满足。① 在三种类型的需要当中，生存的需要比较而言是最为基础，也是

---

① 全国社会工作者职业水平考试教材编写组. 社会工作综合能力［M］. 北京：中国社会出版社，2018：53.

个体最为强烈渴望的。它是当前慈善超市救助对象的主要需要，也是慈善超市公益项目设计的出发点。美国学者罗伯特·L.佩顿和迈克尔·P.穆迪指出："基于科学慈善的原则，慈善组织运动寻求在更有效地利用资源和更有效地帮助贫困者使其自助两者之间的兼顾。为了提高效率，科学慈善原则建议将关于服务的要求放在中心位置，慈善机构可以共享信息和专业知识；而为了提高效果本身，科学慈善则主张应当就庇护者的背景进行访问，走访他们的家庭来核实其信息的真实性。这些改进将慈善提升了一个层次，发展出一条有组织、有素养、有目的的道路。"①

苏南地区慈善超市救助对象的日常购买情况表明，光顾（慈善超市）人次主要集中在开放日，实际选购的物品种类主要是粮油类、纸制品类、调味品类和洗涤用品类，其他物品的购买数量相对比较分散。表4-8是S市YJ慈善超市2012年12月26、27、28日救助对象集中选购部分物品情况，购买粮油类的人次最多，总购买人次占三天光顾总人数的73.47%；其次是选购纸制品类的人次，占三天光顾总人数的57.14%；接下来要属购买调味品类的人次，总购买人次占三天光顾总人数的55.44%；而选择洗涤用品类的占到35.03%。表4-8的数据说明救助对象倾向于购买基本生活用品，其他的物品种类像护肤类较少涉及，可见救助对象的购买能力处于偏低水平，着重要实现的是基本的生存需要，故慈善超市需要重视救助对象的体验和感受，有义务让这些救助对象通过必要手段获得生存所必需的物质资料，满足其内心的效用最大化原则。

表4-8　S市YJ慈善超市2012年开放日救助对象购买部分物品情况

开放日期	购买情况（人次）				光顾人数（人次）
	粮油类	调味品类	纸制品类	洗涤用品类	
开放日第一天	102（70.34%）	78（53.79%）	85（58.62%）	50（34.48%）	145
开放日第二天	71（77.17%）	55（59.78%）	47（51.09%）	32（34.78%）	92
开放日第三天	43（75.44%）	30（52.63%）	36（63.16%）	21（36.84%）	57
合　计	216	163	168	103	294

随着苏南地区慈善超市的发展和社会形势的变化，救助对象逐渐向因

---

① ［美］罗伯特·L.佩顿，等.慈善的意义与使命［M］.郭烁，译.北京：中国劳动社会保障出版社，2013：178.

灾受难、因病致贫、失业致困的特殊困难家庭、贫困劳动模范和贫困民政优抚对象（退役军人、烈士家属等）延伸，从单纯物质生活上的经济救助向敬老助残、爱心助学、法律服务等方面拓展，救助对象的困境和需求决定了慈善超市救助项目的存在。具体操作上，苏南地区 W 市在要求受助对象如实提供个人信息的基础上，实行受助对象审定与具体实施救助相分离的办法，由熟悉社区民情的所在街道和辖区的民政部门负责受助对象的审定，确保求助信息的真实有效，并实行动态化管理。就以最低生活保障为例，首先由个人凭借身份证件、急需救助证明材料提出书面申请，所在社区受理申请并实地调查核实，上报街道初审、区民政局复审，再经由社区对外公示，最后由区民政局审定、发证。具体救助实施则由辖区就近的慈善超市全部承担，保证受助对象是真正需要帮助的贫困人群，避免骗取慈善救助情况的发生。

C 市民政部门科室负责人邓××，男，负责社会低保救助条线事务。"现在救助管理不仅救助量比过去增多了，而且救助工作要求提高，难度加大。针对新的发展形势需要，我们民政口子不断加大工作力度，重视基本信息采集，包括小区的入户调研和家庭成员资料收集，实行申请信息公开化和操作程序的规范化，与其他部门机构协调合作，确保社会救助的针对性和有效性，获得了上级部门的好评。"[资料编号 MZJ－130705－CZ－01G]

S 市慈善超市负责人袁××，女，45 岁。"救助对象名单的确定，虽然不是由我们负责的，但根据我们的了解和与救助对象的多次接触，并没有什么大的问题存在。这得益于基层社区工作者的鼎力支持，类似救助对象家庭经济状况的摸底，社区居委会工作做得扎实细致，还有一些临时性、突发性贫困事件他们也很留意，及时上门了解情况，做好登记注明事项，保证信息的及时更新。"[资料编号 CSFZR－120706－SZ－03D]

黄××，W 市 RL 慈善超市受助对象，男，62 岁。"现在情况好多啦，街道民政部门对社会救助对象申请把关很严，评审信息也都是公开、透明的，还进行结果公示听取居民意见。这事做得好，我心里很是支持拥护。你是真正困难才需要打报告申请嘛，不能作假欺骗人，昧着良心骗国家和社会的钱物，那别人是要议论数落你的。"[资料编号 SZDX－120702－WX－01F]

4.3.3 慈善超市救助对象问题

从收集的文献资料来看，慈善超市救助对象身上主要存在三个令人困扰的问题，值得引起我们的关注和思考。

1. 慈善超市属地化救助与政府最低生活保障（低保）救助在指向对象上的重叠性。

政府部门的低保救助具有法定性和稳定性，而慈善超市救助具有一定的灵活性、动态性，两者应是主辅关系。如此，慈善超市是政府社会救助体系的补充，其核心功能是解决政府政策性、制度性、刚性救助之外的其他临时性、突发性的困难。但是具体操作过程中，政府低保救助与慈善超市锁定的对象在很大程度上是交叉和重叠的。W市现有低保对象5.4万人，C市低保对象4.7万人，S市低保对象5.2万人。低保对象可以获得600—700元/月的最低生活保障救助，还可以享受医疗、就业、住房、教育等方面的优惠，再算上慈善超市发放的物资，基本能够满足家庭日常最低消费支出。相形之下，刚刚达到或略为超过最低生活保障线的家庭显得捉襟见肘，政府需要将这部分低保边缘困难人群纳入经常性救助范围，适当提高他们的社会保障水平。此外，还应逐步扩大社会救助延伸对象，如贫困劳动模范、贫困烈军属、伤残军人、退伍复员老军人、外来迁移贫困人口，并向因病致贫、因灾受难的特殊困难家庭和生活临时困难户延伸服务。慈善超市救助应与政府已有救助项目保持好衔接，同时应有自身清晰的对象指向，避免功能同构的现象；救助对象不能随意圈定，尽量达到受益对象广泛性的要求。我们认为它可在延伸对象以及基本对象中的低保边缘家庭、"三无"人员上准确定位，起到弥补社会救助制度边缘或空白领域的作用。

2. 救助对象与服务对象的重合。

苏南地区慈善超市的救助对象比较单一，主要是政府部门确定的辖区弱势群体，问题是救助对象指向与其服务对象指向是高度重合的。社会化的慈善超市其服务对象理应面向所有民众，而救助的指向对象才是弱势群体，这两者之间是有区别的，范围上服务对象应该远远大于救助对象。而且，在扩大服务对象范围的基础上，要进一步明确各类物品的目标客户，进行有针对性的营销。在北京、上海等国内一线大城市，慈善超市坚持对外开放、营业，商品价格实行"灵活定价"策略，困难居民对象采取"零差价格"，即按进价结算；普通居民对象按零售价格付款；而爱心人士则在自愿前提下，选择"爱心价格"购买。爱心价格是与市场价格持平，但比进价或零售价格高出一些，多出来的部分放进募捐箱专门用于扶助困难对象，此举提升了慈善超市的救助能力。但多数情况下，救助对象与服务对象的重合决定了慈善超市资源拓展能力有限，不具备"造血"功能，只能是功能单一的免费救助发放点或者"爱心仓库"角色，它难以将社会资源有效整合到慈善救助工程之中，其发展动力容易出现衰竭，致使出现生存危机。

3. 救助对象与慈善超市项目的贴合性不强。

在慈善超市救助工程中,救助对象是被动的客体,是需要接受救济、帮助的一方,而慈善超市则是提供救助的主体,两者存在着泾渭分明的主客体关系,缺乏密切的持续互动,慈善超市的日常运转经营与救助对象关联不大。而与之不同的是,在国外慈善超市运作中,救助对象却与慈善超市之间有着广泛的互动,救助对象除接受来自慈善超市的单向救助外,还作为行动参与者参与到慈善超市的运营管理活动中,如经过正规培训成为店铺员工或者机构的义工,两者形成合作与伙伴关系,推动慈善超市的发展。反过来,这种参与也有助于救助对象融入社会。美国杰出慈善家安德鲁·卡内基在总结慈善事业核心自助原则时指出:"使社会公众受益的最好的方式是在人们力所能及的范围内放上梯子,以便那些有抱负者能够攀缘而上。"① 显然,国内慈善超市机构需与救助对象建立互动联系,形成一个紧密的共同体网络。救助对象确定之后,接下来需要进一步明确救助内容。

其一,包裹式救助服务的欠缺问题。当前,苏南地区慈善超市对困难对象侧重于物质救助,从事的多为"四低"工作,即低效率的社会募集、低层次的物质救助、低附加值的产品供给以及低社会效果的救助途径,只能减缓经济上的贫困。慈善超市的经营范围只停留在物资供给的初级层次,没有满足贫困群体在心理、社会等层面的高层次需要。② 通常,救助对象个体所遭遇的问题较为复杂,慈善实践应该与它要满足的需求一样丰富多彩,需要给予全方位的服务支持方可助救助对象摆脱现实困境,公益慈善组织努力制作的"产品"是一个被改变了的人。西方国家慈善超市秉持自力更生而非施舍的助人理念,从单纯的物品救济,发展到集物资救助、技能培训、信息咨询、业务承接、劳动力介绍等服务为一体的综合性救助体系。"按照 Goodwill 的说法,工作可以使人建立自信、学会独立、获得友谊、拥有信任,每个人都应该得到这样的机会,所以 Goodwill 就是要提供这样的机会。"③ 我国经济学家许小年曾提出救助型公益和赋能型公益的概念,认为救助型公益能缓解受助人的痛苦,而赋能型公益可以让受助者有尊严、像正常人一样工作和学习。当前,公益慈善事业需要将救助型公益与赋能型公益结合起来,并逐渐以赋能型公益为主。

在针对救助对象的设计上,可借用社会工作实务中的专业术语,就是

---

① [美]彼得·弗朗金. 策略性施予的本质:捐助者与募集者实用指南[M]. 谭宏凯,译. 北京:中国劳动社会保障出版社,2013:7.
② 韦平美. 推进慈善超市参与社会救助的思考[J]. 中国国情国力,2016(5):31.
③ 吕洪业. 美国 Goodwill 概况及经验借鉴[J]. 东方企业文化 2012(7):17.

"包裹式服务"的概念，即是指经过需求评估和可利用资源的确认设计一整套的服务，并且通过各种服务的连接最终促使服务对象学会独立自主。① 这种整合可以减少服务的重叠和分散问题，还可以促进各项服务之间的良性互动，给出排定的优先次序。由此，慈善超市救助内容停留在基础物质救济上是远远不够的，它仅是解决"授人以鱼"的问题，需要予以进一步拓展丰富，真正的慈善是通过恰当的方法帮助救助对象获得自力更生和发展的能力，达到"授人以渔"的目的，促进社会进步和良性运行。具体来讲，在解决民众物质困难境遇的同时，还可在教育、就业、医疗和心理方面实施援助，使慈善超市运作效能得以提升。当然，由于当前救助所需的物品货源不足，超市运营很难在短期内寻求突破，故拓展适宜的便民服务及劳务活动以实现个体的发展，不失为一种开拓慈善超市生存空间的有效选择。根据致贫因子的不同，社会服务的内容也呈多样化的特点：心理贫困对应心理援助，文化贫困对应认知辅导，制度贫困对应社会倡导，能力贫困对应能力救济②，这给便民服务活动的顺利开展提供了启发。

其二，工具性支持与表达性支持的脱节问题。社会支持包括工具性支持和表达性支持，物质救助属于有形的工具性支持，而慈善教育属于内隐的表达性支持。慈善就像一条涓涓细流，所经之处都会滋生万物，普济众生。它在很大程度上促进了国民经济的增长，被视为不可或缺的公共服务手段之一，也是改善捐助者以及接收者生活质量的工具。北京师范大学的王振耀教授认为，促进慈善事业的结构性转型，需要树立现代慈善理念，"宽容第一，以善促善；给予而不是索取；高调个性而不是低调倡导；善意压力而不是依赖自发；组织发展而不是个体单干；免税行善而不是竭泽而渔；重税施压而不是道德说教；保护尊严而不是揭人隐私；捐赠权高于社会知情权；全民慈善而不仅是富豪慈善"③。慈善超市救助工程重在对困难民众提供物质帮困，但缺少提供思想理念基础的慈善教育。慈善教育主要体现为相互教育与自我教育，以慈善超市为依托平台，以募捐和社会救助为教育载体，以润物细无声的教育模式，在参与公益活动的互动过程中潜移默化，提高不同人群参与慈善救助的自觉性。它能使捐助者爱心充实、情感升华，增强奉献社会的责任感和使命感，获得尊重和自我实现的回报；能使救助对象真切感受世间真情、社会温暖，激发感恩良知与回报社会的

---

① 全国社会工作者职业水平考试教材编写组. 社会工作综合能力 [M]. 北京：中国社会出版社，2011：147.
② 冯敏良. 我国慈善超市的发展瓶颈与生存智慧 [J]. 江苏大学学报（社会科学版），2014（6）：56.
③ 王振耀. 现代慈善的十大基本理念 [N]. 南方周末，2011-05-13（8）.

情怀，提升自强不息的自立精神。通过慈善教育，培育公众主体道德与责任意识，形成"我为人人、人人为我"的浓厚互助氛围，丰富和提升社会主义精神文明的内涵。[①] 正如苏南地区 S 市慈善总会的创作《人间有爱》的歌词中唱到的那样，"人间有爱，春光常在，生命之花，永开不败；人间有爱，希望常在，我们的明天绚丽多彩……"慈善超市平台应具有良好的整合功能，在物质和精神等层面对受助对象产生巨大影响，实现物质帮扶与个体思想意识改变的紧密结合，通过培力增能的方式助推受助对象走出现实窘境。

此外，不容忽视的是，慈善救助解决的是需要长期干预影响的社会问题，慈善决策处在一个包含时间对于慈善重要性的认识框架中，若将当前慈善救助资金标准与未来慈善救助资金标准对比，一个关键的考虑是适当的折算率。当前，苏南地区慈善超市的年度救助标准偏低，基本呈现出静态不动的特点。伴随着当地居民消费价格指数（Consumer Price Index）的变化，慈善超市的一些物品价格也在小幅上扬，无形之中削弱了救助对象的实际购买力。我们认为，应根据市场形势提前启动物价上涨动态补贴机制，及时给救助对象发放物价补贴。从长远角度考虑，应结合当下地方最低工资水平和经济发展指数，建立救助标准自然增长机制，确保救助对象基本生活不受影响，不会产生返贫和（救助）无助感问题。

4.4 慈善超市的运营要素

面对处于实际形态的社会事物，社会工程若是单纯强调对人类的关爱，仅从社会关系、社会结构、社会制度等宏观角度审视，这是不够的，还要从实际运作的横向微观视角加以关注。"非营利组织正是这样一种新型的组织形态，它是围绕着某一'社会价值链'（这一价值链可能是具有公益性的某一产品、某一服务或某一社会责任），把分散的、多样性的个体或部分自行或自我组织起来，从而孕育了一个整体。自组织完成以后，它的运行是在定义组织成员角色与各自任务的基础上，通过密集的多边联系、互利与交互式合作来完成共同追求的目标。"[②] 通常运营要从救助对象的需求出发，找到项目设计的出发点和依托主体；然后，确立共同的目标，建立合适的沟通协调机制，确保项目有效执行；接着，结合目标导向，进行过程评估与结果评估；最后是慈善项目传播，即开展对外宣传，提高项目的认知度和美誉度。鉴于慈善超市是新生事物，运营要素关系到其能否生存和后续

---

① 李学举. 携手慈善 共创和谐 [N]. 人民日报，2005-12-03 (7).
② 刘祖云. 非政府组织：兴起背景与功能解读 [J]. 湖南社会科学，2008 (1)：75-76.

发展，对应的是能力关卡的建设。这里选取几个具体的核心要素加以说明，希望能借助部分量化的数据①或者流程展示慈善超市的具体运作，以便社会公众真正了解其特质。

表 4-9　苏南地区慈善超市的运作系统要素情况　　　　单位：家

	店牌标识（LOGO）	收银系统	鉴证师定价
具　有	9（30.00%）	11（36.67%）	2（6.67%）
暂　无	21（70.00%）	19（63.33%）	26（86.66%）
不　详	—	—	2（6.67%）
合　计	30	30	30

4.4.1　店牌标识传播

店牌标识是具有一定内涵并能够使人理解的视觉图形，它是人们在生活实践中形成的一种视觉化的信息表达方式。通过主题突出、寓意深刻、创意新颖、内容健康的设计方案，标识体现着商品品牌的特色和组织机构的形象。基于公益宗旨目标导向，慈善超市店牌标识力图展示的是扶危济困的温馨善举，它的规范管理有助于突出慈善公益主题，扩大慈善超市的社会影响力。调查来看，苏南地区慈善超市的店牌名称和 LOGO 尚不规范统一，主要存在"爱心超市""慈善超市""阳光超市"等不同名称，尽管它们创设宗旨和指代服务内容一样，都是针对困难民众开展的慈善救助，但名称不同容易使人头脑产生混乱。它们一般在成立之日通过媒体宣传报道一下，然后在几个重要的传统节日时点"露面"，公众的认知和接受程度不高，很难被吸引或激发出购物兴趣。国家民政部主管的《公益时报》与搜狐公益在 2013 年 5 月的联合调查中显示，63.52%的网友表示没有过慈善超市购物的经历，根本不知道慈善超市；28%的网友表示，虽然没有过慈善超市的购物经历，但知其存在；仅有不足 9%的网友表示曾经有过慈善超市的购物经历，但多数并不满意②。对此，慈善超市组织需要为自己正名，提高公众的认知度和忠诚度，主要是帮助社会公众清晰地了解组织宗旨，将组织的慈善价值观融入广阔社区生活中去，赢得众人的共鸣与支持。

在宣传方面，可以与新闻媒体（包括网络传媒）进行合作。这方面，《南方日报》就是一个成功案例，2009 年 5 月《南方日报》创办了国内最早的媒体公益周刊《南方公益》，通过开办"南方公益志愿大讲堂"，开展主

---

① 目前，慈善超市运作数据并未正式纳入地方民政事业统计监测体系，基础数据十分缺乏，再加上慈善参与主体的复杂多样性，很难系统量化和摸清慈善超市发展的真正水平。
② 张雪弢．超六成网友表示不知道何为慈善超市［N］．公益时报，2012－05－22（02）．

题演讲、项目展示、专家点评、资源链接等活动，有效助推了广州公益慈善事业的发展，通过公益广告不断提升知名度，形成慈善强大的冲击力。此外，慈善超市还可以与邮政集团、广告公司、物流公司等不同机构展开广泛合作，通过享受价格或费用上的优惠，经常面向公众刊登、分发一些宣传教育资料，向困难对象提供基本生活物资领取、兑换、凭卡（券）购买等服务。在山东省济南市，慈善超市开始与当地的邮政集团合作，利用邮政集团下辖的营业网点和便民服务站，开展舆论宣传、捐赠衣物综合利用等试点。

店牌名称的不同或者杂乱，也暗示着慈善超市尚未形成统一管理格局，现有慈善资源难以在统一平台上加以调拨。统计发现，仅有三成的慈善超市制作了醒目的标识，见表4-9所示。在所调研的S市YJ慈善超市，门口醒目位置悬挂着标识，它的LOGO为一颗心形衬底、太阳光芒四射的线条组合而成的一个"互"字创意图案，寓意着互助互爱的宗旨追求，给社会公众带来了强烈的视觉感染力和冲击力，增强了受众对公益慈善项目的感性认识。

W市慈善基金会负责人徐××，男，分管慈善基金会募捐工作。"这几年，慈善基金会也一直在资助和关注着慈善超市救助项目，感觉慈善超市细节方面还有很大提升空间。比如，慈善超市的店牌标识不太好辨识、领会，这小小方面应该多多学习商业超市的成功做法，商业超市是以市场为风向标的，它那种简约而不简单的标识能够显出超市品牌内涵和它的社会影响力。所以呢，慈善超市要改进和提高标识设计水平，突出自身的特色亮点，拉近同社区居民间的距离，获得大家的认可支持，这是它当前需要完成的任务。我们希望慈善超市能够越办越红火，在救助困难对象上发挥更大功效。"［资料编号CSJJH－130128－WX－02F］

S市民政部门负责人陈××，女，分管社会组织事务。"慈善超市店牌标识的有无看似小问题，背后所反映出的经营者的独立生存意识和市场经营念头令人担忧。自从慈善超市兴办以来，我们民政局科室同志几番走访摸查，发现一些慈善超市总是认为背靠政府财政支持就可以，做不做标识、登不登广告、发不发促销宣传单是一桩小事、无所谓的事情，慈善超市的专业性、规范性还严重不足呀。从传播的角度试想一下，居民对慈善超市其为何物都不知道的话，又有谁放心去那里消费购物，又有谁带着敬意主动进行捐款奉献爱心，并能持续关注它呢？这些，需要慈善超市有意识地进行自我整改，提高自身的积极性，找到能激发公众产生共鸣的触动点，赢得公众的认可与信任。"

[资料编号 MZJ-120713-SZ-05C]

与商业超市相比较,慈善超市的区别性不强、知名度不高,普通市民听说不多,更无从知晓慈善超市的公益性质,标识等现存问题给慈善超市后续的品牌发展和市民的实际参与带来不小的制约。

4.4.2 收银系统

收银系统支持商业零售企业运作的诸多环节,能帮助企业完善物流、信息流及资金流的管理,实现科学合理订货、快捷配送;能提高商品周转率和减少库存压力,全面降低企业经营成本;能做到台账记录与核算准确,款物往来清晰。那么,慈善超市有无定制收银系统呢?如表 4-9 所示,苏南地区有近 40% 的慈善超市采用 POS 收银系统,物品贴有条形码标签,使用慈善爱心卡结算。救助对象到慈善超市刷卡消费,不仅救助手续简便,而且还保护了救助对象的隐私,节约了大量人力成本,它代表着慈善超市发展的主流之势。与之对比,还有 63.33% 的慈善超市仍停留在手写登记入库、凭券申领销货、人工盘点汇总的传统结算模式,它明显不能及时反馈救助物资流转情况;且严重依赖于工作人员的细心和熟练程度,持续的登记、统计工作容易使人手忙脚乱,些许人为偏差极有可能会导致物流数目统计上的混乱。调研发现,传统人工计算的结算模式是与先前慈善超市的小型化呼应的,由于立足于所处的辖区社区,并没有形成统一的连锁或者加盟格局,救助对象和捐赠物品数量也不太多,依靠传统结算方式能勉强应对,但可以预见它不能适应公益慈善事业跨区域发展的进一步要求。

S 市 YJ 慈善超市工作人员袁××,女,54 岁。"我们这家慈善超市店面规模不太大,目前主要依靠手工记账、凭券购物的简单方法。遇到救助物品集中发放的日子,一天登记汇总下来,我的手脚都快要麻掉了。当然,有时候也会出现记错账的情况,因为人太多了,实在有点应接不暇,所以有时我会跟其他同事轮流记账,这样压力会小些。等空闲下来的时候,再逐一复核,保证发放数据准确。" [资料编号 GZRY-2012-0716-05D]

C 市 WN 慈善超市工作人员蔡××,女,52 岁。"当然,最好能使用统一的 POS 收银机,就像大型商业超市那样,"嘀"的一下,物品进出在屏幕上一目了然,不会出现差错,省去很多人工成本,能提高服务效率。以后能不能用上 POS 收银机?我想有可能吧,以后救助的对象逐渐增多,负责人感觉人手不足有此需要后会购买使用的。当然,如果有个市域范围的慈善超市信息管理系统和结算终端,那就更棒啦,会省掉人员身份验证等麻烦,会自动进行优惠处理……" [资料编号 GZRY-2013-0709-06F]

4.4.3 评估定价

公益慈善组织每年都会接收来自社会各界相当数量的捐赠物资，如何科学评估、鉴定捐赠物资的价值是一项普遍难题，目前全国范围内尚未形成系统的规范措施，慈善界呼吁引入专业的价格鉴证师。如表4-9所示，苏南地区仅有6.67%的慈善超市聘请价格鉴证师负责对捐赠物资进行鉴定，鉴定内容包括质量外观、使用性能以及安全卫生的检验，评审合格后方可进入下一步的价格认证环节；依据市场交易价格对物资的使用价值进行综合评价，得出捐赠物资的实际折扣，以保证物资定价相对合理，便于对外售卖。而86.66%的慈善超市并没有聘请价格鉴证师来进行物资估价，只是按照慈善超市管理委员会的决定或指令操作，商品标注价格与市场价格之间难免出现一些偏离。至于前面提及的超市基本生活必需品进货，通常是负责人考察并向商家采购，与商家建立合作关系，直接电话预定并由商家送货上门，基本按照进价售给救助对象。问题是捐赠物品如果定价过高，会导致无人问津而束之高阁；标价过低，又会使物资失去应有价值。现有多数慈善超市仍尚未重视和解决好捐赠物资的评估定价环节，这会影响超市的持续正常运转，降低超市在社会公众心目中的地位。

4.4.4 成本收益

慈善超市属于服务导向的社会公益组织，该身份属性并不表示公益组织可以不讲求成本，不考虑经济性问题和不追求账面收支平衡稳定。同时，它也并不意味着完全免费，不能获得收入、赚取利润，只不过它所追求的是公共财富的最大化，而并非一己私利，其利润全部用于指定的公益事业，用于"再发展"。非营利性所强调的是资金的用途，即盈利资金不能在内部分红，而是用于公益事业的发展，经营是可以有盈余的，甚至盈余越多，用于公益事业的资金更加充实。[①] 在财务年度结算的时候显示"赚钱"而不是"赔钱"，这往往是慈善组织健康运作的表现，也是慈善组织对其远景目标的切实承诺。有学者使用"社会责任投资"概念来指代，即它是指在投资决策中，不仅考虑投资的金钱回报，而且强调投资的社会影响，通过结合社会公益、环境保护、经济发展等因素，将投资目的和社会、环境及伦理问题相统一的一种具有可持续发展性的投资模式。它在组织机构所追求的经济目标与应承担的社会责任之间建立某种平衡，能为组织机构创造比

---

① 王亚男，任晓敏.慈善超市运作中的问题及对策研究：基于济南市的调查与研究[J].济南职业学院学报，2011（2）：15.

传统投资更大的效益。① 公益慈善事业不再限定为非营利范围，也可以当成营利的事业去做。新型公益把供应与需求、硬件物质与软件服务、资本市场和政府规则结合起来，让私人企业与公共福利不再对立，其交易的媒介除货币外，还有数据、成果和信誉，维系各方参与者的则是"互利"。不单纯依靠"输血"，而是自己"造血"。"一方面，衡量成败的底线不是利润而是社会价值，另一方面，成功地克服困难、解决巨大社会问题的人不是单纯利他主义的牺牲者，而是得到应有回报（做好事有好报）的人，这样才能使公益事业规模扩大，并持续下去。"② 维持慈善超市日常运营需不断支出费用，如门面租金、水电费、人员工资薪酬、物品加工费、营销宣传支出等，社会公众希望尽量降低慈善超市的运营成本，或者说把成本控制在合理的范围内，将捐赠经费大头用于实际救助服务，从而取得更大的社会救助效益。

表 4-10 2011—2014 年 S 市 XM 慈善超市的募集款物与救助支出金额情况

年份	募集款物（万元）	救助金额（万元）	救助金额/募集款物	救助人次
2011 年	125.87	94.65	75.20%	51 118
2012 年	186.79	130.72	69.98%	63 249
2013 年	217.46	176.35	81.10%	64 587
2014 年	235.89	190.48	80.75%	65 639

1. 收益回报。

慈善超市由"善念"价值驱动，它基于价值的特点重在救助困难对象，而社会公众比较关注慈善超市发挥的社会效益（效应）如何，希望可以用量化数据加以说明。例如，募集和发放救助物资的数量及价值多少？每年可以救助多少人次的困难群众？救助对象有多少人真正摆脱生活窘境？其他利益相关者的反响和参与程度？经过广泛动员募捐筹集得来的救助款物，捐赠者希望将有限资金真正用于救助对象身上，达到捐赠最大化的"杠杆效应"。以 S 市 XM 慈善超市为例（表 4-10），2011 年和 2012 年救助金额支出分别占到募集款物总额的 75.20% 和 69.98%，救助人次分别为 51 118 次和 63 249 次；2013 年和 2014 年，救助金额支出在募集款物总额中占比均超过 80%，救助人次分别上升到 64 587 次和 65 639 次。来自全国的调查数据表明，2006 年初始阶段，我国慈善超市全年资金收入为 23 930.4 万元，而

---

① 崔璨，刘新圣.慈善超市的理论基础、现实依据及出路选择[J].理论与现代化，2017（2）：114-115.

② 资中筠.财富的责任与资本主义演变[M].上海：三联书店，2015：403.

实际发放的救助金为 9 907.8 万元，发放资金仅占接收资金的 41.4%，一大半募集资金被用于维持超市运转等非救助性事项方面。① 与以上数据相比，S 市慈善超市有限资金用于非救助性事项方面较少，运营成本收益得到优化，这有助于放大慈善社会效应，推动慈善超市健康发展。不可否认，在慈善超市捐赠款物不充足的情况下，帮困款物的发放只能采取"量入为出"的方法，结果造成帮困面窄和帮困量有限，影响其经济性和收益回报效果。我们认为，慈善超市要坚持把社会效益放在首位，但同时也要打造适合自身的经营模式，以确保慈善事业的盈亏平衡和可持续发展。

2. 成本支出。

从成本角度考量，社会公众原本以为公益项目是无偿捐赠零成本的，这其实是个错误的观念，也是个不正确的说法。零成本的实质是另筹成本，即通过其他隐蔽途径解决成本支出，如有强大的官方背景，由政府买单或者另有定向的行政费用资助，抑或欺骗捐助者，在财务账目上做些手脚，总之公益项目运作必定需要成本②，故而慈善项目需要优化流程，努力降低行政成本，提高慈善资源使用效益。学者张彦转换分析视角，将成本支出与收益回报结合起来，认为慈善超市要想在时间上体现其经济学意义上存在的价值，它帮困的受益面和收益量在折算成"效益"后，与同等规模的一般超市相比，从经济核算的角度来说必须是划算的。在具体测算上，慈善超市的经济性等于帮困受益面与收益量所折算的"效益"除以发生费用。与此相类似的是，有学者采用"项目收益指数"来测算公益项目是否"划算"，即 1 元的投入可以产生多少元的货币化产出。若收益指数越大，项目收益率就越高。③ 依据计算公式，张彦对上海市长寿路街道上的慈善超市计算得出，该超市的经济性约为 2.7，即慈善超市每给帮困对象 3 元，至少要花去 1 元成本，这表明慈善超市不经济性问题的确存在。故想要增强慈善超市的经济性，就需在扩大分子"开源"和缩小分母"节流"上做文章。因为慈善超市只要开张营业，人员、场地和日常开支三项费用就会发生，所以缩小分母如人员、场地和日常开支费用的余地不大，积极的思路在于扩大分子，要在扩大帮困资金来源渠道和市场化经营方面有所突破，改变慈

---

① 潘小娟，吕洪业. 构建慈善超市长效发展机制的探索［J］. 国家行政学院学报，2010（1）：96—100.
② 公众对慈善公益成本有很大的反感和质疑，关键问题在于慈善公益机构对捐助者的告知不够明晰，对这部分款项的公开不够及时，"公益"成了"公疑"。解决办法是与其暗地消化行政成本，不如公开亮明管理费用，公开财务收支情况，接受社会监督。
③ 商道纵横. 跨界对话：公益项目实战宝典［M］. 北京：社会科学文献出版社，2016：117.

善超市自身缺少"造血"技能的状况①，促使捐赠增长的最大化，进而解决其运作的不经济性问题。

如前所述，苏南地区慈善超市大多开设在区镇街道，营业面积20—50平方米，超市年租金一般在8—10万元，部分超市场地为民政部门或街道社区出资建造，虽无须租金，但如果用于出租或作为其他用途，同样也能产生很大的经济价值。超市工作人员的工资报酬也是一笔不小的开支，按照每个慈善超市至少拥有两名工作人员计算，超市每年至少要支付5万元以上的工资报酬，而这是员工在同类行业企业的同类情况下提供类似服务所正常获得的回报，属于合理的薪酬范围②。除去工资、保险支出之外，其他费用如募捐成本、管理费用视不同情况而定，加起来数目也不小，总的成本支出费用每年在15—20万。试想一下，如果慈善超市长期没有经营能力和"造血"功能，必然会遭遇资金瓶颈，社会的爱心也早晚因为血流不畅而犯"心脏病"。③ 2015年一份来自上海17家慈善超市的调查统计发现，仅有1家慈善超市在收入（包括捐赠物品销售收入、新商品销售利润、提供服务收入）减去支出（场地租金、人员工资、办公经费、水电通信费等）后盈利，盈利约23.3万元，其余16家全部亏损，平均每家亏损约为12万元，其中"亏损"最多的为34万元，"亏损"最少的为4万元，而亏损的部分最后全部以政府资助的形式予以补贴买单。④ 苏南地区慈善超市同样存在跟上海类似的亏损补助情形。

美国《财富》（FORTUNE）杂志曾评选出100家最好的慈善机构，选定标准是以"是否高效地使用捐款"为依据，也就是说能否以最低成本最大限度地使用捐款人的捐款。这些最有效率的公益机构平均筹款成本7%、行政成本7%，加上未单独计算的项目管理成本，估计美国公益机构的工作成本应当在20%左右。⑤ 当然，20%的比例会因不同国度慈善机构类型的不

---

① 张彦. 社区慈善超市如何做久做大？：以上海的经验为例 [J]. 社会科学, 2006（6）：79—80.
② 薪酬往往是个敏感的话题。现实生活中，社会组织中的工作人员工资较低，而非营利组织免税资格认定中规定，公益领域中的工作人员的工资成本不得超过当地人均收入的两倍。由此，社会组织中的雇员不是不拿工资，或者应该拿最低工资，而是应根据社会组织的运作和发展情况获取适当报酬。随着社会组织服务能力的提升和公益慈善事业发展的需要，工作人员的收入应随之增加。例如，负责募捐的筹款师，需要长期专业的培训实践，需要掌握人际沟通技巧、项目设计等职业知识，理应获得体面的工资收入，也避免公益慈善领域后期人才大量流失、发展乏力问题。
③ 赵净. 让"爱心超市"造血助困 [N]. 中国社会报, 2004-04-07.
④ 谢家琛, 李鸿兴. 慈善超市体制机制改革研究：以上海模式为例 [J]. 社会福利（理论版）, 2018（9）：48.
⑤ 吕玥, 张丽, 等. 金华施乐会身陷提成门：公益成本, 孰是孰非 [EB/OL]. 浙江在线, 2012-08-30. http://zjnews.zjol.com.cn/05zjnews/system/2012/08/30/018773289.shtml.

同而有所差异。在我国广州市,地方制定的募捐条例规定,募捐工作成本应当遵循管理成本最必要原则,厉行节约,控制在已经公布的募捐方案所确定的工作成本列支项目和标准之内,一般不得高于实际募捐财产价值的10%。苏南地区 W 市也提出,基金会工作人员工资福利和行政办公支出等管理成本不得超过当年总支出的10%,其他慈善组织(包括慈善超市在内)的管理成本可参照基金会执行。我们认为,成本收益问题以及围绕成本控制建立利益约束和监督机制,日益受到慈善超市管理层的关注和重视,这与慈善超市的创设初衷是吻合的,同时也是吸引广大捐赠者持续投入的关键因素之一,故有必要将成本控制在一定范围内。捐助者偏向保守,"'经过深思熟虑和系统分析的比例数据对捐助者来说价值巨大',因为该比例可以帮助他们在比较类似团体时,将款项捐给尽可能把钱投入到项目中的那个团队"①。旧式慈善行为由此逐渐让位于高产出的慈善事业和成功项目,附带的结果是,参与公益项目的捐赠者也成为慈善理念传播和产生影响的媒介与渠道。

4.4.5 慈善超市的服务流程

超市实体是消费者购物消费的常规之选,他们希望得到优质的服务,在快捷购买过程中获取价廉物美的商品。购物基本流程是:首先,顾客在超市入口处获取手推车或者购物篮,进入超市;然后,自由选购商品,同时可向超市员工或厂方理货员咨询商品情况,获取详细商品信息;接着,挑选好商品后,来到收银台,排队等候;最后,收银员检查扫描商品,打印发票,顾客付款结账。为提高上述流程的响应和处理速度,一些实用的技术方法会引入到超市流程能力的改造之中,如进入超市入口闸机时,顾客可以免费领取一本商品导购手册,上面提供了商品价格、优惠活动、采购渠道等信息,协助顾客购物;食品称重使用智能电子秤代替人工操作,自动识别并打印标签;不必移动商品,手持电脑传输购物总额和明细到收银台,顾客只需付款即可,省去排队等候的烦恼。实用技术方法的基础是基于超市联结一体的无线网络,中央服务器同电子货架、智能秤、手持电脑及收银系统保持着实时无线连接,商品信息数据能在管理系统和各连接设备间瞬间传递。以顾客为导向的新技术应用可以很好地满足顾客的不同期望,促进吸引力和满意度的提高,从而提升超市可持续发展的核心能力。

比较而言,苏南地区慈善超市仅停留在服务规范的执行上,服务流程缺乏优化,也缺少智能技术的引入。慈善超市制定出《工作人员工作职责

---

① 叶芳. 美国三大公益组织:勿过分关注公益组织营运成本[EB/OL]. 环球网公益,2013-10-28. http://hope.huanqiu.com/globalnews/2013-10/4496689.html.

和服务规范指引》等制度，并张贴公布，要求工作人员持证上岗，规范服务，热情接待，使用文明用语；规定工作人员在接收捐赠物品时，要当场清点、填写清单，确保捐赠账目准确无误；向捐赠者开具收据、捐赠凭证，及时建立台账；物品接收后，按规定进行消毒、分类、储存；对于物品的发放，慈善超市在民政部门指导下给困难家庭发放储有一定金额的"爱心卡"或者代币券，凭卡或券到所在地的慈善超市领取同等价值的物品。由于货架物品供应有限，多为日常生活用品类，且主要面向辖区特定困难民众，故慈善超市没有过多考虑便捷化服务。调查发现，慈善超市门口没有常见的购物篮或者手推车，宣传架内没有商品导购手册；由于缺少义工帮忙，在方圆几公里内超市商品不能免费送货上门；超市没有无线网络实现信息传输，而是依赖人工逐一处理。在集中发放救助物品的时间段，普遍存在排着长队等候结账的情况。由于购物券必须"整存整取"，与所选的物品之间难以做到金额完全对等，导致存在结账麻烦、需要调换找零等情形。购物气氛上，比较沉闷，这主要是因为受助对象身处困境、心理承受压力大，还有就是慈善超市缺少能活跃气氛、增强受助对象正能量的技巧手段，如超市没有播放轻松的背景音乐等，如此购物体验无形中会加重受助对象的心理包袱。另外，对于一些肢体残疾或者行走不便的老年对象，在超市选购物品显得比较吃力，慈善超市便民服务、人性化管理方面存在巨大的提升空间。

任××，W市CS慈善超市救助对象，女，68岁。"心里真的很感激街道里慈善超市的帮助。非要说说改进方面的意见吧，我就是希望服务方面能够做得更好些，比如慈善超市救助物品发放的日子能否错开，不要让大家一窝蜂地挤在一起；还有像我们老人多数是上了年纪、腿脚走路不够灵活的，能否将常用的基本生活品打包处理，请些社区志愿者、义工空闲时送货上门，哪怕是每季度送货一次也行的，如果那样的话我们可就开心啦。要给慈善超市打分的话，我打个90分。"
［资料编号CSJZDX－130703－WX－04F］

汤××，W市HN慈善爱心超市救助对象，男，63岁。"慈善超市帮助了像我这样的困难家庭户，心里很是希望这个超市能长期坚持办下去。当然，如果真的要给点点评的话，就是在营业和服务上最好能向旁边的商业超市看齐些，能够独立经营，不单单是个捐赠物品的发放点，救助的钱物金额能在现在的基础上适当提高些，商品种类再丰富点，那就比较好了，这也是我的一点期望。"［编号HNJZDX－130703－WX－06F］

邓××，S市LR慈善超市救助对象，女，62岁。"真心地说，慈善超市对我们困难家庭帮助挺大的，每个月有物品固定补助，还有人情上的关心问候……就是吧，超市里的工作人员，感觉少了点，另外他们退休下来，自身也有一定的年纪了，做起事情来感觉有点力不从心，手忙脚乱。自己也没给慈善超市带来一点帮助，有些不好意思。如果给慈善超市打分的话，可以给个85分。"［编号 LRJZDX－140728－SZ－03B］

当然，慈善超市如果对外营业，面向社会全体消费者的话，更需要深入挖掘服务对象背后的真实需求，其服务水平要向上述商业超市标准服务（如物品的温度控制、加工管理、陈列摆设等）靠拢，明确树立产品思维和市场竞争意识，在商品促销、导购信息、付款结账、售后服务等方面提高响应速度，努力营造一种温馨、愉悦的购物环境，努力提供给用户慈善公益方面的特殊情感体验，形成具有自身特色的超市类型。

4.4.6 工作人员配备

需要说明的是，这里的工作人员配备是指慈善超市里面的专兼职人员，暂不包括义工人群。工作人员是慈善超市救助工作开展的主力军，也是机构内人力资源管理的重要对象。调研发现，苏南地区慈善超市工作人员平均为2.13人，其中40%的机构员工数为2人，23.3%的机构员工数为1人，26.7%的机构员工数为3人，聘用3名以上员工的机构约占10%。这着实难以应对日趋繁重的慈善超市工作，需要及时予以扩充。在这些慈善超市工作人员队伍中，还带有来源多元化的特点，有近30%的工作人员存在身兼数职的情况（多为街道办事处工作人员），且同时负责慈善超市的管理和服务工作；有10%的工作人员仅在慈善超市挂个名，但并不参与实际工作；加上，50%以上是前面提及的慈善超市外聘工作人员，他们多为退休返聘的老年人，先前并未接受过专门的系统培训，对慈善超市相关业务不熟练，故有必要加强人员培训。

慈善超市很大程度上依赖工作人员获得捐赠资源、保持超市实体良好经营，从激励机制上来讲，提升工作人员的积极性和创造性非常重要。通常对个体的激励分为物质激励和精神激励两种。慈善超市属于非营利性组织，提供的物质报酬（工作补贴）在市场中属于中低层次，对工作人员的积极性并未有多少提高作用。在精神激励方面，慈善超市能给予的荣誉、声望等非物质性的诱导性报酬欠缺，只能寄希望于个体的社会责任感和道德意识。显然，慈善超市对工作人员是缺乏制度化激励机制的。上述这些会造成慈善超市工作人员难以全身心投入，工作时间一时难以得到有效保障，慈善超市管理主动性不足，救助服务的非专业性或者业余性现象突出。基于（管理工作）人员要素来说，我们认为，慈善超市的管理人员应该是正式的职业者身份，具备较高的职业素质，承担着实现慈善事业利益最大化的责任与压力。而苏南地区慈善超市工作人员现状难以满足慈善超市健康发展的需要，故有必要建立慈善超市正规的专兼职人员队伍，强化从业人员的专业技能，持续开展专题培训教育，设计更优的激励机制，以培养一支素质过硬、业务水平高、归属感强的慈善事业服务团队。

蔡××，S市ZJ慈善超市负责人，女，42岁。"慈善超市工作人员整体素质不是很高，令人比较头疼。就拿我们说，慈善超市日常救助工作主要依靠两个刚退下来不久的阿姨帮忙，打扫卫生、整理货架、发发物品还行，其他比如募捐之类的就帮不上忙了。当然，这也不能怪她们。如果慈善超市雇佣大学生的话，开销支出太大，没有办法只能这样。慈善超市辅助性的工作，一般是请附近的义工帮忙。至于管理岗位，我们都是兼职的，慈善超市这份工作我们不领工资报酬，给点补贴而已。慈善超市管理工作干得再好，也不会带来多少职务上的升迁机会，继续干下去是对得起我们的责任心罢了。慈善超市若想有大的发展，聘请专业人才运营管理、辅以义工使用这是必需的。"[编号 ZJCSFZR－150721－SZ－02C]

关××，C市TN慈善超市负责人，女，45岁。"慈善超市是个新生事物，它的运营发展需要摸索实践、不断总结提升，需要一大批懂经营、善管理、沟通协调能力强的专业人员，而且他们还要有那种奉献意识和不怕苦的精神。来自街道办事处的兼职人员适应了行政场合，但进入陌生的慈善领域会面临壁垒和不适应情形……。目前，专业人员在各家慈善超市当中非常少见，稍有能力本事的不会选择这份没有保障的慈善超市工作，工作人员配备可以说是眼下一个大的问题。"[编号 TNCSFZR－150805－CZ－05D]

4.5 慈善超市的管理机制

囿于苏南地区公益慈善组织"先发展、后管理"的客观现实，公益慈善组织结构犹如万花筒一样多姿多彩，故影响慈善超市健康持续发展的因素之一便是其自身内部的治理成效，表现为有无科学、合理的管理机制。这里的管理机制，属于组织形式范畴，我们将它分为组织结构和流程规范两个维度。组织结构是组织管理自身资源最重要的工具，对组织的发展具有决定性影响。合理有序的组织结构能够使人、财、物等资源有效地运作起来，提高组织的运营能力。慈善超市由民政部门统一登记注册，由业务主管单位和登记管理机关双重审核、双重管理，非营利法人是慈善机构常用的组织形式①，机构以民办非企业单位身份注册。业务主管单位的权力相对较小，只能督促和引导所支持的组织，不能直接管理社会组织的财务或运作，但在指导过程中要承担很多相关的风险。而登记管理机关是民政部门，它负责审核社会组织有无获得主管机构许可、社会组织是否遵守法律规范等，从而决定是否批准登记注册。通常，民政部门会在受理申请之日起三十日内做出决定，符合法规条件的，准予登记并进行社会公告；不符合法规条件的，则不予登记并书面阐明理由。社会组织登记具有一定难度，"政府部门更愿意赞助那些与政府有密切关系的组织，或那些由前政府官员建立的组织"②。就 S 市 YJ 慈善超市而言，它是由区民政部门主办的公益组织，是江苏省首家慈善超市，同时也是全省唯一一个经国家工商行政管理局批准的慈善超市注册商标。其经营特色是以超市形式独立开展经常性慈善捐助，集募集、救助、变现、教育等功能于一身，为社会救助构筑资源整合的平台，为救助者群体和受助者群体架设互动沟通的桥梁。在管理机制上，2008 年 7 月，YJ 所在的区慈善总会在内部增设了慈善基金会，基金会理事成员由总会有关成员兼任，实行"两块牌子、一套班子"，区慈善基金会与区慈善总会合署办公，这样有利于实现慈善总会、慈善基金会、慈善超市三位一体、优势互补的目标。同时，为实现同步换届、统一任期，2009 年 YJ 慈善超市管理委员会延期换届，在 2010 年与区慈善总会统一任期、同步换届。到 2013 年，区慈善基金会、区慈善总会、慈善超市管委会分别任期届满，再次实现同步换届、统一任期。

YJ 慈善超市内部有明确的组织章程，设有管理委员会和监事会。管理委员会作为机构治理的主体，负责项目决策、执行以及对外联系交往，它是机构价值观和公益资产的"守护人"，对机构运作成败担负法律责任，由主任 1 名、副主任 2 名组成。而监事会主要履行机构监督职能，确保慈善活动能够按照组织章程有序运作，在吸收政府其他部门工作人员以及关心慈善事业的社会爱心人士的情况下，监事会共有 6 名成员组成，如图 4-3 所示。在职能分工上，区慈善总会将工作重点放在一年一度集中募集和定向捐赠上，同时部署策划全区的慈善救助工作；区慈善基金会依法享有捐赠

---

① 除非营利法人之外，公益信托（为公共利益目的而设立的信托）或者非营利非法人社团也是国外慈善机构采取的组织形式。非营利非法人社团成立简单，运营经济，适合于刚刚成立还在登记程序中的慈善组织；而公益信托有着明确的受托人，对应的权利义务规定以及监察管理较为明确。我国鼓励发展公益信托，已制定出《中华人民共和国信托法》；非营利法人具备完全的行为能力，但成立手续烦琐、运营成本昂贵。

② ［美］佩内洛普·卡格尼，伯纳德·罗斯. 全球劝募：变动世界中的慈善公益规则［M］. 徐家良等，译. 上海：上海财经大学出版社，2018：18.

税前扣除的主体资格，承担慈善基金的公募接收、规范管理和合理使用；慈善超市则以实施具体慈善救助为主，以低保家庭为主体的经常性生活救助由其负责实施。三者之间，慈善总会占据中心位置。问题是慈善总会、慈善基金会的性质是民办非营利组织，但它们又被列入区民政局全额拨款的事业单位编制，具有"准政府机构"性质；而慈善超市通常由民政部门分管救助管理或福利慈善工作的人员，或者街道办事处（居委会）的负责人兼管，由值得信赖的人出任超市负责人被认为是可靠的。慈善超市的运营带有行政性管理的色彩，与其非营利法人的身份有很大冲突，管理机制上面临现实窘境。当然，双重审核、双重监管的模式在实际操作中仍然存在思想观念、监管路径、权重分工的偏差，会出现监而不管或监管不力的情形。

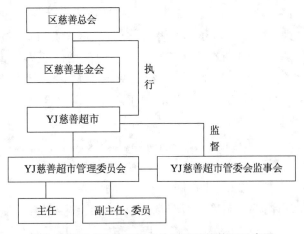

图 4-3 S 市 YJ 慈善超市的组织结构简要示意图

随着 2012 年前后国家对社会组织管理体制改革的部署，苏南地区亦不断推进社会组织管理制度创新，加快培育发展社会组织。在明确政府相关部门职责和社会组织自律要求的基础上，规定工商经济类行业协会（商会）、科技类社会团体和公益慈善类、社会福利类、社区服务类社会组织统一由民政部门直接登记发证，而不再需要业务主管单位的批准，解决了社会组织因找不到业务主管单位而无法登记的问题。这里的公益慈善类组织，主要是指从事帮助困难弱势群体改善生活健康状况、减轻突发事件造成的损失和影响，从事人文关怀和心理疏导、缓解社会矛盾、增进社会和谐、促进社会建设等公益慈善活动的非营利性社会组织，慈善超市显然位列其中。管理体制上的改革，有助于降低慈善超市等公益性组织准入的门槛和难度，有助于理顺其隶属关系，促进其治理机构的明晰。

在慈善超市治理结构层面，苏南地区通常设有慈善超市管理委员会和慈善超市监事会，实行民主管理和民主监督。管理委员会行使超市最高权力机构管理职权，主要是制定和修改超市章程；讨论和确定超市发展规划和年度工作目标、年度资金预算；讨论和审议超市年度工作报告及资金结算情况；决定超市主任、副主任的聘任；增补和调整管理委员会组成成员；聘请管理委员会、监事会组成成员；讨论和决定超市其他有关重大事宜。管理委员会由发起人、业务主管单位和有关部门、社会各界和热心于慈善事业的单位代表组成。监事会负责监督超市的各项管理工作，主要职责为：监督超市接收捐助款物和实施救助的工作；监督超市救助物资流转情况；监督超市员工履行职责情况；及时纠正、制止慈善捐助工作中的违纪、违规行为等。慈善超市实行主任负责制，统揽全局，负责超市具体工作，主任要接受来自管理委员会的领导和监事会的监督，禁止利用其关联关系做出损害慈善超市和救助对象的利益与社会公共利益的行为。

与静态的组织结构框架相比，慈善超市的物流运转，包括募捐、消毒、分拣、仓储、核价、处理等要项，同样需要规范细则予以保障，为此需要加大慈善超市制度建设，制定物品采购制度、物资储存管理制度、救助物品申领发放制度、公示制度等，做到有章可循。苏南地区慈善超市在实践中经过不断尝试，逐渐探索出一套详细的流程规范。资料整理发现，YJ慈善超市物流的整个流程设计分为十二个环节：（1）接收。捐赠者填写"捐赠登记表"并签字，接收主管清点并接收物品，颁发捐赠证书，开具专用收据。（2）鉴别。对接收物品进行鉴定，根据鉴定结果进行交付、洗涤、消毒、熨烫和移交入库等后续处理。（3）移交。进行接收估价并填写"入库单·移交"联，移交价格评估组。（4）核价。价格评估组根据定价原则核定上柜供货价格，填写"入库单·核价"联。（5）入库。确定货号，填写"入库单·入库"联，将物品入库、登账。（6）保管。按照便于保管和满足发放需要的原则，将入库物品归入货架，并将上柜物品粘贴"货号·单价"标签。（7）销货。受助对象凭券自选，社会公众爱心购买，开具"销货单"，填写"销货汇总表"，办理出库销货。（8）捐赠。实施定向捐赠，开具"定向捐赠单"，办理出库销货。（9）调价。依据规范，履行程序，凭"调价单"实施调价并调整账面数据。（10）报损。依据规范，履行程序，凭"报损单"实施报损并调整账面数据。（11）盘点。定期盘点，核对账物，调整账面。（12）汇总。按月汇总数据，填报"救助物品收发月报表"，如实反映慈善超市救助物品流转情况。

为使流程更加规范有序，以下六个要领贯穿物流始终。（1）连码。每种专用凭证都设有一个特定的代号，如"J"为"捐赠登记表"，"M"为"募集救助物品入库单"，"C"为"采购救助物品入库单"，每种凭证一律按顺序流水编号。(2) 链接。救助物品从移交到核价，再到入库，都在同一张"入库单"上依次流转，三个环节相互链接、指向明确；"捐赠登记表"上载明"入库单"号，两者相互衔接；"入库单"上的货号与"销货单""定向捐赠单""报损单""盘盈盘亏表"上的货号相互链接，丝丝入扣；接收主管、仓库主管、发放主管的业务相互衔接、环环相连。(3) 联签。救助物品的接收、核价、入库、调价、报损、盘点均由相应的主管联名会签。(4) 审批。救助物品的核价、调价、定向捐赠、报损等均须经超市负责人审批后方可实施，并据此调整账面。(5) 监销。救助物品经鉴定确无使用价值或因损坏、变质等原因予以报废，报损须由超市负责人监销。(6) 整改。如属保管不善等人为因素造成的报损应予以整改，盘点如发现异常情况应分析原因，予以整改。由此，形成六项具体规范——《救助物品接收规范》《救助物品鉴别规范》《救助物品接收估价规范》《救助物品上柜定价规范》《救助物品价格调整规范》《救助物品报损规范》。仅以最为敏感的《救助物品价格调整规范》为例，它包括如下内容：其一，价格调整原则。价格调整须严格控制，凡符合以下情况均可考虑调价：原上柜定价不当，畸高或畸低；市场价格发生较大变化，导致原上柜定价不合理；因供大于求、不适销对路或定价超过受助对象承受能力造成物品呆滞；保质期临近急需尽快销货，以免损失；因时令或季节原因需尽快销货，以避免增加仓储成本。其二，价格调整程序。价格调整须履行调价申请，通常由仓库主管提出，报主任审批作为调价依据，调价时须对物品先行盘存、冻结，调价获批后予以解冻，调价后由仓库会计重新做账。其三，价格调整时限。价格调整不得随意实施，一般应集中在每月月底办理。[①] 显然，流程规范环环相扣、细致缜密，具有较强的可操作性，能够保证物流的规范性，有助于慈善超市的健康运行。

如果说，上述规章制度是真实可见、值得肯定的话，那么，苏南地区慈善超市在针对工作人员制定的员工守则以及奖惩条例方面则较为疏漏，这容易造成管理上的"真空"。在实地调研访谈中，我们并没有看到慈善超市墙上张贴的工作细则，也没有从负责人口中听到具体的服务规范、奖惩规定，相对而言，管理还是比较松散，工作人员的效率和服务效果一般，似乎也染有科层组织固有的毛病，如缺少责任感、例行公事等。而一份来自广东省39家慈善超市的调查也表明，仅有28.89%的慈善超市制定了超市员工守则，22.22%的慈善超市建立了奖惩制度，仅有4.44%的慈善超市

[①] 具体内容详见 S 市 YJ 慈善超市的内部制度文件，资料未正式对外公开。

建立了内部监督机制。① 我们认为，在实际操作过程中，上述规章制度和管理机制需要逐一落实，严格执行，并自觉接受社会公众和媒体监督，避免内部相关机构形同虚设以及决策缺乏民主科学性，从而保证慈善超市运作的规范条理性。

4.6　简要小结

"即便慈善的使命引人注目，其勾画的蓝图绚丽动人，但如果没有组织机构、财产、持续的资源，慈善也无法成功；同时，如果没有思想、行动和热情，慈善同样会走向失败。"② 显然，要素的存在是机制产生的前提条件，而机制就是通过一定的调节手段将组织机体结构中的诸多要素连接起来，使之相互协调而发挥作用。作为一个整体运作系统，以上分析我们仅是从静态角度围绕发展动力、募捐基础、救助对象、运营要素、管理机制等方面对慈善超市做了一个梳理，给人留下的印象是苏南地区慈善超市的经营业态明显不同于国外慈善超市，在归纳其特点与发展逻辑的基础上，也应看到慈善超市整体经营还处于中低水平。如果要将上面列举的要素条目提炼上升到运行机制、机理层面，可以做如下简要概括与提炼：

慈善超市发展动力机制对应的是主办单位的身份性质，及其创办慈善超市的初始动机。动力机制的目标指向是要寻找并回归慈善超市的助人本质，以获得机构发展的强劲持久的内驱力（慈善之心和志愿精神）。慈善超市募捐机制，对应的是向社会各界进行款物募捐，汲取社会各种有用资源投入慈善救助服务，它着重解决的是慈善超市的"货源不足，救助不力"难题，寻求慈善资源长期可持续性以及款物来源的多元化是其努力方向。慈善超市救助对象机制，对应的是厘清受助对象的范围与边界，做好与国家最低生活保障救助对象、慈善超市服务对象之间的区分、联系。它的目标是要掌握受助对象的现实生活境遇，弄清个体的主要诉求或者面临的困境，便于慈善超市提供后续有针对性的"包裹式"服务。慈善超市的运营要素机制，着重关注超市具体运营过程中的品牌标识、物品评估定价、服务流程、成本收益、工作人员配备等细节问题，其目标指向是要保持慈善超市的良性运行，提升其健康发展的活力。慈善超市的管理机制，主要围绕新生事物发展的"建章立制"工作，从制度层面设计慈善超市的内部治理结构与外部监管措施，它的目标是为慈善超市的持续健康运营"保驾护航"。

---

① 陈舒琦，石瑾，李婉娜. 慈善超市的生存现状 [J]. 特区经济，2016 (5)：25.
② ［美］罗伯特·L. 佩顿，等. 慈善的意义与使命 [M]. 郭烁，译. 北京：中国劳动社会保障出版社，2013：127.

如果说，慈善超市的起步阶段要做好谋划和推广，那么，到中间的运作关键阶段则要深刻反思具体的经营业态，找出其今后进一步改进和提升的地方，因为这会影响到慈善超市职能机制的正常发挥，关系到慈善超市救助工程的可持续发展。在实践操作过程中，慈善超市的动力机制、募捐机制、救助对象机制、运营机制以及管理机制等是相互交织、相互影响的，且具有动态发展的显著特征，它们共同决定了慈善超市实施路径和实际运作效果。与西方"好意慈善事业组织"相比较，作为导入中国的新型慈善救助平台，由于处在不同的文化思想"土壤"及不同的经济社会发展水平上，存在慈善超市运作机制上的差异可以理解接受，但运作机制的最终落脚点是慈善超市自身要保持旺盛活力和良好发展势头，充分发挥慈善救助平台的核心作用，一切都不能偏离这一"主航道"。苏南地区慈善超市建设发展走在江苏省的前列，率先发展往往会最先碰到"门槛"，需要在发展进程中一一予以跨越。

> 慈善不但需要善款,更需要智慧。
> ——2008年度"中华慈善奖"获得者刘润华

第5章 慈善超市的运营困境

毋庸讳言,慈善超市的助人善举令人振奋、钦佩,但其在发展过程中面临诸多困境,如地方政府巨大的财政投入缺口,"造血"系统的匮乏与救助受益面的相对狭窄,慈善超市知名度不高、影响力不强等,种种因素造成慈善超市整体运行不稳,面临关门歇业的尴尬处境,如何使慈善超市做久做强成为公众心头的疑虑。此种状况离当初预设的建设目标——"布局合理、功能多样、充满活力、运行规范"的城乡基层公益慈善综合服务平台尚有较大距离,需要我们予以正视并查找原因。由于公益慈善项目通常具有两个典型特征:一是挑战内容的多维度性。公益慈善指向的问题多属系统性、社会性的深层问题,涉及经济社会诸多方面,单一的公益慈善项目往往只能治标,无法治本。二是问题解决的多方合作性。由于体制机制的局限和挑战内容的多维度性,非营利性组织通常势单力薄,需要政府、企业、社会组织、市民等长期通力合作,共同解决面对的问题。因而,针对现有慈善超市的运营困境,我们应从多元主体的角度切入。

5.1 慈善超市发展的政策供给

"在我国,政府不仅在政治力量的对比中处于绝对优势地位,而且它还拥有很大的资源配置权利,它能通过行政、经济、法律手段在不同程度上约束非政府主体的行为。"[1] 政策是政府为实现其目标而制定的总体方针、行动准则和保障措施的综合。慈善超市工程属于社会救助项目,故其政策更多指向社会政策,意即政府为满足民生需求、维护社会公平、解决各种社会问题而通过各种方式调动公共资源、促进各项社会事业发展、为民众提供福利性社会服务的政策体系。[2] 政策供给代表着高端层面的思维操作活动,属于制度化安排,它是对社会工程发展的整体规划,对制约社会工程

---

[1] 杨瑞龙. 论制度供给 [J]. 经济研究, 1993 (8): 47.
[2] 全国社会工作者职业水平考试教材编写组. 社会工作法规与政策 [M]. 北京: 中国社会出版社, 2017: 5.

建设的全局性、关键性议题进行决断，提出解决的整体思路和框架蓝图，力图最大限度地化解阻力、降低风险，确保社会工程实践的顺利推进。对于慈善超市救助工程而言，需要国家在其中扮演重要的政策倡导角色，制定指引地方实践的法规政策文件，推进政策的顺利实施。以慈善超市的政策解读为逻辑起点，可以探寻慈善超市运营困境的根源并努力寻求激活慈善超市活力的有效路径。

5.1.1 政策文件的空间形态

政策文件的空间形态是指政策文件潜在内容发展的空间大小状况。在初始（推进）阶段，由于缺乏所需的确凿可靠的知识，缺乏稳定成熟的现实基础条件，政策文件只有粗线条式的原则性"勾勒"，缺少实施内容、具体路径以及注意事项等细则性规定，政策文件预留的空间形态很大，反映出其与社会工程尚未完全匹配。伴随着政策文件的实施及其与外部环境的互动，在对政策文件的评价反馈和文本内容的修正补充，以及由此开始的新一轮的政策分析循环过程上，政策文件获取了更多具有实质性内涵的内容，潜在空间形态得到填补和压缩，政策文件进入相对成熟的完善阶段，对现实实践的规划指导功能得以有效发挥，"保驾护航"效应渐显出来。

具体到慈善超市救助工程，我们遗憾地发现政策文件的空间形态仍旧停留在初始阶段，政策文件的缺位问题比较突出。如表 5-1 所示，慈善超市救助工程推出已有十五年左右的时间，国家民政部在 2004 年 5 月和 9 月下发过《关于在大中城市推广建立"慈善超市"的通知》和《关于加快推广"慈善超市"和做好今年"捐助月"工作的通知》，并转发了《辽宁省扶贫超市管理办法》，旨在全国层面推动慈善超市工程。三个政策文件的内容着重强调慈善超市建设的重要性以及推广普及的紧迫性，而对于慈善超市的实施规范、运作主体、管理流程、考核评估等缺少明确规划。正如 C 市民政局社会福利与慈善事业处负责人访谈时指出的那样，"地方慈善超市建设还须得到国家政策层面的指引。现在慈善超市如跟风似地建了起来，当初为什么建设它，起什么作用？谁是真正的运营主体？如何才能保持正常持久运转？如何做到（慈善物资）捐赠与救助的衔接？这些需要国家政策给出引导性的意见，不然的话，地方慈善超市'自说自话'，发展很容易迷失方向，会走向一些弯路、岔路"。显然，现有政策文件对"要不要做"——慈善超市早期的布点推广具有督促作用，而对"具体如何做"——慈善超市的内涵质量建设，没有太多的实际指导意义，这也导致一些慈善超市在开业之初"红红火火"，而运营一段时间后，便陷入难以为继甚至关门停业的尴尬境遇，慈善超市建设没有完全走出"摸着石头过河"的境地。直到 2013 年年底，我们终于见到姗姗来迟的《关于加强和创新慈善超市建设的意见》，但这也仅是粗略的、原则性的指导意见。

表 5-1 慈善超市顶层设计主要政策文件一览表

出台时间	政策文件名称	主要内容
2004 年 5 月	民政部《关于在大中城市推广建立"慈善超市"的通知》（民函〔2004〕109 号）	统一思想，提高对建立慈善超市的认识；因地制宜，逐步推广慈善超市；积极探索，扎实推进慈善超市建设；及时交流，不断完善。
2004 年 9 月	民政部《关于加快推广"慈善超市"和做好今年"捐助月"工作的通知》（民发〔2004〕178 号）	要求争取用一到两年时间在全国大中城市普遍建立布局合理、运作良好的"慈善超市"网络。
2013 年 12 月	民政部《关于加强和创新慈善超市建设的意见》（民发〔2013〕217 号）	以体制机制创新为重点，推进法人注册，明确慈善超市法人地位；以社会化运营为方向，使社会力量成为慈善超市的运营主体；健全服务功能，拓展慈善超市多元化服务；扩大信息技术应用，提高慈善超市信息化管理水平，把慈善超市建设成布局合理、功能多样、充满活力、运行规范的城乡公益慈善综合服务平台。

我们认为，政策是一个有目的的活动过程，顶层设计的政策文件不能仅仅停留在《意见》《通知》或《决定》等原则性方针政策层面，还需立足慈善事业的基础数据，设计可操作性的方案充实制度内容，促使核心主旨内容上的成型完备，生成类似五年或者十年中长期规划。当前，慈善超市既不是商业企业，也不是正式的社会组织，多数挂靠在具有政府背景的机构之下接受管理监督，不具备独立的法人资格[①]；慈善超市很难走向市场化，对外经营困难，救助物品和救助资金等慈善资源缺乏长期保障，超市行动空间有限，自身独立性面临考验。由此，给予慈善超市非营利组织的法人身份地位，对其业务经营、救助对象、免税资格、财务管理等做出规定，确保慈善超市自主经营、自负盈亏，真正以慈善为宗旨实现自身良性运转，这是慈善超市救助工程相关政策推进的首要问题，是政府政策倡导的重点所在。

[①] 少数慈善超市注册为民办非企业单位，但民办非企业单位不能享受免税待遇，也不能开具免税发票，影响了企业和个人捐赠的积极性，间接增加了慈善超市的经营成本。

5.1.2 政策文件的时间特征

政策文件在时间维度上具有"浴盆效应"①，社会客观形势变化以及人类主观认识的局限性等因素会使政策文件的效力随着时间推移发生变化。在政策文件出台的早期阶段，遇到的问题或阻碍较多，政策文件失效现象明显；当运行一段时间之后，问题产生或出现的频率大为降低，政策文件会偶尔失效；而进入政策文件实施的后期，问题矛盾等产生的机会又趋于增多，政策文件进入耗损失效阶段。通常认为，对政策文件的早期失效现象，要及时做出分析，制定和实施对应的配套政策；当政策文件进入耗损失效阶段，则表明政策老化，需要制定新的替换政策。②

如前所述，在国家政策文件的指引和助推下，慈善超市在全国各大中城市街区"落地开花"，接下来，工作重心便应转到慈善超市的内涵质量建设上来。显然，这些均是指向政策文件出台的早中期阶段。如何从制度上推动慈善超市救助工程健康良性发展？将慈善超市建设成为定位科学、内涵丰富、社会认可的品牌项目，除了上面提及的在政策文件空间形态上注重核心主旨内容的充实完善之外，还需要一系列的配套辅助政策予以支持保障，形成一个有关慈善超市工程建设的政策文件丛。这里的配套政策主要包括对慈善超市工程主体政策从对口的局部领域起辅助支撑的规范条例，如《国家慈善事业法》《社会团体登记管理条例》《志愿者服务工作实施指导意见》《基金会管理条例》《慈善组织内部治理指引意见》等。令人忧虑的是，在慈善超市工程的国家顶层设计上，明显缺乏配套政策的推出或跟进，到目前为止我国尚没有一套统一的慈善事业法律法规，省级的相关地方性法规也较少，无法对慈善领域社会团体或公益组织的规范发展起到有力的促进作用；而原先制定的《社会团体登记管理条例》（1998年）、《基金会管理条例》（2004年）、《志愿者服务工作实施指导意见》（2014年）等尚需进一步补充修订，如需增加涉外管理规范、完善管理衔接机制以及强化内部治理结构等重要内容，以符合社会发展变化形势以及实现与国际接轨的需要。我们认为，在慈善超市救助工程建设过程中，基于政策文件的时间特征，不能忽视配套政策文件的滞后和缺失问题，要尽可能减少早期阶段政策文件体系的明显不足与失效，保障慈善超市机构、捐助者、受助对象等主体的合法权益，这属于政府政策制定和政策倡导的注意事项范畴。

---

① 所谓"浴盆效应"是指政策文件从出台到失效的整个周期内，其可靠性的变化呈现一定的规律，即以时间为横坐标，以失效率为纵坐标的一条曲线，曲线两头高，中间低，有些像浴盆形状，故被称为浴盆效应。
② 王宏波，等. 社会工程研究引论［M］. 北京：中国社会科学出版社，2007：101－102.

无论是从政策文件的空间形态，还是从政策文件的时间特征，都可以看出目前政策对慈善超市救助工程所形成的推力和引导不足，这要求政府民政职能配置及其内设机构应做相应调整，以回应蓬勃发展的民间慈善，建议在民政部门中新增慈善事务司，专门负责拟定公益慈善事业发展规划、慈善募捐（包括福利彩票、体育彩票）监督管理办法、基金会管理条例，以及志愿者队伍建设指导意见等，确保政策文件的及时出台与助力作用的发挥。

5.2 慈善超市的实践探索经验提炼

社会工程的核心是探索变动社会结构背景下的模式创造，这要求我们不能仅仅满足于理论的规划和观念形态的抽象设想，不能仅仅停留在制造和维持发起社会工程的舆论氛围以及空洞口号宣讲上，更要从具体的社会实践出发，寻求来自实践的经验智慧与启示，主要是不断寻找和应用实现工程目标的精细化的社会技术，如实践技巧或者规则体系构建等，以给人类生活环境带来实际变化，促进各类社会问题的解决。在美国，慈善机构善于利用从营利性公司学到的技术，监督它们的捐赠资金并管理它们的资金活动，这是美国慈善业的显著标识。[①] 慈善超市工程的推广建设较为复杂，如何将慈善的宗旨理念与超市的运作属性有效衔接起来，仅仅依靠满腔热情和媒体鼓动是远远不够的，它需要在优化实践过程中积累一系列行之有效的精细技术和可行方法，以便产生积极正面的业绩效果；需要社会公众弄清慈善社会技术的内涵，并给予足够的重视，促进中国公益慈善软实力的增强。

5.2.1 募捐环节

通常，公益慈善组织要想成功募捐，必须遵循相关程序、打好前期基础。一是筹款的理由，即公益慈善组织为何值得公众捐赠以及捐赠所能产生的积极影响；二是筹款引领者，即为慈善组织提供关键性捐赠，并大力协助募捐的个体；三是潜在捐助者，即慈善组织具有或者能够有意争取到的支持者群体，他们与慈善组织有关联，对慈善组织从事的领域感兴趣，具有捐赠资金的能力；四是筹款计划，即筹款目标、战略步骤，以及培养捐助者和提出捐赠请求的方式。[②] 苏南地区慈善募捐是在地方政府主导下进行的，却难以激发公众自发捐助的兴趣，募捐技术亟待创新。创新与革新

---

① ［美］奥利维尔·聪茨. 美国慈善史［M］. 杨敏, 译. 上海：上海财经大学出版社, 2016：171.
② 卢咏. 公益筹款［M］. 北京：社会科学文献出版社, 2014：28.

已不再是公益慈善领域的一个额外附属物品，而是一种亟须的生存策略，公益慈善组织应该力争经费来源的多元化，与捐助者形成长期稳定的合作关系，有效化解因各种原因产生的财务风险，顽强地生存下来。对此，有必要归纳整理具有针对性、策略性的募捐技巧供实际应用参考。

1. 捐助模式亟须变化。

公益慈善的募捐主要是由政府资助、企业捐赠和个人捐助等构成。政府资助公益慈善具有历史传统，通常会选择声誉最好的慈善组织作为合作伙伴，而对于慈善组织而言，政府的资助是靠自身的信誉和业绩赢得的。现在的变化是政府资助由原先直接的资金输入转向积极的项目行动引领，如加拿大政府采取的优秀创意"一加一募捐模式"，或许对我们有所启发。"一加一募捐模式"是公众捐助多少，政府就同样捐助多少，政府捐助不设上限，也不设截止时间，它的数量是动态变化的，与公众的捐款热情直接相关。① 通过这种"挑战资金"的互动方式，向公众间接喊话"叫阵"，吸引他们的注意力，充分调动公众的热情，强化个体内在的驱动力，从而增强募捐目标实现的效果。苏南地区政府主导的慈善募捐完全可以采取此种响应式策略技巧，政府由"台前"走到"幕后"，由主导变为促进，积极培育和增强公众主动捐赠的意识，体现市场主体平等、多元的原则。

企业支持公益事业，被证明最终有利于企业的生存发展。企业捐赠一是着眼于宗旨上的契合（公益宗旨符合企业的战略利益），二是重视获得相对具体的投资收益，包括"有形"的经济效益、"无形"的品牌效应和潜在市场。② 捐赠方面，出现的令人欣喜的变化是（留本捐息）冠名基金和募捐分期付款的出现。在苏南地区 C 市，调研发现，城市募捐过程中出现了以慈善的名义设立的冠名基金，它往往由当地知名企业设立并自行管理，基金本金额度巨大，协议认捐金额一般达到千万元以上，协议期 5—10 年。每年获得的固定利息用于慈善基金会的专项救助活动，直至捐款达到认捐基金规模。而与之合作的慈善组织则按照协议中捐款者指定的救助对象、救助标准和救助数量具体操作，并定期通报善款使用结果。（留本捐息）冠名基金透明度高、公信力强，受到大型企业和慈善机构的欢迎，C 市基金规模位列地级市首位，以"留本捐息"为核心内容的模式一度成为全国慈善事业发展的亮点。募捐分期付款，是企业捐助方承诺某一捐款总额，然后采取分期支付的方式，通常在 3—5 年内支付完毕，便于缓解企业支付压力，鼓励企业提供高额捐赠。

---

① 林伟贤，魏炜. 慈善的商业模式［M］. 北京：机械工业出版社，2011：48.
② 卢咏. 公益筹款［M］. 北京：社会科学文献出版社，2014：184—186.

个人捐赠是公益慈善事业的推动者，面对公益慈善事业的支持者群体和可能捐赠者，机构遵循"自上而下"的策略。"成功的筹款是要让合适的人，在合适的时机，以合适的方式，向合适的可能捐赠者，为合适的公益目标，提出合适的捐赠请求。"① 而对于（捐赠者）个体而言，他遵循"自下而上"的切合环境条件要求的草根策略，首先斟酌确定通过捐赠想要创造的价值，然后界定将要支持的项目类型和范围，接着找到能产生最佳效果的捐赠方式，再接着提出一个指导其捐赠行为的时间范围，最后选择一个自己借以施予的载体或结构。② 目前，根据捐赠者主观意愿设立的专项基金也正在逐渐兴起。它通常是慈善机构设立的供捐赠者捐赠的独立账户，捐助者对这些捐赠的使用去向能够给予意见和建议，具有指定性，一般是定向的专款专用。这反映出捐助者已经不再出于慈善热情的冲动，而是经过反思之后通过施予体现自己的价值和兴趣导向，若能将满足捐助者的价值主张与捐助的公益效果结合起来，无疑最为理想。个体专项基金捐赠形式考虑到捐助者的自主决定权，得到社会公众的青睐。

　　此外，随着老龄化社会的来临，以及越来越多的老年人开始订立遗嘱，预计个人资产捐赠数量将会大幅增加。不同的年龄段对应的主要捐赠类型不一样：20—35岁的年轻人处于成家立业阶段，往往是"一日捐"等年度基金的捐助者。为公益慈善提供大额捐赠的可能捐助者往往在36—55岁之间，而60—75岁之间的老年人会是比较合适的计划性（遗嘱）捐助者，他们大都已退休赋闲在家，拥有个人的喘息和思考的空间，手头握有积蓄，在经济、家庭和情感等各方面时机成熟的时候可能会做出捐赠安排。无论是政府资助，还是企业捐赠抑或个人捐助，其模式的变化均须慈善组织给出极佳的筹款理由。

　　2. 慈善募捐形式亟须改变创新。

　　苏南地区慈善募捐目前主要依靠政府的一纸红头文件，借助行政系统、报纸电视、网络传媒实现募捐信息的传递，在单位组织下实现系统内的集体募捐，个体通常会有"被捐款"的负面情绪体验。在筹款过程中，要说服他人慷慨捐赠，最重要的是要有好的项目，要有极佳的"卖点"，筹款的理由要有强烈的感召力，能够打动人心。"事实证明，不同的目标受众对于具有良好规划与运作的劝募活动回应积极，尤其是那些用创新、激发人兴

---

① 卢咏. 公益筹款 [M]. 北京：社会科学文献出版社，2014：153.
② [美] 彼得·弗朗金. 策略性施予的本质：捐助者与募集者实用指南 [M]. 谭宏凯，译. 北京：中国劳动社会保障出版社，2013：23.

趣的方式。"① 德国一家公益机构曾在汉堡机场放置一个互动体验式装置，当捐助者投掷两欧元硬币进入这个装置后，该枚硬币便开始了它的"旅程"，最终一步步帮助贫困儿童实现大学梦想。整个过程采用实体小动画的模拟形式展现，充满童趣和吸引力。德国汉堡机场成功募捐的精髓在于它提供了心灵体验，能给捐助者制造惊喜和难忘的经历，它是体验经济，拥有远超产品、服务、创意的价值②，甚至超越公益慈善组织本身的存在。而苏南地区在慈善募捐方面，没有考虑增加服务、创意的比重，更别提设计出乎意料的震撼体验；没有关注慈善之举带给捐赠者的益处，仅把捐赠视为简单的积德行善行为，停留于博取用户的同情来获得施舍的层面，属于传统慈善意义上的"讨要"范畴，有的甚至纯属是行政命令下的强行摊派，这会极大地影响捐赠的数量和效果。

S市MK慈善超市负责人接受访谈时指出，"慈善超市要想做成品牌项目，必须有所创新，有自身真实的故事可讲，如极具说服力的真实救助案例，能够打动和感染捐赠者；有长时间从事救助的历史传统，能够让公众信服并愿意捐赠。这样的慈善募捐才有分量，才有长久的可持续性，慈善救助项目才有可能取得成功"。W市JL慈善超市负责同志接受访谈时也提及，"这是一个需要讲故事的时代，我们讨论最多的是如何以恰当的方式把故事讲给人们听。每个公益慈善项目的背后都有可开拓的素材，只要拥有善于发现的眼睛和持之以恒的耐心，就能够把包裹着宝藏的原石挖掘出来，经过精心打磨，让它大放异彩，成功地吸引公众加入募捐队伍中来"。当然，在募捐形式变化的背后，慈善组织劝募者也要具备无惧他人拒绝（捐赠）的过硬心理，因为发出募捐邀请遭到他人拒绝是极为平常的事情，且拒绝背后可能有千万条理由，但这不是劝募者所能控制避免的，应该对此抱以平常之心豁达处理。

3. 捐赠场所的升级谋求变化。

慈善募捐应该考虑长期遭到忽视的空间场地因素，事实上空间场地因素会为慈善带来诸如知名度、氛围、物资调度周转等益处，能够凸显慈善的符号象征意义。当前，慈善超市应纳入城市空间规划设计，充分利用所在城市街道社区重点公共场所、休闲公园、旅游观光景点等，建成民众参与度高的慈善广场、捐赠站点，打造本区域知名的公益"集善地"，实现募捐的全新升级，增强公众的慈善体验，带动社会捐赠数量的提高。例如，

---

① ［美］佩内洛普·卡格尼，伯纳德·罗斯. 全球劝募：变动世界中的慈善公益规则［M］. 徐家良，译. 上海：上海财经大学出版社，2018：53.
② 褚莹. 把募捐变成销售体验［N］. 公益时报，2014-08-05（15）.

广东省佛山市在"乐善之城"行动计划（2018—2020年）中具体提出，在城市重点街区、广场、公园、景区、商圈等，打造30个以上的慈善元素突出、慈善氛围浓厚、公众参与度高的慈善主题场所，迈出公益慈善发展的坚实一步。对于苏南地区的城市而言，本身就拥有很多知名的景点和观光场所，如观前街、寒山寺、灵山大佛、春秋淹城旅游区等，完全可以利用起来与慈善捐赠相结合，通过街头（现场）募捐、仪式化捐赠等形式，实现捐赠场所的提档升级。当然，如果外部条件成熟的话，可在市域范围内建设一个统一的慈善调剂物资集散中心，接收来自社会各界人士、组织机构的物资捐赠，或以出厂价格向厂家（商家）募集日常生活用品，形成调剂物资募集和救助发放的连锁运营。

4. 劝募岗位的职业化亟须加强。

经济全球化导致全球物质财富在持续不断增长，其中一大部分转入公益慈善领域，带来了募捐行业的蓬勃发展。仅2009年到2018年这十年间，我国的慈善捐赠总额就翻了两番，达到1 500亿元。募捐领域需要职业化的劝募者，需要他们在经验与技术上进一步提升，然而符合劝募职位要求的专业募集者人数并不多。在苏南地区，慈善募捐目前缺乏专业的劝募者，它更多依赖的是人脉基础和关系资源，所以通常由退位下来的政府官员担任基金会负责人，这有其合理、便利之处，由他们出面作为引领者募集，会吸引和带动更多的企业和机构赞助支持，但这单向关系影响不会长久。职业化要求着重长远考虑，它看重劝募者的任职资格，如知名的毕业院校、接受过的职业继续教育项目以及获得的劝募者职业认证等，这有助于其在劝募领域发挥特长，获得成功。目前，全球已有20多个国家积极参与和推进慈善劝募的资格认定，该领域的"领头羊"是新加坡；而美国在非营利组织管理和劝募方面已有142个证书认证/授予机构，317个硕士项目，44个博士项目，这对于提升我国慈善超市等非营利性组织专业化水平具有重要的启示意义。职业化还高度关注劝募者的"自身能力"，要求其将公益慈善组织的资金需求与普通公众参与慈善的需求、旨趣和愿望对接匹配起来，包括设计劝募提案，灵活运用各种劝募技术等。传统慈善获取捐赠资源的主要渠道是通过电话劝募、直邮广告劝募、私人恳请、特别事件劝募、街头募捐等形式，但目前现代科学技术在慈善领域中的作用越加突出，劝募者需要加强与新科技力量融合的能力，如利用强大的网络视频通话技术，实现个体登门拜访与电话捐赠相结合；利用互联网络，引导捐赠者借助鼠标点击网页实现网银自动扣款或转账；利用社交平台、手持终端、支付手段等进行小额捐赠；利用准确的大数据统计分析法，对潜在捐赠人群进行细致划分，因人而异地采取不同募捐劝说策略。在这个意义上，劝募者是现代公益慈善事业背后的操作者、推动者和服务者。显然，苏南地区慈善超市等非营利性组织需要识别、雇佣和培训大批职业劝募者，这是劝募行业未来的发展方向。

5. 针对高净值人士这一重点对象的募捐能力亟须加强。

市场经济的发展、体制机制的固化等因素造成社会财富分布的不均，高净值人士成为非营利性组织年度募捐的重点对象。各个国家有关高净值的划分标准不一，这里的高净值我们把它界定为个人至少拥有可投资资产600万元人民币。据有关部门的统计，中国目前个人净资产达到600万元以上的高净值人群达到4 000万人，平均年龄为39岁。其中，亿万资产以上的高净值人群有10万人左右，平均年龄为41岁。高净值人士慷慨捐赠，有其共性层面的原因，比如满足个人的自尊需要、来自他人要求的外界影响或者出于博爱的利他动机等，据此可将他们分为不同的类型，如具有社会责任感的利他主义企业家、受同辈群体捐赠行为影响的被动捐助者等。以高净值人士为重点募捐对象，主要考虑到他们的大额捐赠能够提升慈善机构运作项目的能力，促使机构完成重要的使命担当；大额捐赠可以提高机构的社会影响力和声望，鼓励公众对机构进行捐款；高净值人士自身拥有广泛的社会关系网，在其从事的领域取得较高成就，能够在专业技能、经验见解等方面对机构予以帮助；大额捐赠不单单是捐助的数量问题，更重要的在于他们为募捐工作开展所起的示范引领作用。基于明显的利益关系考量，非营利性组织一直在努力寻找、挖掘相关的高净值人士，采取"由上往下，由内及外，抓大放小"的方法，指向那些处在"金字塔"顶部的对象。遗憾的是，苏南地区以及其他省市的慈善超市目前还没有针对高净值人士重点对象年度募捐的专门统计，表5-2是国外某慈善机构资本筹款活动捐赠情况，我们可以从中看出一些端倪，例如，捐赠类别中引领性捐赠的人数（11人）以及占筹款目标比例（47.5%），数字确实能够体现出高净值人士募捐的价值。

表5-2 资本筹款活动捐赠情况[1]

捐赠类别	目标捐赠者人数	所需要的可能捐赠者人数	捐赠额/人（美元）	共提供捐赠（美元）	累计捐赠额（美元）	占筹款目标比例（%）
引领性捐赠	1	5	1 000 000	1 000 000	1 000 000	47.50
	1	5	750 000	750 000	1 750 000	
	3	15	500 000	1 500 000	3 250 000	
	6	30	250 000	1 500 000	4 750 000	

[1] 卢咏. 公益筹款 [M]. 北京：社会科学文献出版社，2014：126.

（续表）

捐赠类别	目标捐赠者人数	所需要的可能捐赠者人数	捐赠额/人（美元）	共提供捐赠（美元）	累计捐赠额（美元）	占筹款目标比例（%）
高额捐赠	14	56	100 000	1 400 000	6 150 000	39.50
	26	104	50 000	1 300 000	7 450 000	
	50	200	25 000	1 250 000	8 700 000	
特别捐赠	70	210	10 000	700 000	9 400 000	12
	100	300	5 000	500 000	9 900 000	
一般捐赠	许多	所有其他的可能捐赠者	低于 5 000	100 000	10 000 000	1

（注：一般而言，"所需要的可能捐赠者人数"要比"目标捐赠者人数"多出若干倍。比如上表中，"引领性捐赠"的"所需要的可能捐赠者人数"就是"目标捐赠者人数"的 5 倍。相应的，"高额捐赠"是 4 倍，"特别捐赠"是 3 倍。在做捐赠计划时可以按照一定的经验比例和所掌握的可能捐赠者人数来确定目标计划和工作计划。）

在过程运作层面，募捐首先是确定人群，寻找合适的预期对象，拟定出可能捐助者名单；然后，调查研究可能捐赠者背后的动机，并做出必要评估；接着，为可能捐赠者量身制订计划；之后，是与可能捐助者交流互动，邀请其参加慈善活动，对可能捐助者进行培养；再之后，挑选合适的时机发出募捐的请求；最后，捐助者若承诺同意捐赠，需做好相应的确认工作，并表达感谢与认可。在组织设计层面，主要通过活动与产品策略来确保捐赠实施，一是邀请捐助者参加精心设计的准备活动，活动目标是表达出组织的使命与对资金的需要，目标设定要具有挑战性，振奋人心。二是推出独特性的产品，既能使救助对象受益，又能同时满足捐助者的需求。① 募捐环节的核心在于了解潜在的高净值捐助对象，并使慈善超市机构与他们之间培养信任、建立关系，这被业界称为"移动管理"。"移动管理"形象地揭示出向可能捐助者"做思想工作"的过程。慈善筹款的目标就是将一个个最初写在纸上的可能捐赠者名单化为现实，在与可能捐赠者关系的不断推进中将他们调动起来。这意味着通过反复不断地做思想工作，把可能捐赠者从初始意向阶段"移动"到培养阶段，再"移动"到培养成熟可以开始介绍业务的阶段，接着"移动"到可以提出捐赠请求的阶段，然后进入签署合同、结束筹款的阶段，最后"移动"到认可和问责阶段，使之最终成为真正的慈善捐助者。整个募捐流程是不断行动的过程，每一个

---

① ［美］佩内洛普·卡格尼，伯纳德·罗斯. 全球劝募：变动世界中的慈善公益规则［M］. 徐家良等，译. 上海：上海财经大学出版社，2018：188－190.

步骤都具有战略性和目的性，注重的是结果与效果。同时，它也是一个循环往复的过程，当一位捐助者为慈善机构提供第一笔捐款之后，极有可能继续捐赠，故筹款的任务并没有到此结束，而是刚刚开始。为此，我们不能急功近利，做"一锤子买卖"，在对方提供捐助后便销声匿迹、没有下文，这样做只会破坏捐助者和机构之间的关系……①

5.2.2 经营"造血"环节

慈善超市本身具有双重属性，慈善属性是指以城市低保群体、低保边缘群体以及遭遇临时性困难的家庭为主要帮扶对象，按照分层次、分类别的基本原则，以直接赠予或者折价销售的方式开展救助，体现出社会救助的常态化与人性化特点。超市属性的实现关键要借助于超级市场的专业运营管理，围绕成本、效率和体验做文章。慈善超市必须具有成本收益意识，建立利益机制，合理设置经营网点，加强对外广告宣传和内部员工培训，重视财务的公开透明与商品的定价策略，力求以市场化手段实现公益目标。可是，以公益为使命的慈善组织进行市场化运作饱受争议，质疑者提出市场化运作的逐利倾向与慈善组织的公益使命之间存在矛盾，认为该手段理所当然行不通。然而，国外发达国家慈善组织市场化运作的成功经验证明，慈善组织市场化运作是可行的，并逐渐发展成为一种潮流趋势。

当前，苏南地区慈善超市虽然美其名曰"超市"，却不从事商业经营，没有琳琅满目的货物，没有源源不断的人流，只是接受政府扶持和社会捐赠，再将获得的物品免费发放给困难群众，基本功能只相当于派发物品的"中转站"，这种不具备超市功能的慈善决定了它难以长期维持和持续发展，因为它无法为自身积累慈善"资本"。实际上，非营利性组织②的特性并不排斥利润或者盈利，只不过盈利部分必须用于公益事业，包括机构的建设费用、人员工资等，但不能用于内部员工分红，它受到非分配规则约束。正如美国学者贝希·布查尔特·艾德勒等指出的那样，"当一个组织直接或间接地向利益冲突人让与了超过慈善组织所获对价的经济利益，便发生超额利益交易"③，而这种不当利益是严格禁止的。慈善超市应是可扩张和可持续的，它在越做越大的同时，解决的社会问题就越多，就越能帮助更多

---

① 卢咏. 公益筹款 [M]. 北京：社会科学文献出版社，2014：49.
② 非营利性组织的概念近年来受到学者们批评，表面看来，"非营利性"追求价值中立，但它存在一些严重缺陷，一是该词汇重在定义"不是什么"，而非定义"是什么"，否定性的定义并不是完善的定义。二是该词汇暗示这一领域最重要的东西是金钱，显然这是一个严重的错误，它明显抛开了使命价值观，商业企业在技术层面也可以贴上"非营利"标签。
③ [美] 贝希·布查尔特·艾德勒，大卫·艾维特，英格里德·米特梅尔. 通行规则：美国慈善法指南 [M]. 金锦萍等，译. 北京：中国社会出版社，2007：39.

的受助者,且产生的社会影响也就越大,故必须激活超市属性,加强"造血"能力,建立盈利机制,通过商业运营、市场手段来驱动慈善公益事业发展。一般而言,当经营性收入占到救助资金一半以上时,慈善超市才能称得上成熟稳定。

1. 二手物品的零售。

生活中闲置的二手物品的种类相当繁多,譬如衣服、鞋类、家具、玻璃瓷器、电器、书籍等均属其中,当前重要议题是如何使闲置物品再利用,变废为宝,以创造更多的价值。在韩国,第一家慈善超市"美丽商店"始于 2002 年 10 月,这是一家以接收旧衣物捐赠、回收再利用为主营业务的慈善超市,所得利润用于为困难对象提供帮助。经过十多年的经营发展,现今已成功设立 120 多家分店,有超过 5 000 名的志愿者参与到超市的经营服务中,年接收捐赠二手衣物 1 000 万件,实现利润 40 亿韩元(约合人民币 2 200 多万元)。① 慈善超市可将环境保护作为切入口,赋予物品第二次生命,打造循环经济和节约型社会的销售平台,把公众捐赠的二手物品进行分类整理。品相好的通过洗涤、消毒、整理、修配、包装、估价等一条龙作业后,上架销售;品相稍差的直接卖给环保公司分解后再利用,如少有捐赠的棉衣服,一般拿去做劳保用品,或者直接做成保温棉,冬天保暖之用,形成可持续发展的产业链,提高超市零售收入。同时,超市日常经营还可直接吸收困难对象,解决其就业增收问题,加强了与救助对象之间的直接联系。

当然,维持慈善超市日常运转是一笔不小的费用支出,包括店面租金、水电费用、员工的工资报酬、消毒清洗设备费等,超市日常运营在控制成本的同时,更是需要大力提高(二手物品)对外营业收入。在访谈中,来自 S 市 LA 慈善超市负责人无奈地指出:"现在居民家庭二手物品很多,经过政府认证的慈善超市物品募集倒不是很难。就拿旧衣服来说,老百姓的日子普遍过得好了,穿的衣服花样也多,更新速度也快,不穿的衣服放在家里吧占空间,扔了吧又怪可惜,都乐意把它捐献出来奉献一份爱心,我们也经常接听到愿意捐赠旧衣服的咨询电话,但我们确实也有自己的难处和苦衷,一般情况旧衣服是不收的,这边的救助对象也没有穿二手衣服的习惯和心理。即使是偶尔接收了旧衣服,也是待清洗后再捐给西部贫困地区进行物品轮换,可这所付的运输费用高了去了啊……"来自 S 市生态环境局的一份数据统计表明,城区每年产生的旧纺织品垃圾约有三万多吨,所

---

① 曹浩骏. 杭州有家新概念慈善超市下月开张,借鉴韩国模式[N]. 青年时报,2014-03-13(A8).

以二手物品回收打理还是有市场空间的。深度开发后加以循环利用的话，可以通过吸纳服装设计人才，进行旧衣物的重新设计剪裁，变废为宝，义卖取得销售收入；同时，也应通过宣传教育，引导居民从思想上改变对二手衣物使用嫌弃的偏颇认知。慈善超市完全可以在这方面做点突破，寻求零售收入的提升。眼下最突出的问题是慈善超市洗涤消毒能力跟不上，家用洗衣机洗涤容量有限，而工业洗衣机价格昂贵，购买有些承受不起，加上慈善超市人手紧缺，超市起步发展急切需要取得利润或者社会捐助来反哺日常运营……我们认为，在城市居民家庭二手物品充裕的背景下，慈善超市二手物品的接收、处理、销售需要形成完整流程，以获得必要的经营性收入。

2. 慈善超市的服务"版图"拓展。

当前，苏南地区慈善超市主要发挥款物募集、困难群众救助功能，功能相对单一，着重体现的是捐赠救助点的属性，未能充分显现慈善超市救助平台的整体价值、深度与发展空间。美国学者罗伯特·L.佩顿和迈克尔·P.穆迪在《慈善的意义与使命》一书中指出，慈善应具有五大功能：(1) 服务功能，提供服务以及满足需要。(2) 倡导功能，为特殊利益、特定人群或特定公益倡导改革。(3) 文化功能，为表达和保存具有珍贵价值、传统、身份和其他功能的文化因素提供根据。(4) 民主功能，构建社区，生成"社会资产"，推广和促进民主参与。(5) 先驱开拓功能，为社会革新、实验和社会企业创新提供空间。[①] 在美国的幼儿日托、老年人服务、法律服务和卫生服务领域，非营利组织提供了一半以上的由公共财政出资的服务，非营利组织还是家庭服务、残疾人服务、儿童福利服务、精神健康和防止药物滥用服务、就业和培训，以及艺术和文化等公共财政支持的服务的主要提供者。[②] 前面也讲过，西方国家的慈善超市除了有零售、救助帮扶职能之外，还提供信息咨询、劳动力供给、能力提升等多种服务路线，形成全方位多领域的非营利市场。而之前列举的韩国慈善超市"美丽商店"除具备募捐、救助、志愿参与等功能外，还兼具社区互动功能特色，门店开设公平贸易咖啡馆，这些咖啡馆成为社区居民日常聚会联谊、讨论社区公共事务的重要场所，起到社区融合的重要作用。

受上述启发，苏南地区慈善超市救助工程需要拓宽原有济困思路，在

---

① [美] 罗伯特·L.佩顿，等. 慈善的意义与使命 [M]. 郭烁，译. 北京：中国劳动社会保障出版社，2013：49.
② [美] 莱斯特·M.萨拉蒙. 公共服务中的伙伴 [M]. 田凯，译. 北京：商务印书馆，2008：85.

慈善超市现有功能和硬件设施的基础上，联合周边慈善展览馆、爱心互助街、学校慈善文化阵地、慈善工厂、义卖中心、慈善公益园、慈善社区日间照料中心等实体，实现向社会服务领域的多元化、综合化方向拓展，除具备基础的救助功能、募捐功能之外，还应具备应急功能、志愿服务功能、中介功能和便民功能，变基本救助为"向上帮推救助对象一把，助其摆脱困境"，并不断提升服务层次水平。比如，在发生自然灾害或突发公共事件时，慈善超市可以发挥救灾应急保障作用；依托慈善超市进行志愿者招募，开发志愿服务项目，设置志愿服务岗位，有条件的慈善超市可在志愿者和困难群众、老人等特殊群体之间搭建对接平台；中介功能则是收集、汇总困难群众和有需求群众的个人信息和需求信息，利用店内海报栏、宣传单（册）等，展示、推介公益慈善项目，方便特殊群体获取慈善救助信息；在便民功能方面，有条件的慈善超市，可面向社会公众提供商品售卖、彩票销售、代收代缴公共事业费、居家养老等便民服务。① 若从面向对象的角度考虑，慈善超市可面向社区居民提供商品零售、福利彩票销售、代收代缴公共事业费、衣物干洗、老人居家养老、儿童托管教育、物品寄存或送货等便民事项，提供慈善超市店长体验，举办各类公益趣味活动（如手工艺品制作、慈善跳蚤市场等）；面向中小企业可提供劳动力输出、企业物品代销等服务；面向地方政府可承接困难对象就业培训、人口信息调查统计、政策法规宣传、社区营造、"时间银行"等事务，从中获取必要的报酬与收入，以解决因慈善超市"造血"能力不足而难以维持运转的问题。此外，慈善超市还可通过与服务对象的深入接触了解，把掌握的相关重要信息和建议反馈给当地政府管理部门，促使政府管理部门给予更多的救助关注，做出积极的公共政策倡导和社会教化。

3. 慈善超市的电子商务经营模式。

慈善超市可实施开放式经营模式，充分利用现代互联网技术，开设网上慈善超市，与电商合作展开营销服务，使慈善超市触角突破时空限制和募集资源的传统边界，广泛接受社会物品，扩大募捐范围，增加募捐总量。通过易货变卖转换成慈善所需要的商品和物资，同时也为企业提供易货服务，提高企业捐助的积极性。② 调研发现，苏南地区 C 市慈善超市救助对象以失能或半失能老人、困难患病对象居多，这些救助对象居住的地点分散，

---

① 徐岑，项凤华. 救助、应急、志愿服务，南京慈善超市将大变样 [N]. 现代快报，2018-02-09.
② 蒋积伟. "慈善超市"经营之困境与对策研究：基于武汉市的个案分析 [J]. 中国党政干部论坛，2008（11）：60.

领取慈善物品极为不便,在此情况下,慈善超市尝试与网上商城对接,由社区根据救助标准,采集困难群众需求物品信息,通过网上商城直接订购所需物品。网上商城根据订购信息,直接将救助物品派送至困难户家中。该模式具有选择性、透明性和便捷性,受到救助对象的欢迎。当然,这种对接、嵌入目前还处于初级水平和起步阶段,只限于简单送货层面。在电子商务信息平台上,还可以整合现有片区的各个慈善超市,推荐救助项目与筹措各方善款,有效建立捐赠者和受助对象"点对点"的结对帮扶关系;调剂和精准配置捐赠物品,减少慈善超市仓储方面的压力,提升运作的经济性,化解慈善超市市场化和社会化的不足……

前面提及的美国好意慈善事业组织以及英国的乐施商店等,均建有正规的竞拍型网上电子商务平台。它们采取商品展示、公开竞价、限时付款等多种有效举措,以获取善款资助公益活动。随着我国"互联网+"时代的到来,我国慈善超市运营创新和追赶国外慈善超市运营水平迎来重要契机。在我国广西壮族自治区南宁市,慈善超市建设正采取"电商平台+连锁超市"的互动经营模式(即O2O慈善超市),线上线下有效互动,供给需求精准对接,"造血"能力更强,有效破解超市物资统筹难题,惠及社区困难群众。在上海市静安区中心城区,石门二路街道的慈善超市正积极探索"互联网+慈善超市"的线上线下运营机制,拓展慈善物资募集和变现渠道,同时为社区居民提供在线慈善购物的公益体验;探索"残疾人培训+志愿者岗位"的模式,在网站的产品拍摄、制图、仓储、在线客服等多种环节为残障人士提供更多的融入社会的工作机会;依托慈善超市实体,将慈善超市打造成集物资捐赠接收和变现、困难家庭结对帮扶、志愿活动发布和志愿者招募、公益项目认领、社区慈善文化宣传等功能于一体的综合性的公益服务平台,串联社区、企业、实体慈善超市、政府、基金会等多个社会资源,提升慈善超市专业救助能力。①

目前,学术界对互联网认识较为深刻,认为"互联网+"跨界合作思维颠覆了计划慈善的传统思维方式,改变了人与信息、人与商品、人与服务、人与钱之间的关系,微公益或者微慈善(Microphilanthropy)之中蕴含着巨大的发展机遇。第一,计划慈善思维关注的是企业集团大额款项的捐赠,但在互联网思维下,平民慈善是重点,哪怕是个体捐款一元钱,在互联网的网聚效应之下也会带来可观的捐款收入。阿里巴巴平台、腾讯网络捐款平台、新浪微公益平台的年筹款总额均超过亿元就是例证。2015 年,

---

① 王劲颖. 上海慈善超市创新发展步入"互联网+"快车道[J]. 长沙民政职业技术学院学报,2017(2):24.

使用腾讯公益、支付宝公益、新浪微公益等平台进行捐赠的超过 30 亿人次，共获得 9.66 亿元善款；2016 年，腾讯公益平台、蚂蚁金服公益平台、淘宝公益平台三家平台全年筹款达 12.89 亿元，比 2015 年增加 33.44％。互联网下的平民慈善会慢慢影响和改变中国城市社区的慈善模式。第二，互联网已不只是公益慈善组织用来筹款或者传播的工具，它已成为公益慈善事业不可缺少的生态条件，网络、枢纽、去中心化、平台、众包、众筹、公益 App 等方式席卷整个公益慈善界，创造出公众良好的参与体验和情感认同，得到政府认可。例如，知名的京东电商推出"物爱相连"平台，它是基于移动端开发，网民通过京东 App 即可访问京东公益模块，浏览查阅公益项目，以爱心价格购买捐赠项目所需物资，一键完成捐赠。借助京东仓配物流，做到"物爱相连"，让消费者的每一份爱心真实可达。第三，在新的思维方式下催生出一批新的公益组织，如真爱梦想基金会、让候鸟飞等都是在用互联网思维运营组织和项目。① 第四，"互联网＋"起到"吸睛（金）"的作用。一方面，"吸睛"意即吸引他人眼球，得到社会各界的关注；另一方面，"吸金"意指有效筹集更多的款物用于慈善救助。在信息化时代，慈善超市的未来发展应与互联网研发的尖端技术紧密结合起来，立足于广大网民的分散性聚集特点实施精准营销，优化资源配置，拓宽运营的广度和深度，推动慈善超市集群发展，网络技术优势能够推动新的慈善捐赠模式，助力善行义举。独立性的慈善网络平台具有商品信息集中、没有其他信息干扰、顾客购物直接明了等优势；再考虑到我国社会救助的实际情况，要想搭建独立的慈善网络平台，前提条件是线下超市已经具有相当的规模，具有一定的认知度、影响力，并且需要依靠政府的积极参与。② 这对于多数慈善超市实践操作而言是有难度的。其实，依托某些现有的网络平台（通常是国务院民政部门指定），新增慈善超市模块，以嵌入的方式搭建慈善超市电子商务平台是一个更为可行的选择，不仅投入成本相对较低，而且通过信息传递，原有平台的关注者很容易转化为慈善超市的顾客。例如，腾讯公益就是在腾讯网络公司的模块中新增慈善模块，以嵌入的方式搭建而成的电子商务平台。慈善超市可以选择与腾讯公益等平台合作，最终实现线下（门店）与线上（网店）的结合，这是慈善超市发展出现的"新零售"理念，它呈现了一种互联网形态下的服务形态，助推我国公益慈善的创新发展，推动我国向世界慈善强国的转变。

---

① 杨团．中国慈善发展报告（2014）[M]．北京：社会科学文献出版社，2014：7-8．
② 黄冠，隗苗苗．"互联网＋"背景下中国慈善超市运营模式创新研究：国外经验与启示[J]．社会福利（理论版），2016（8）：48．

5.2.3 社区运作之基

生态系统理论告诉我们，人与社会的关系应从整体的视角加以看待，故对个体行为的认知，要把它放到所处的社会系统中去理解。显然，苏南地区慈善超市并不是凭空产生的，如前所述，除去由政府发起主导这一重要因素之外，它还与所处街道社区外部环境系统紧密相连。由此，对慈善超市实体的考察往往要考虑其环境基础，引入社区互动中心概念。

1. 慈善超市与社区情境的关联。

诚然，公益慈善的边界可以跨越地界或者国界，但其运作基础仍是基层社区。作为社会治理的基层单位，人口、地域、组织结构和文化构成社区的基本要素。慈善救助事务应该基于所处社区开展，将重点放在特定地域社群上，这一举措背后的逻辑非常简单。慈善救助事务受制于社区中彼此交织的社会问题，故需使用社区本土资源链接社区利益相关者，做到社区基层创新，只有真正反映了当地社区民众的需求，才有可能积极而有效地达到解决社区问题的目标；与基层社区的耦合共生，也维护了慈善超市本身关心社会、坚守慈善的良好形象，影响着社区居民对慈善文化的认同感。早在19世纪初的工业化时代，西方主要国家就积极开展以社区为根基的慈善救济活动，如英国的慈善组织会社（Charity Organization Society），政府派出"友善访问员"深入社区，登记那些申请救济的案主情况，提供物质帮助与精神引导，并协调各个慈善组织之间的活动。此外，还有英美等国家发起的社区睦邻友好运动（Settlement House Movement），政府部门鼓励贵族青年、受过高等教育的知识分子下到社区基层，与贫民打成一片，进而了解和研究社区贫困状况，挖掘和整合社区内外资源，推动社区问题的解决。无论是服务对象，还是资源募集，抑或是经营手段等，都体现出其嵌入社区基层的重要特性。实践最终表明，慈善组织会社和社区睦邻友好运动的"在地化"（在社区、为社区）服务取得了正面成效。

2. 慈善超市的属地化。

在我国，慈善超市的建设、推广尝试与基层社区结合在一起，形成社区慈善超市亮点，但目前这种黏合或者嵌入程度并不太高。有学者甚至指出，我国慈善超市对社区资源的整合能力非常低下，居民的参与非常有限，慈善超市融入社区、扎根社区的意识比较淡薄。由此会导致慈善超市两个大的问题：一是功能失衡，慈善超市的商品销售功能与公益服务功能、社会服务功能失衡，慈善理念没有得到很好的体现；二是社会化后劲不足，由于缺少居民的支持和社会参与，很多慈善超市惨淡经营、难以为继。[1] 慈善超市与社区之间应相互依存共生，慈善超市可嵌入并参与社区公共空间的生产，形成具有自身特色的慈善超市之路。利用贴近居民的地缘优势与关系资本，借助社区社会组织、社区发展基金以及社区志愿者的力量，依托街区内常年接收社会捐赠的工作站点，慈善超市能有效集中社区居民捐赠的款物，可以便捷地将实物快速传递到基层社区一线困难家庭，做到"看得见、摸得着、手拉手、心连心"，实现与救助对象的无缝对接、精准帮扶，降低自身实际运作经营过程中的成本。"'直接面对属地困难群体、以实物（生活必需品为主）济困为基本功能、以领用券为兑换凭证'则指明社区慈善超市是面对属地（一般以街道或镇为单元）困难群体进行一线帮困的。"[2]

就个体捐赠数量而言，社区慈善体现的是"小而美"的设计，意即从小处入手，就是"一袋米、一桶油、一袋盐"之类的付出，如 C 市民政部门工作人员所讲的那样，"一个小小心愿，一个举手之劳的善举，也许不能从根本上解决社区困难居民的现实问题，但爱意、情义却足以温暖人心，吸引社区居民的关注和参与，慈善超市将社区的资源变成社区的'温度'"。若将（个体）捐赠量汇总起来也能做成很大规模，但现实问题是居民从对慈善的好奇、关注到现实的捐赠，这其中的转化率约为万分之五，即每万人中仅有五人付诸捐赠行动。解决该问题的办法应是展示"小而美"活动的成效，让居民真正信服和乐于奉献。我们认为，"小而美"的基层社区慈善汇合能够厚植慈善社群基础，进而能吸引身边社会组织和辖区企业[3]的友情赞助，传递社区守望相助、热心公益的正能量，促进社区的和谐发展。

对社区居民而言，慈善实体等非营利部门的存在及其运营会影响和提升他们的公益意识，为个体实际参与提供了现实平台，是实现与公权力平等对话的途径之一，它让个体同时拥有这样两种环境：一种可以施加控制力的环境，和一种可以让自己变得举足轻重的环境。[4] 居民就近加入义工队伍、提供志愿服务（付出时间和技能）甚至可以成为慈善超市雇员；参与日常捐助活动（"随手"付出钱物）；体验手工艺品制作和慈善超市管理魅力；聚会交流扩充知识、讨论共同的社区事务，推动社区纠纷调解、平安

---

[1] 杨永娇，张蕴洁. 中国慈善超市的社区嵌入式发展路径探析 [J]. 中国第三部门研究，2017 (2): 64.

[2] 张彦. 社区慈善超市如何做久做大？：以上海的经验为例 [J]. 社会科学，2006 (6): 85.

[3] 通常，企业乐于选择社区居民参与度高的慈善项目进行赞助捐赠，这能为企业赢得较好的口碑和认可度。

[4] [美] 德鲁克基金会. 未来的社区 [M]. 魏青江等，译. 北京：中国人民大学出版社，2006：VII.

社区创建等。各阶层被动员起来参与改变公益政策，提高决策的有效性和治理的质量，阶层成员的慈善行为逐渐内嵌为个体日常生活的一部分，慈善超市成为社区公共空间的载体。正如苏南 W 市滨湖区某社区负责人指出的那样，"'小慈善，常相伴'，我们都希望慈善超市是一个充满着暖意和人情味的地方，是一个情感交流汇集的场所。不同的个体和思想文化能在这里碰撞交融，增进彼此间的理解与包容，成为一个传递文化价值观的枢纽，扮演好倡导者角色。同时，它也为那些遭遇生活不幸和心理挫折的人提供归属感，引导他们努力上进、摆脱窘境，带动社区整体的成长进步"。应该来讲，慈善超市助人特质讲求与社区居民的交往共融，它是居民精神家园的组成部分，维系和影响着诸多居民的公益爱心与责任感，起到社区共同体意识建构的作用。

3. 慈善超市与社区的融合。

慈善超市救助工程的工作重心是在基层社区，离开基层社区这一土壤，慈善超市等慈善实体如同空中楼阁。统计数据显示，目前江苏全省 932 个乡镇、349 个街道、15 255 个村委会和 6 313 个居委会中，已经建立乡镇（街道）、村（居）基层慈善组织共有 1 487 家，约占全省基层单位总数的 6.5%。① 苏南地区基层慈善组织建设走在江苏省前列，S 市 ZJG 地区提出将慈善工作站、慈善超市、村级基金会或爱心协会、爱心互助会、慈善互助会等各类公益慈善组织作为基层慈善组织载体形式，把募集慈善物资、收集求助信息、实施帮扶救助、宣传慈善理念、开展经常性公益慈善活动等作为基层慈善组织的职责，提出到 2015 年年底完成所有村（社区）成立基层慈善组织，做到"横向到边，纵向到底"，实现慈善组织的广泛覆盖。截至 2016 年年底，C 市已初步形成乡镇基本布点，城市社区以慈善超市为载体广为覆盖，农村村居踊跃发展的格局，全市共有 5 500 余家公益慈善组织。考虑到我国社区氛围正在逐渐兴起，即社区居民通过集体行动来处理共同面临的问题，增进个体之间以及个体与环境之间紧密的社会联系，这为慈善超市的发展创设出良好的条件，再结合国家正在大力实施的脱贫攻坚工程、社会工作服务标准化建设示范工程②、全要素网格化社

---

① 详见江苏省慈善总会 2013 年工作情况和 2014 年工作安排的报告［EB/OL］. http://www.jscharity.org.cn/gzdt/aixingongshi/2014-02-28/10478.html.
② 国家 2016 年提出，大力加强社会工作服务组织网络建设，逐步推进全国街道（乡镇）社会工作服务组织和城乡社区社会工作服务组织建设，到 2020 年基本实现街道（乡镇）社会工作服务组织全覆盖，建立 200 个社会工作服务标准化示范地区、1000 个社会工作服务标准化示范单位和 2000 个社会工作服务标准化示范社区。

会治理工程①等,加以借力,可以以社区为根基,将捐助者、慈善机构组织、街道、市场组织有机整合成一个轮状网络体系,姑且称之为"慈善超市生态系统",以此实现慈善超市救助工程的优化发展,提升运营社会化水平。在苏南地区具体实践过程中,当前应强调社区在其中扮演的基础角色的重要性,体现在创造社区公共空间、建构社区共同体意识以及培育公益慈善文化方面;应鼓励民间组织充分利用社区自有场所、人员配备等条件开办慈善超市;充分发挥社区工作者和志愿者队伍的力量,参与募集、整合、分配慈善资源;创新并完善慈善超市运营管理方式,不拘泥于实体店这一固定载体形式,可通过走街串巷的"移动小车",让慈善超市嵌入社区、扎根社区,最大限度地满足弱势群体的生存、发展需要,实现"精准脱贫";充分获取社区外部可利用的资源,形成对慈善超市的社会支持网络,提升慈善超市的救助水平和辐射范围,最终破土而生一批"草根"(Grass Roots)组织。如果把这些慈善超市的社区门店链接、汇集起来,公益慈善项目产生的聚变和裂变能量将难以估量。

5.2.4 社会评估环节

与商业机构价值评估不同,公益慈善组织不是以财物收益为回报,而是以其使命或者提供的公共服务来作为自身价值衡量的标准,比如所花费的捐赠资金到底创造出哪些福利服务?慈善宗旨目标实现程度如何?等等。由于部分核心指标难以量化,或者说业内缺乏广泛认同的"底线"标准,这给外界针对慈善组织的业绩评估增加了难度,但评估在慈善组织中仍可以起到以下作用:(1)问责。评估能够证明受资助者和基金会是否履行各自的义务。(2)学习。通过从过往努力中提炼重要经验并为将来的活动打下知识基础,评估可以对组织学习做出贡献。(3)知识共享。评估结果的信息传递,使得慈善组织或政府机构能够吸取经验和教训,提高自身资助决策的有效性。②从慈善组织评估实践来讲,可能存在以下障碍或者挑战:一是慈善领域中给予绩效和结果的关注甚少,主要的目光停留在项目活动的发起及舆论宣传上,从而削弱了自我提高的内在和外在压力;二是慈善行为本身具有的正面光环效应对现状易起到固化作用,阻碍了慈善事业的

---

① 全要素网格化社会治理是 2017 年推行的一项涉及面较广的系统工程,核心要义是运用系统化思维,推动职能、资源、力量等社会治理要素的统筹整合。通过整合政府各部门网格资源,科学界定网格功能,统筹各个部门条线需求,充分利用综治信息系统资源和现有公安大数据,实行统一数据标准规范;通过一个终端采集、一个平台联动、一个中心共享,全面提高社会治理社会化、法治化、智能化、专业化水平,打造共建共治共享的治理格局。
② [美]马克·T. 布雷弗曼,诺曼·A. 康斯坦丁,等. 慈善基金会和评估学:有效慈善行为的环境与实践 [M]. 陈津竹,刘佳,姚宇译. 北京:中国劳动社会保障出版社,2013:93-112.

进一步革新;三是慈善社会组织缺少执行严格问责制度的专业能力、内在动力和所需时间,当项目接近结束或已经结束时,才发现资助项目无法达到预期目标;四是慈善领域本身在理性分析和情感投射之间走了一条微妙路线,过分强调以善意为出发点的文化让注重结果的评估使用压力重重,进而影响公益慈善组织的决策运作;五是公益知识学习需要工作人员抽出时间进行反思,以及在同事之间进行观点碰撞交流,它需要相当大的投资,而慈善组织对这些活动的低投入阻碍了它们的应用。① 也有学者提出不同的观点,认为慈善组织的项目评估会遇到多种复杂情况,绩效难以量化,例如,项目逻辑框架不清晰,资助方和实施方就评估指标选择难以达成共识;缺乏基础调查数据,难以进行前后对比,无法准确衡量项目的绩效;忽视项目监测,资助机构在公益项目接近结束时才发现所资助的项目无法达到预期目标;内部评估多,外部评估少,评估的客观性和公正性不高,评估结果的公信度不强。② 简而言之,对于多数公益慈善组织而言,慈善本身即是报偿,哪怕只有一个人或者一个群体得到帮助,一切努力均被认为是值得付出的。将掌控资源用于问题领域,却不太关注最终结果,这会制约慈善救助的效果和质量。

对于上述出现的障碍,变革的主要方向归根结底在于慈善组织的管理层要把绩效置于首要位置,自觉将评估整合进入组织规划和项目资助的流程,包括项目前期评估(可行性评估)、项目中期评估和项目终期评估,设计项目评估指标体系。评估形式可采取大众点评、专家评估或指标评估模式,使评估在慈善项目推进过程中发挥关键的作用,变传统的勤勉管理为成效考量,通过评估更好地实现"以评促改""以评促建"和"以评促发展"的目的。在美国,公益慈善经过长期发展,业已形成一大批专门对慈善组织进行评估的第三方独立机构。"慈善导航"就是其中一家大型慈善评估机构,每年对教育、艺术、健康、环境、动物保护等各类慈善组织进行评估,提供机构规模、开支额、私人捐赠、公众评议、首席执行官报酬等各个单项前十名排行榜,评估等级由高到低依次从四星到无星,其中也包括一些负面排行,比如筹款回扣率、财务危机、赠款囤积等排行。公众可根据相关专业网站提供的详细信息和评级情况,判断慈善组织的资质和公信度,从而决定是否对其进行捐赠。③ 从国际上比较流行的非营利组织评估

---

① [美]马克·T.布雷弗曼,诺曼·A.康斯坦丁,等.慈善基金会和评估学:有效慈善行为的环境与实践[M].陈津竹,刘佳,姚宇译.北京:中国劳动社会保障出版社,2013:113-220.
② 商道纵横.跨界对话:公益项目实战宝典[M].北京:社会科学文献出版社,2016:100.
③ 详见不限制成本,慈善基金该如何监管[EB/OL]. http://news.sohu.com/s2016/dianji-1834/index.shtml.

模型来讲,有"三D"理论模型、"三E"理论模型、"APC"理论模型。所谓"三D"是指诊断(Diagnosis)、设计(Design)与发展(Development),它侧重于将评估视为学习的过程,注重的是实施政策、计划项目的组织能力,但在提升组织的效率和公信度方面有一定局限性。所谓"3E"偏重于将评估视为一个监督检查的过程,它注重产出(Efficacy)、效率(Efficiency)与效果(Effectiveness)。而"APC"理论模型,重在对非营利组织问责(Accountability)、组织绩效(Performance)和组织能力(Capacity)的全方位评估。无论是"三D"理论模型、"三E"理论模型,还是"APC"理论模型,评估内容指向公共责任与信仰申明、资金的合理使用和财务公开、准确可信的劝募信息资料和募捐监控机制、公益服务项目的运营质量、机构内部治理等。

对于苏南地区慈善超市来讲,政府部门除加强监督管理,规范慈善组织行为外,还需从以下方面入手:一是亟须引入专业评估机构,设定慈善超市考核标准,即便是些模糊、不彻底的衡量,仍可通过评估向社会公众和捐助者提交服务表现和证明服务有效的成果。对于那些评估下来不能履行救助职能、弄虚作假、限期整顿而逾期不改的要坚决予以摘牌,以确保慈善超市健康发展,达到预期价值目标。二是在慈善超市起步与发展阶段均要加强对机构的服务过程、运营能力的考察,以起到长久的促进作用,从整体上改进项目运作表现。三是将硬性指标与软性指标结合起来,展现慈善超市全方位的社会形象。硬性指标偏重可供观察、记录的客观指标,如慈善超市的基础条件、财务资产等;而软性指标偏重态度、认知方面的主观指标,如救助对象、义工人士针对慈善超市提供的关怀、精神援助等无形服务的内部评价,以及捐助者对慈善超市项目的外部感知评价,慈善超市的运作需要将硬性指标与软性指标结合起来。

精细化社会技术的积累和综合应用,能够发挥类似杠杆的撬动效应,使得慈善超市内部运行更为顺畅,结构设置更为清晰、合理,专业化运营意味愈加浓厚。在科学知识的霸权范围内,地方性实践知识常被贬低,主要是由于它的发现是应用的、处于具体时间和背景之下的,不能被综合进科学交流的一般惯例之中,而只有把握地方性实践知识潜在的成就和范围才能真正欣赏它的价值。① 我们认为,救助工程的推进要避免理想化、简单化倾向,而基层探索实践具有连接"地气"的正向功能,应该鼓励基层大胆试点探索,及时总结提炼精细化的技术,并将处于具体经验层面的创新

---

① [美]詹姆斯·C. 斯科特. 国家的视角:那些试图改善人类状况的项目是如何失败的[M]. 王晓毅,译. 北京:社会科学文献出版社,2004:444.

加以升华和抽象,形成共同的行业标准和操作准则,以为慈善超市救助工程建设搭建经验之塔。

5.3 慈善超市的义工队伍建设

现有实践表明,非营利性组织的正常运作离不开义工力量的辅助与支持。义工是出于个体道义、良知与责任感,利用空闲时间志愿、无偿地为他人和机构组织提供服务的志愿者。慈善事业中义工的主要任务是参加赈灾济困、慈善募捐、社会服务等公益活动;关注社会弱势群体,开展经常性的助困、助残、助孤、助老、助学等服务活动;承担紧急救援等临时性、突发性的志愿服务任务。义工行为能够缓解城市财政压力,提高志愿服务效能,放大助人的社会公益效应,提升城市品质形象,进而促进社会的整体和谐,它一定程度上标志着公民社会的发育程度。与付出金钱相比,付出时间有时更能满足救助对象的心理需求。义工志愿者资源与公众的社会捐赠构成慈善组织的重要社会支持。出于节约经营成本的现实考虑,慈善超市通常拥有少数几名专兼职工作人员,维持基本运转之需,但在遇到一些突发事件和重大募捐活动时就显得人手不足,义工的出现是对慈善超市用工制度的辅助性支持。就慈善超市的规模化、市场化运作需求来看,着实需要增配人手,做到专兼职员工与义工队伍的组合、义工力量与慈善超市的结合。民政部曾下发通知指出,各地要组建相对稳定并有一定规模的义工队伍,从事捐助款物的收集、装卸、整理、包装、发运以及服务工作,减少物资中转或库存时间,以降低运作成本。

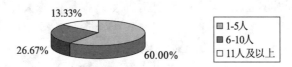

图 5-1 苏南地区慈善超市调查义工数量情况

对苏南地区具有影响力的 30 家慈善超市的调研发现(图 5-1),目前慈善超市有工作人员 2—3 名,而超市内拥有的义工数量不一,有 60.00% 的慈善超市拥有义工 1—5 人,26.67% 的慈善超市拥有 6—10 人,还有 13.33% 的慈善超市拥有 11 人以上,平均值为 5.48 人。民政部救灾司 2006 年的统计数据显示,全国 5 721 家慈善超市共有专职员工 10 864 名,平均每家约为 1.9 人;共有义工 44 269 名(剔除部分离散数据之后),平均每家约为 7.7 人,不同地区义工使用情况差距较大。① 苏南地区慈善超市工作人员数量略高于全国平

---

① 潘小娟,吕洪业. 构建慈善超市长效发展机制的探索[J]. 国家行政学院学报,2010(1):97.

均水平,而义工数量低于全国平均水平,这与政府强势主导、社会动员不足有很大关系。与国际知名的英国乐施慈善商店相比,苏南地区慈善超市义工队伍建设存在较大差距。以卖二手书籍起家筹集善款的乐施商店专职工作人员很少,许多店铺仅有1位工作人员。店铺的日常事务几乎全由义工完成,他们用自己的志愿行动将店铺打理得井然有序,在商店运转中起到重要的作用,也客观上降低了乐施商店的运作成本。

在慈善超市从事义工工作,他们原本的身份又是什么呢?调研发现,主要是以辖区退休或者空闲在家的老年居民积极分子为主,他们的住所距离慈善超市不远,开展义工活动比较方便,时间比较自由。义工活动为老年居民开辟了非正式交往的关系空间,有助于他们在经历退休、丧亲等社会隔离情况后重获生活意义以及社区归属感;但义工活动内容也会受到义工对象的年龄、身体状况、技能等不利因素制约。义工中还有少数是来自市区周边大中专学校的年轻学生,他们在学校相关部门的号召和鼓动下,每个月来两三天,帮助打扫卫生,做公益宣传,主要目的是走近社会、奉献爱心,丰富自己的人生履历,但不足之处是其参与及融入程度并不高。概括性地讲,慈善超市(义工)参与面相对较窄,缺少来自社会各个阶层、各种职业的广泛参与。同时,受助对象作为受益者,从事义工的人数极少,与所属的慈善超市关联度并不高,处于明显的缺位状态,更谈不上彼此之间的分享和学习,这是令人感到困惑的地方。公益慈善领域比较提倡"寻善而无害""尽己之力给予""回报和传递"三大基本法则,其中,回报和传递原则是指捐赠对象通过公益慈善帮助受助对象,也随之促成他们(受助对象)的慈善行动,借以回报社会、传递善行善念。这一法则似乎在苏南地区受助对象那里尚未得到显现。

C市SY慈善超市义工张××,男,今年61岁,目前退休在家。"我属于低龄老人,退休之后在家没事情做也挺没意思,子女也不在身边,于是我就来到附近慈善超市做义工,(希望)找点活儿做做。身边确实有几个困难对象,自己也了解些他们的疾苦和需要,在超市和困难对象之间自己起码能起个传话筒的作用;每逢月初超市进货时候,帮着卸货、搬运、理货;发放物品的日子,帮忙打打下手之类的。空的时候与周围老人一起说说话、聊聊天,能发挥自己的余热帮助别人,心里总是蛮开心、幸福的,感觉自己还有用啊,日子也充实了好多。"
[资料编号 GZRY-120708-CZ-11F]

2009年10月24日—12月31日的双休日和法定节日期间,八名S市科技大学在校大学生作为流动劝募志愿者,在两名YJ慈善超市工作人员的轮流带班下,在观前繁华商贸区开展"为天下父母分忧"爱心助学劝募活动,向路过的游客、行人募集捐款,总计18 211.90元,助推慈善超市发展。①

对照现代公益慈善事业的发展要求,我们认为在义工队伍建设方面面临四大困境或者挑战,需要采取措施进行化解。

其一,义工队伍组织缺乏管理制度。伴随着苏南地区经济水平和居民人文素养的提升,越来越多愿意承担社会责任和支持公益事业的市民、企事业单位参与到慈善义工服务中来。然而与之对应的义工服务组织管理制度建设相对滞后,缺乏《慈善义工队伍组织管理条例》《义工台账记录规定》《义工发展情况统计》《基层义工组织绩效评估》等相关制度规定和基础统计资料,缺乏对义工工作的开展流程和操作步骤的合理规范,难以对义工的有序安排和服务开展提供指引;义工基础数据登记存在主体不清、格式不一、内容不全、主观随意性大等问题,且义工服务记录难以进行异地转移和系统接续,影响到义工服务记录的公信力和权威性;缺少对义工服务的认可和激励保障制度的设定,不利于慈善公益事业的健康发展。故而,义工队伍的组织管理亟须建章立制,对义工所承担的道德义务及相应的权利义务做出制度性安排②,鼓励运作良好的慈善超市积极申报地方公益活动基地,开展公益项目,记录服务时间,公开募捐记录,把义工行为引入良性发展的轨道。苏南地区W市2015年在促进本地慈善事业健康发展的意见中指出,要制定完善社区志愿服务的指导意见,健全志愿者招募注册、教育培训、志愿服务记录、时间储蓄、星级评定、绩效评估、表彰激励等制度,促使志愿服务运转高效,从而形成对慈善事业发展的助推效应。

其二,义工队伍的能力建设较为忽视。慈善公益机构在吸纳使用义工人力资源、降低经营成本的同时,还担负着提高义工队伍服务能力的重任。这主要是因为义工在自我奉献时,更加重视自我的收获体验;加上随着义工数量的增多,社会公众越加关注义工服务所带来的负面效果,会对义工产生较大的社会期望压力;此外,在志愿活动中,由于义工的不当或者过错造成受助对象损害,慈善公益机构需要承担赔偿责任。如前所述,苏南地区义工队伍是以退休或者空闲在家的社区居民为主,他们文化技能水平不高,缺乏管理沟通能力、(慈善)资源开发能力、突发事件(危机)处理能力和社会服务专业技巧;义工服务活动容易浮于表面,没有进行必要的需求评估,服务难以贴近困难对象生活需要;义工活动缺乏有影响力、有特色的品牌活动项目,活动难以做到持久连续,服务未能深入人心。美国学者莱斯特·M.

---

① 相关内容摘自S市YJ慈善超市未公开的内部简报资料。
② 杨英,陈和. 推进中国义工制度化的政策建议[J]. 经济纵横,2005(3):24—26.

萨拉蒙在分析西方志愿制度采用业余方法来处理人类的问题时，使用"慈善的业余主义"概念来指代这一现象。"照顾穷人、精神病患者以及未婚妈妈的责任，被委托给了好心的业余人士，他们的主要职责是道德劝诫和宗教指导，而不是医疗补助或者工作训练。"① 因此，在义工队伍的能力建设上，要想摆脱"业余主义"负面标签，必须要加强义工核心能力培训，主要包括义工服务理念与内涵、服务知识技能、服务的风险与安全知识等；要设立义工管理或者服务中心，培养义工骨干力量，提高义工服务热情和群体归属感，同时要吸引更多年轻的具有专业技能的人士（包括专业社会工作者②、法律人士、财务金融人士）加入义工队伍，建立互联互通的区域义工数据库和网络交流平台。通过丰富义工队伍建设内涵，提升慈善超市运营成效，增强服务弱势群体的效能，推动义工服务领域的延伸与拓展。

其三，义工队伍的保障激励机制欠缺。保障激励机制的完善与否关系到义工队伍的发展前景，义工队伍保障激励机制不仅可以维护义工的基本权益，增强他们的群体归属感，从而保持和提升他们的服务热情，而且可以对周围的非义工人士产生极大吸引力；但如果义工的群体归属感不强、成就感减弱、服务热情消退，最终就将影响甚至阻碍整个志愿者组织的发展。当前，苏南地区义工队伍的人员流失是较为棘手的问题。调查发现，实际上最大的困难不是招募义工，而是义工能否长期持续工作，避免迅速流失。造成人员流失的诸多原因中，缺乏人性化的、合理的激励机制是重要原因。对此，山东省青岛市等地兴起的义工服务"等时储蓄""义工银行""爱心储蓄所"，或许是解决的重要路径。义工为救助对象提供服务，由专业社会工作组织对其服务的项目内容、评价效果、工时进行核实、认证，将其服务时间储蓄起来，如参加服务时间累积达到100小时的，认定为"一星级"；参加服务时间累积达到300小时，认定为"二星级"……将来如果义工需要帮助，也会优先得到他人等同时间的服务回报和优待。义工银行、积分制等实际措施体现出的服务评定和嘉许回馈，能够激发社会公众参与义工服务的积极性，能为志愿服务长效机制的建立奠定基础。当然，我们也认为，义工银行、时间银行等要想打通地区壁垒，解决"账户"通存通兑，政府要有完善的养老政策予以支持；针对义工的回馈要有一定的度，能够体现义工服务自愿、无偿利他的互助特点，不能搞成等价交换。

---

① ［美］莱斯特·M.萨拉蒙.公共服务中的伙伴［M］.田凯，译.北京：商务印书馆，2008：50.
② 社会工作者能够发挥助人自助的功能，通过绘制家庭生态图、社会关系网络图，查找家庭致贫原因，采取增能理论或生态系统视角为个体提供专业性的实务服务，将重心放在个体就业能力提升和抗逆力培养上。

其四，义工服务的发展指数设计处于空白。随着义工活动的深入开展，亟须设计开发一套反映义工服务发展的指标体系。指标数量不在于多，在于少而精，具有较高共识度、较强专业性以及较大的数据获取性特点。结合苏南地区慈善超市救助工程的发展，我们认为，围绕义工服务的发展指数设计应该包括：（1）义工的数量，主要是在政府管理部门、社会工作机构或管理平台登记注册的活跃义工人数。（2）义工服务的时间，在过去一年中从事志愿服务的时间，测量单位是小时，全年提供义工服务时间不少于（包含）24小时的界定为活跃义工。（3）义工服务的参与率，是指区域总人口中参与义工服务的人口比率，计算方法是活跃的义工数量/区域人口总数。（4）义工服务贡献价值，是反映无偿提供义工服务的劳动人口在社会服务行业中所贡献的经济价值，计算方法是社会服务行业雇员平均工资（元/小时）×义工服务小时数。可以做参考比照的是，有学者通过测算得出2016年我国志愿者贡献价值计量标准为31.04元/小时。[①] 截至2018年年底，数据表明全国志愿服务信息系统中记录的志愿服务时间累计达12亿小时，社会贡献超过180亿元。上述四个关键指标构成义工服务的发展指数，接下来需要用这套指数去衡量、比较慈善超市义工的服务质量，进而给出年度量化的考核结果，指明义工服务改进的方向与重点。

5.4 慈善超市的社会公信力保证

公信力是近些年来社会公众对于慈善组织关注的焦点话题，所谓公信力是慈善组织获得政府部门、社会机构、公众认可和信任的程度。它源于英文单词 accountability，意即组织机构为某一行为或者事件进行报告、解释和辩护的责任，包括专业性和可信度两个基本组成部分。

5.4.1 社会公信力的重要性

作为一种无形资产，公信力是慈善组织发展的生命线，能够导向优胜劣汰的市场选择状态，能够推动潜在公众成为捐助者或者捐助更大的金额。基于慈善组织具有吸纳多方资源、服务社会的显性特点，加之具有的道德"光环效应"[②] 影响，这要求它必须做出多维交代，以证明该组织履行社会职责、满足服务对象的需要，自觉接受来自社会的监督。具体来讲，包括如下交代类型：（1）财务交代，主要是向提供经费支持的政府、基金会、

[①] 杨团.中国慈善发展报告（2017）[M].北京：社会科学文献出版社，2017：78.
[②] 这种光环效应是隐性的，尽管没被写入任何规章条例，但它是潜在而真实的，社会公众会认为慈善组织比起盈利的商业机构更值得信赖，它们可能会提供更高质量的服务与商品。如果慈善组织没能达到公众期望的价值标准，这种光环效应也会反过来对慈善事业造成损害，如引发公众对中国红十字会信任危机的"郭美美事件"就是典型例证。

捐赠者提供财务报告，证明经费使用的正当性和取得效益情况。(2) 政治交代，主要是向政府权力机构、新闻媒体交代组织履行社会责任和义务的情况。(3) 行政交代，主要说明组织内部管理制度和程序运作，包括向董事会、管理人员和一线工作者等交代。(4) 服务交代，慈善组织要向服务对象提供令人满意的服务，也要证明服务是在组织内部规范的行政监督、专业督导下提供的。(5) 专业交代，主要是慈善组织中的社会工作者在救助服务过程中是否遵守社会工作伦理规范和职业操守，并提供了达到良好专业水平的服务。我国《慈善法》第七十二条、七十三条明确规定，慈善组织应当每年向社会公开其年度工作报告和财务会计报告，具有公开募捐资格的慈善组织财务会计报告须经审计。慈善组织定期向社会公开其募捐情况和慈善项目实施情况。公开募捐周期超过六个月的，至少每三个月公开一次募捐情况，公开募捐活动结束后三个月内应当全面公开募捐情况；慈善项目实施周期超过六个月的，至少每三个月公开一次项目实施情况，项目结束后三个月内应当全面公开项目实施情况和募得款物使用情况。第九十七条规定，国家鼓励公众、媒体对慈善活动进行监督，对假借慈善名义或者假冒慈善组织骗取财产以及慈善组织、慈善信托[1]的违法违规行为予以曝光，发挥舆论和社会监督作用。[2] 慈善组织需对社会做多元交代，"公信对象的多元化，客观上决定了慈善组织建立公信机制的复杂性。从主体的品格、机构的使命、专业的伦理、组织的效能、资金的运用、规则的遵守、战略的企划、利益的冲突等诸多环节，都要求慈善组织进一步提升公信力"[3]。信息公开、舆论监督、行业自律、第三方评估等构成慈善组织的监督机制，这有助于提升慈善组织的公信力。

5.4.2 社会公信力关注的内容

前面讲过，苏南地区慈善超市属于政府主导类型，对其公信力的关注和评估主要有三个方面：

1. 慈善超市财务信息透明公开。

与商业机构财务属于秘密文件不同，慈善组织担负有向社会公众公开信息的法定义务，同时让公众知晓组织所开展的活动和内部治理的信息，这有助于得到社会各界的鼎力支持。慈善组织应定期公开财务报告和服务评估报告，让社会公众了解慈善组织整体运行情况，为公众监督提供方便。

---

[1] 慈善信托属于公益信托类型，它是委托人基于公益慈善目的，依法将其财产委托给受托人，由受托人按照委托人的意愿进行资产管理处分，开展公益慈善活动的行为。
[2] 法律出版社法规中心汇编. 中华人民共和国慈善法 [M]. 北京：法律出版社，2016：21—26.
[3] 杨团. 中国慈善发展报告（2011）[M]. 北京：社会科学文献出版社，2011：218.

前面提及的西方好意慈善事业组织经过110多年的发展，基本做到财务信息公开透明，在对外的官方网站（http://www.goodwill.org）上，我们可以查阅检索到联邦免税组织年度报表、慈善超市财务预算与使用数据等。目前，苏南地区慈善项目信息公开情况令人不太满意，存在形式化倾向，仅向业务主管单位递交年度工作报告，未能及时以适当方式向公众公布；财务信息披露不规范、不持续，透明指数偏低。表5.3是搜集的S市YJ慈善超市早期的财务信息表，表中慈善超市披露的信息十分简洁，且后续连贯性不足。显然，慈善超市财务信息现状无法满足公众日益增长的慈善信息需要，也无法与慈善组织可持续发展的要求相匹配。与苏南地区多家慈善超市负责人访谈得知，造成财务信息不透明的主要原因有三种：其一，人手不足说。限于慈善超市工作人员人手不足和专业能力差距，未能及时公布和更新有关资料信息。其二，经费制约说。限于手头经费紧张，本着能省则省的原则，将通过专职维护人员利用网络对外发布信息的环节省略掉。其三，认识不足说。认为财务信息是机构重要隐私，只需要在内部管理层面披露就行，无须大张旗鼓对外公开，引起社会舆论的关注和批评。不管是哪一种还是哪几种原因，多数慈善超市负责人业已意识到社会公众对慈善事务透明运作的要求显著提高，现代慈善事业需要在阳光下运作。2016年8月，国家民政部评审指定腾讯公益网络募捐平台、淘宝公益、京东公益互联网募捐信息平台、百度慈善捐助平台、广州市慈善会慈善信息平台、蚂蚁金服公益、新浪微公益等13家作为首批慈善组织互联网募捐信息平台，这对于推动慈善行业信息披露具有重要示范意义。我们认为，公信力决定着慈善超市救助工程建设的成败，为此需要近乎"玻璃化"的透明运作。秉着"开门办慈善、透明对公众"的基本原则，慈善超市可把捐赠单位、捐助人、受助者和市民代表请进门，让他们现场观摩慈善超市内部运作，给予他们充分表达观点建议的机会；建立规范、公开的财务制度，定期公布慈善超市社会募捐、资金使用、物品发放、管理费用、资产保值等信息数据，自觉、主动接受来自社会各界的监督，建立慈善组织诚信资料档案，日积月累以赢得公众的广泛信任与支持。

表5-3　S市YJ慈善互助超市早期捐助财务信息表

年份	慈善募捐			慈善救助		
	募集捐款（万元）	募集物品（万元）	合计（万元）	救助户次（户次）	救助人数（人）	救助金额（万元）
2003	4.70	19	23.70	3 429	10 187	17
2004	31.50	30.90	62.40	12 233	35 199	57
2005	63	28.20	91.20	14 219	41 857	76.60

（续表）

年份	慈善募捐			慈善救助		
	募集捐款（万元）	募集物品（万元）	合计（万元）	救助户次（户次）	救助人数（人）	救助金额（万元）
2006	5.30	34.30	39.60	16 864	49 492	90
2007	15.50	32.60	48.10	23 197	63 463	113.50
累计	120	145	265	69 942	200 198	354.10

2. 慈善经费的合理使用。

在表面声誉上，从事公益慈善活动，慈善组织的确会具有某种道德优越感，但在实际操作层面这种优越感却荡然无存，这着实是在"天堂"和"地狱"之间走钢丝绳，社会公众的捐赠要求和救助期望很高，稍有不慎，慈善组织会面临跌落"神坛"的风险。捐助者通常希望将捐赠经费用于实际救助，慈善组织必须说明其经费是否被合理地运用于服务项目？是否实行收支两条线管理？是否做到专款专用？是否有违规使用资金的现象？各项控制举措是否真实运用于业务活动之中？从苏南地区调研来看，慈善超市经费主要用于救助项目上，并接受税务、会计主管部门实施的税务监督、会计和审计监督，但相关情况主动向社会公众披露不够，缺乏公开信息披露渠道，我们只能从所在市区慈善基金会的年度报告中看到零星内容。建议引入独立的第三方评估机构定期对慈善超市进行绩效评估，重点关注款物捐赠、物资调剂、资金使用去向、财务管理等，借助互联网信息披露载体定期向公众和媒体公布相关内容。民政部社会福利和慈善事业促进司曾提出，捐赠款物拨付和使用信息应采取动态方式，及时披露。一般应在捐赠款物拨付后一个月内向社会披露，并视情况定期或不定期披露后续信息，并对社会公众疑问尽快予以正式答复。同时，对于那些在财务经费使用上违规失信的慈善组织应加大惩戒力度，例如予以警告，取消财政补助或税收减免资格，降低社会评估等级等，使遵规守信者处处受益，违规失信者寸步难行。

3. 慈善超市使命宗旨与救助活动内容的一致。

慈善本身是集使命与活动于一体的复合体，慈善组织的崇高使命是其对解决社会问题的公开承诺，带有浓厚的价值取向性。"营利性组织通过追求利润获得组织存在的理由，非营利组织的存在理由则是对使命的追求，它把机构的人员、支持者和受益者纳入共同的目标之中。"[1] 使命宗旨由慈善机构的

---

[1] ［美］莱斯特·M. 萨拉蒙. 公共服务中的伙伴［M］. 田凯，译. 北京：商务印书馆，2008：230.

最高管理层拟定,通过文字予以明确表述出来,而理念层次的特定使命实现则依托于运作性计划和具体的服务活动,它影响非营利组织的社会公信力。目前,苏南地区慈善超市重心放在"如何募捐化缘"和"款物花在哪里",并热衷于开列慈善捐赠榜单(排行榜)、爱心榜、慈善楷模等(表5-4、表5-5),借以表彰、激励捐赠者和做出突出贡献的人士,隐约存在以金钱多少衡量个体或组织善心的嫌疑,而对"捐赠背后的真实生动故事""救助服务活动设计""救助产生何种成效"等缺少关注。慈善组织保持财务上的可持续性很重要,但同样重要的是它应把精力放在对使命宗旨的忠诚上,揭示救助活动怎样影响到受助者的生活,反思它所承担的责任和使命,思考怎样更好地服务受助者,而不是花很多时间去应对捐赠者、新闻媒体和业务主管部门,停留在繁多的检查汇报和媒体宣传之上。偏离了使命、宗旨、目标的服务活动,即使有利于慈善组织生存,往往也会招致社会公众的质疑。当然,那种假借慈善之名中饱私囊更是对公益慈善的彻底违背和破坏。"当前需要面对被迫澄清慈善使命的挑战,说明我们对慈善的一般理解存在着明显缺陷。现在是让我们更加认真地对待慈善并停止认为慈善是理所当然的时候了。慈善是一项古老的传统,但也是一项濒临危险的传统。"① 针对慈善组织出现的不当行为和"目标歪曲",慈善部门在反思的同时,应该考虑如何增强问责制,包括适当运用资金的财务问责,遵守适当程序与规则的过程问责,确保工作质量与行动效果的计划问责,以及重视工作相关性与适当性的优先性问责②,从而真正赢得公众的信任,吸引更多的公众捐赠。而公众的实际捐款"投票",远比那些单纯的法规条例更能有效实现慈善组织的"优胜劣汰"。

表5-4　W市慈善总会捐赠榜单截取部分

序号	捐款登记日期	捐助者名称	捐款类型	金额(元)
1	2013年3月	W市新诚中学	捐款	19 300
2	2013年3月	明和汽车部件有限公司	捐款	50 000
3	2013年3月	江苏银行股份有限公司W分行	捐款	50 000
4	2013年3月	钟先生	捐款	6 000
5	2013年3月	沈先生	捐款	11 000
6	2013年3月	爱先生	捐款	60 000

---

① [美]罗伯特·L.佩顿等.慈善的意义与使命[M].郭烁,译.北京:中国劳动社会保障出版社,2013:17.
② 林闽钢.慈善组织社会问责探讨[J].东岳论丛,2006(6):30.

（续表）

序号	捐款登记日期	捐助者名称	捐款类型	金额（元）
7	2013年3月	赵先生	捐款	3 000
8	2013年3月	肖先生	捐款	50
9	2013年3月	孙女士	捐款	10 000
10	2013年3月	民申房地产开发有限公司	爱心基金	175 000

表 5-5　S 市慈善总会捐赠榜单截取部分

捐款单号	捐款登记日期	捐款人	捐款类型	金额（元）
000015253	2013年7月	爱心人士	捐款	20 000
000015254	2013年7月	刘女士	捐款	100
000015255	2013年7月	范先生	捐款	500
000015256	2013年7月	徐先生	捐款	500
000015257	2013年7月	宁先生	捐款	300
000015258	2013年7月	新协力企业发展有限公司	捐款	10 000
000015259	2013年7月	鹏云置业集团有限公司	捐款	10 000
000015260	2013年7月	宏盛投资集团有限公司	捐款	10 000
000015261	2013年7月	贝特装饰设计工程有限公司	捐款	10 000
000015262	2013年7月	新沧浪房地产开发有限公司	捐款	10 000

此外，学术界提出，针对慈善超市社会公信力的评估还应关注其治理结构。慈善超市机构要通过适当的治理结构来保证主要管理者不会损害公众和救助对象的权益，故有必要对其治理结构情况做出说明，包括内外的监督机制，推进社会服务机构运作的规范化。学者石国亮对我国慈善组织的公信力开展了更加全面的研究，从社会动员能力、组织管理能力、项目运营情况、社会效能和专业化水平等方面进行了测量，得出我国慈善组织的公信力最低，提出通过加强慈善宣传教育、增进公众的普遍信任、深化慈善组织参与治理等若干方法重建慈善组织公信力。[①] 学者汪大海、张玉磊指出，慈善组织要从当前的公信力危机中突围，必须实现运作模式的转型，应将公信力的提升与慈善组织的市场化运作有效整合，实现价值与手段的统一。[②] 国外研究表明，与公共美德相联系能为慈善组织创造出一种光环效

---

① 石国亮．慈善组织公信力研究［M］．北京：人民日报出版社，2015：77．
② 汪大海，张玉磊．论中国慈善组织市场化运作与公信力提升的有效整合［J］．社会福利（理论版），2012（12）：17—20．

应，公众对慈善组织的信任度要高于对公司、政府和政治家的信任，但却低于对军队和医疗健康服务机构的信任，故而对慈善超市公信力建设切不能掉以轻心，应该深化发展阳光慈善，积极借鉴和学习现代传播理念技术，强化品牌运营和公信力建设，做好信息自主发布和媒体推广，保持慈善超市长期健康发展的态势。

5.5 慈善超市运营困境的思考

在以发展至上主义、消费享乐主义、技术乐观主义和人类中心主义为核心的现代性理念弘扬下，国家大力推行的社会工程极有可能成为人类社会"人造风险"的重要源泉，其自身的可持续性令人存疑，故要审慎对待。针对上述苏南地区慈善超市救助工程的运营困境如何加以缓解，我们认为需要遵循以下几点原则。

5.5.1 "静"与"动"的结合

慈善超市救助工程的实施及其运作并不是静态的，也不是处于封闭的真空环境之中，它需要放在多元互动关系中运作，主要涉及国家层面的政策供给、基层地方的社会实践和社会公众的参与（如参与慈善募捐、义工活动岗位、社会监督等）等。从内在逻辑关系讲，多极主体之间并不是彼此矛盾、相互孤立的。政策供给并不排斥基层实践，相反它要求努力发现生动活泼的基层实践，顺应来自基层的发展冲劲，彼此之间具有关联性和耦合性。将基层实践以及公众的参与互动纳入到顶层制度设计环节，形成一套自上而下和由下往上、相互呼应的衔接机制，能确保慈善超市救助工程决策的科学性与民主性。在现实操作层面，不可否认的是，政策供给在具体制度安排和资源利益整合等议题上明显滞后，政策文件的推出往往不够及时、有效，缺少与之有关的配套文件，产生了基层社会实践"倒逼"的尴尬现象。扎根于特定地域的基层实践如火如荼地开展，但在经验总结提炼和向外围推广普及上做得不尽人意，未能及时总结试点地区创造的经验、涌现的亮点；未能充分发挥试点地区示范、引领作用，未能使点上经验在面上"开花结果"，降低了基层实践成果的应用价值。这方面，慈善超市可以和高等院校合作，借助高校人文社会科学专家研究队伍，通过实地调查研究，总结归纳慈善超市运作模式成果，为慈善超市健康发展提供智力支撑。最后，在政府信息公开程度不高和为民服务意识不强的状况下，社会公众的形式参与较多，但参与的有效性大打折扣。公众的社会参与不应该停留在被告知或者简单交流的层次上。因为即使他们被告知或联系上，但是如果他们心中的想法、意见对决策没有产生影响，公众仍将会把自身参与的努力视为一个程序上的操作、一件"橱窗里的时装"；公众会遭遇心理上的挫败感，对参与的意义和政府部门的诚意产生怀疑，甚至放弃与政府部门合作的机会和可能性，拒绝将来进一步的参与行动。

"他们（设计者）也忘记了社会工程的最重要因素：它的效率依赖于真正的人类主体的反应和合作。如果人们发现新的安排，不管安排如何有效率，只要与他们的尊严、计划、趣味相背离，他们就会将它们变成低效率的安排。"[①] 因此，在慈善超市救助工程建设过程中，将制度供给、基层实践、公众参与三者有效衔接，努力形成多中心（Polycentrity）治理格局，产生主体间良性互促效应甚为关键，最终多方联动能完善慈善超市实体功能。迈克尔·博兰尼指出："人类社会中的很多事务只有靠相互调整的体系才能实施社会管理。"[②] 通过创设完整的社会规制体系，真正推行"政府推动、民间运作、社会参与、民众受益"的救助运作模式，打造具有中国特色的形神兼备的慈善超市品牌项目。

5.5.2 "道"与"术"的统一

"道"与"术"的统一，说到底其实就是"善"（理念）与"市"（手段）的结合。为了慈善事业的存续和振兴，需要对"何为慈善"（慈善的独特意义和使命）进行深入理解和本质把握。慈善之"道"指向价值理性，即坚持社会公平正义，寻求社会变革，减少贫困，促进公民社会发展和人类福祉提升。它是慈善存在的本源，是慈善事业源远流长的内驱力和核心，断不能允许有任何的歪曲和改变。用安德鲁·卡内基《财富的福音》中宣讲的要义来说，就是富人的余财为社会所赐，应该以最佳方式（慈善）还于社会，这不是恩赐或者利他主义，而是维护社会稳定繁荣，是利人利己之事。如果说慈善之"道"是无形的、内隐的，那么慈善之"术"相对来讲，是有形的、可以观察到的。慈善之"术"是指依托一定的创新方法、工具和手段来达到慈善目的，关注的是"如何慈善"的问题，所谓"工欲善其事，必先利其器"，它强调的是工具理性，注重维持个体生存发展的现实性，并因时因势处于发展完善中。显然，理念层次的宗旨使命的实现依托于具体的治理运作，需要提炼精细化的技术支撑，形成与之匹配的运作模式。那种假借慈善之名滥行布施的行为，不仅不是善举，反而是一种罪恶，会遭到公众的唾弃。美国学者詹姆斯·斯科特将本土技术知识、民间智慧、实践技能等统括为"米提斯"，认为米提斯是地方性的艺术，是实践

---

① [美]詹姆斯·C. 斯科特. 国家的视角：那些试图改善人类状况的项目是如何失败的[M]. 王晓毅，译. 北京：社会科学文献出版社，2004：299.
② [英]迈克尔·博兰尼. 自由的逻辑[M]. 冯银江等，译. 长春：吉林人民出版社，2002：115.

知识的轮廓，具有可塑性、本土性和多重含义性，只有把握它潜在的成就和范围才能欣赏它的知识价值。①

实地观察走访发现，慈善超市运作中的精细化的社会技术，大致可以分为两种类型：一类是过程细节化类，即聚焦于慈善超市经营业务流程优化、管理服务方式创新，运用标准化、程序化的手段，推动组织管理子系统高效运作、彼此协作。例如，《慈善超市经营管理规范》《慈善超市款物募集和管理办法》《慈善超市捐赠物品评估指南》等。另一类是效果精益化类，即引入精细化的理念和相关实践，实现对慈善超市运营的"工具提升"。例如，前面提到的"体验式募捐""商业化、连锁化的慈善超市运营模式"等。慈善超市作为新生事物，过程细节化类的社会技术与效果精益化类的社会技术同等重要，都对慈善超市的发展产生影响。我们认为，在慈善超市运行过程中，在宗旨理念加以确立的同时，还需要不断总结提炼已有的社会技术和具体评测指标，"道"与"术"两者有机融合，共同促进慈善超市运营的组织化、科学化。

5.5.3 "内"与"外"的结合

慈善超市经营业态要想取得突破性的成果，树立起自身良好的品牌社会形象，必须考虑内部情境基础和外部力量的支持。内部情境基础主要是通过社区自组织的动员与培力，构筑慈善超市友善生长的生态"土壤"和社会基础，这需要吸引社区居民的广泛参与。史蒂芬·柯维曾提出，社区成员都应有一种服务参与意识，加大步伐发挥自身作用的最好方法就是最少奉献出1/10时间的原则②；需要义工、志愿者的努力付出，为救助对象分忧解难，给慈善超市发展助力鼓劲；更需要慈善超市主体坚持走专业化运营道路，实现需求与供给的有效对接，提升救助效果。由于内部情境基础容易出现（所具）条件不佳以及内部资源不断遭到损耗的问题，故而，在进行内部挖潜的同时，慈善超市运作还需要大力吸取外部社会资源，形成对慈善超市的支持作用，如前面讲到的社会资源募捐，来自企事业单位、政府部门、基金会、个人等多方捐赠，充足的社会性资源输入能使慈善超市充满活力，起到培力助推的积极作用。若将内部情境基础与外部力量比较，相对而言，内因的重要性要大于外因，因为内部情境基础决定着事物发展的趋向，外部力量属于事物发展的外部条件，最终资源的输入数量和参与程度要看内部情

---

① ［美］詹姆斯·C. 斯科特. 国家的视角：那些试图改善人类状况的项目是如何失败的［M］. 王晓毅，译. 北京：社会科学文献出版社，2004：144.
② ［美］德鲁克基金会. 未来的社区［M］. 魏青江等，译. 北京：中国人民大学出版社，2006：48－49.

境基础如何。如果内部情境基础不良，那么外部资源的输入也会丧失积极性和持续性。"内"与"外"的衔接，意味着慈善超市主体开发区域优势资源，确保人力、物力、财力的整合流通，这有助于形成高度融合、高度交互的慈善生态体系，通过各方携手合作共同促进超市功能的发挥。

5.5.4 "量"与"质"的结合

慈善超市发展近些年在中国本土遭遇先"热"后"冷"的现象，留给公众和舆论界思考的一个沉重话题是如何使慈善超市走出"寒冬"，将现有慈善超市做大做久做强？我们认为，基于中国的现有实践，该议题背后更准确的表述是慈善超市如何实现"量"与"质"的完美结合。慈善超市发展在全国已有9 000余家，已经达到一定的量级，但它们彼此之间是独立运作、分散经营，没有任何业务"交叉"，缺乏整体合力，容易陷入经营困境，故"量"的层面不应急于宣传口号上的广覆盖，不应急于数量上的猛增，而应实现现有慈善超市的"连接"。连锁对接有助于慈善超市资源的互通有无、管理层面的互学互促以及商品采购成本的降低，进而增强慈善超市的生命力与影响力。至于慈善超市规模如何做大，我们调研后认为，其规模标准可大可小。国内的发展实践表明，扎根基层社区的慈善超市规模普遍不大，问题的关键在于发展成效如何，例如，能否采用新模式寻求新突破，慈善超市运作是否能够展现专业化水准，内部结构及其与外部主体的边界是否清晰，主要功能能否得以充分施展。（慈善超市）个体发展进而形成联合，最后一切均落脚在发展的"质"上。新闻媒体关注的慈善超市如何长久经营，这其实并不是一个多大问题，只要慈善超市功能定位准确、市场化运作规范、高效，与社会各团体、机构组织保持融洽关系，再加上政府的引导扶持，慈善超市就能够实现可持续发展，社会公众就不会再有慈善超市还能坚持多久的担心与疑虑，一切都是"水到渠成"的事情。"量"与"质"的结合，其本质是反映慈善超市发展的"华丽变身"。

针对目前慈善超市所处的尴尬境地，早在2003年12月31日，国家民政部出台的《关于加强和创新慈善超市建设的意见》中就指出，要进一步建设和发展好慈善超市，解决相当一部分慈善超市定位模糊、募集能力弱、运行成本高、自我经营能力低的问题，夯实慈善事业的基层工作平台。显然，找寻具体办法，帮助成立之后的慈善超市摆脱运营困境刻不容缓，这关系到慈善超市的生死存亡。当然，运营困境的出现，理论上也给我们提供了解决问题的大好机遇。如果能充分利用好这一（危机）机遇，我们就能与传统慈善拉开距离，发展出具有策略的慈善类型，让慈善超市更为科学规范、更具有强劲的推动力以及更为主动地采用成熟的商业运作模式。

> 慈善必须以商业的计划执行，以商业的
> 形式执行，慈善才能走得久走得长。
> ——阿里巴巴集团董事局前主席马云

第6章 慈善超市的发展路径

6.1 慈善超市运作的转向背景

美国著名学者詹姆斯·C. 斯科特（James C. Scott）通过对文献资料的梳理分析之后得出重大发现，20世纪全球曾有众多的社会工程，都是国家为改变人类的生存状态而发起的，如俄罗斯的集体化，坦桑尼亚、莫桑比克和埃塞俄比亚的强制村庄等，但是这些项目却带来了悲剧式的结果，国家对自然和社会的管理制度的简单化、极端现代化意识形态、独裁主义的国家和软弱的公民社会是导致这些社会工程带来巨大灾难的四个致命组合因素。[①] 像在慈善事业领域惨遭失败的案例也并不少见，拟定的慈善救助工程或者宏大计划方案难以取得成效，最后的结果大大违背了慈善义举的原本初衷，并引发社会公众的强烈关注，促使其深入反思其背后失败的原因。

面对复杂的慈善救助工程项目，社会科学需要探究究竟采取何种类型的治理方式，这里我们总结了三种不同类型：一是问题诊治型，即"头痛医头，脚痛医脚"。如果我们采取问题诊治型方式的话，当某一问题（包括遗留问题）表现尖锐或者引发居民强烈反响后，将其提到解决的议事日程上来，通过一定时间内的集中攻关，找到有效的方法实现问题的缓解或基本解决。应该认清，问题诊治型属于应对类范畴，具有明确的任务目标取向，追求问题的解决而不是问题的推诿拖延。但随着社会问题、社会矛盾的不断涌现和日趋复杂化，单纯的问题诊治型将会十分被动，不仅不利于问题的彻底解决（付出的成本代价高昂），而且事后予以处理的方式容易引发居民的不满情绪，其弊端越发为公众所认清。二是要素建构型。它指向实施因素或者某些具体条件，无疑在经济发达、社会发育较早的苏南地区，

[①] ［美］詹姆斯·C. 斯科特. 国家的视角：那些试图改善人类状况的项目是如何失败的 [M]. 王晓毅，译. 北京：社会科学文献出版社，2004：4—6.

要素建构型具有现实可操作性。在国家慈善方针政策的积极引导推动下，某一要素条件在解释社区某个形态的问题时，较之解释其他形态的问题更有说服力、更能彰显自身亮点时，要素建构型渐出端倪。我们认为，这些创新要素条件只有在长期过程中才能渐渐培育起来，由于社会培育机制不健全，创新要素或设计常会中途受挫夭折，短时间内的实施成效有限；而且由于事先缺乏整体规划、系统建构，要素建构型容易迷失发展方向，对实践过程中的全局性问题不具备解释力，由此慈善事业仍然需要路径创新和整体规划。三是社会工程型。慈善超市救助工程要想避免失败，在吸取上述经验教训的基础上，运作机制及思路设计需要做出调整，应该变问题解决导向为系统创新思维取向，变被动应对为主动革新，变单一要素提炼为系统要素整合，社会工程思想理应成为主导理念。区别于问题诊治型、要素建构型，社会工程型高度重视国家层面的顶层设计蓝图，热衷地方基层实践的模式创造，注重民众的反映和参与合作，力图通过"一揽子"规划设计、方案实施达到最终预期目标。

慈善超市本是一"舶来品"，引入中国之后必然经历本土化历程，首先遇到的问题是由谁站出来引领慈善超市建设，是政府部门、商业企业还是后发的民间社会组织？一般来讲，开展的（社会组织）公益慈善活动对何种主体资源依赖，就会采取何种方式运行。我国学者张曙光曾根据政府和社会力量的强弱关系提出四种关系模式：弱政府和弱社会结合型、强政府和强社会结合型、强政府和弱社会结合型、弱政府和强社会结合型。他认为，改革前的中国属于强政府和弱社会相结合的模式，"政府的活动和控制几乎深入到社会生活的各个方面"，"社会的力量比较弱小，社会组织或者不够发达，或者处于依附于政府的地位"[1]。学者康晓光提出"行政吸纳社会"的观点，"行政"是指政府，"社会"是指市民社会、公共领域，"吸纳"意味着政府通过一系列努力使得市民社会反抗政府之类的社会结构无法出现。[2] 他们的这些观点适用于我国现在的非营利组织领域，实践表明，在"民生政治"和服务型政府的职能要求背景下，慈善超市初始的推广建立多由政府部门带头组织发动。地方政府对慈善超市建设倾心尽力，如官办慈善超市享有固定财政拨款，并且能够时常获得政府部门、企事业单位、学校等机构的捐赠和订单。凭借政府官方拥有的资源和影响力，慈善超市能够迅速在各地"生根发芽"，实现从无到有、由少到多的巨变。即使是在

---

[1] 张曙光. 张曙光经济学书评集 [M]. 成都：四川人民出版社，1999：242.
[2] 王名. 中国民间组织 30 年：走向公民社会 1978—2008 [M]. 北京：社会科学文献出版社，2008：332.

我国作为经济、金融中心的一线城市上海,有学者研究得出,"政府扶持自始至终是上海社区慈善超市发展的必要条件。特别是在社区慈善超市发展的初级阶段,没有政府强有力推动,社区慈善超市的推开实际上是不可能的。由此可见,把上海社区慈善超市发展的经验概括为市场化程度高是与事实不符的"①。

考虑到我国社会慈善文化氛围普遍不浓、民间社会组织发育不全、经济发展水平仍处于初级阶段,慈善超市起始发展由政府部门牵头组织成立有其合理性,它是一种可行的变通和过渡方法,值得肯定。例如,能够迅速打开局面,搭建社会捐助的新型平台,吸引社会公众和企业组织的参与、跟进,拓展慈善事业的发展空间,起到"领头羊"的作用,产生正面的溢出效应。有学者指出,政府主导型慈善超市运营模式反映的是"中国基层政府在管理社会组织上的通用逻辑,即'积极介入'和'有限分权'。一方面,政府积极参与社会组织运作,提供各类资源支持,同时在注册、治理结构等方面又保持了相当的控制力度,避免向社会组织让渡过多权利"②。但是,我们也应看到政府主导或者资助非营利组织的运营模式过于强调国家的作用,会打击慈善组织主体的能动性,无法从根本上解决慈善救助难题。这里具有四个潜在的危险:第一,失去自治或者独立性,尤其是会弱化该部门的倡导作用;第二,"卖方主义",或者是机构在寻求政府资金时扭曲自己的使命;第三,官僚化或过度专业化,失去灵活性和地方控制③;第四,慈善组织仅与大中型国有企业以及志愿者义工团队联系密切,交往对象空间相对有限。

政府主导慈善超市建设会使用纳税人的钱,增加地方财政负担;由于市场盈利机制的缺失,又因社会捐赠数量不足,慈善超市缺乏生机活力,运作难以长期维继;慈善超市经营效率低下,只对辖区贫困人口有所帮助,社会救助功能有限,沦为仓库物品发放者,如图 6-1 所示。更深层次的是,慈善超市的组织形式与实际运作逻辑产生明显偏离,过浓的政府色彩意味着会采取自上而下的行政命令规划慈善超市的发展路径,这在很大程度上伤害到慈善超市的自主性和发言权,致使其正面救助服务效益发挥有限。国内已有学者使用"组织外形化"来指代机构组织"外壳"与精神内核不一致的现象。"尽管从组织的形式上说,这些慈善组织都具有民间非营利机

---

① 张彦. 社区慈善超市如何做久做大?:以上海的经验为例 [J]. 社会科学,2006 (6):75.
② 徐家良,张其伟,汪晓菌. 多中心治理视角下慈善超市角色与困境 [J]. 中国行政管理,2017 (12):56.
③ [美] 莱斯特·M. 萨拉蒙. 公共服务中的伙伴 [M]. 田凯,译. 北京:商务印书馆,2008:109.

构的外形,但其主要成员来自政府,以与政府极其相似的逻辑在运作。从运作过程来看,这些慈善组织更像是政府的一个部门。在这种情形下,我们就可以认为慈善组织被外形化了。"① "假设存在多种不同类型的组织形式,如果一个组织从名称、章程等公开宣称的形式上来看,毫无疑问应该归为 A 类,但其实际运作方式却与 B 类组织相同或极其近似,那么我们就可以认为该组织存在着组织外形化现象。"② 慈善超市的行政运作逻辑往往直接影响和决定组织的运作效果,慈善超市发展呈现日益萎缩之势,形成"抛锚式慈善"的格局。如果运作效果不佳,那么,慈善超市应该尽早考虑调整运作逻辑,以改善其内在动力和运作效果。

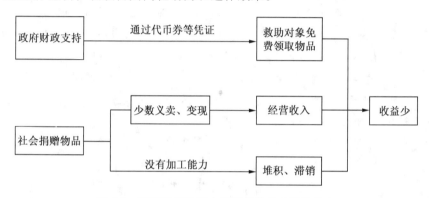

图 6-1 苏南地区政府主导型慈善超市运作状况

6.2 慈善超市运作的转向之路

非营利组织发展高度依赖政府部门,并在实际运作中被纳入政府行政体系的现状,并不是两者关系建构的终极形态,而是处于不断变动之中,非营利组织的进程最终将更多地由社会的需求累积起来。福利多元主义(Welfare Pluralism)以国家在福利供给中的后撤为标志,通过福利多元主体组合安排,将福利保障的责任由国家、市场、社会和家庭分担。它突出了分散化和参与性,分散化是指对福利的提供由中央下沉到地方政府,而且从地方政府分散到邻里乡村或基层社会服务组织;参与性是指重视普通民众参与到决策过程。目前,理论界基本有这样一种共识,政府部门、市场部门和第三部门三者运行存在明显差别,政府部门拥有强制的行政权力,

---

① 田凯. 组织外形化: 非协调约束的组织运作: 个研究中国慈善组织与政府关系的理论框架 [J]. 社会学研究, 2004 (4): 70.
② 田凯. 非协调约束与组织运作: 中国慈善组织与政府关系的个案研究 [M]. 北京: 商务印书馆, 2004: 72.

市场部门讲求市场中的交换,第三部门依赖志愿主义,解决公益慈善问题的关键在于确立多极主体之后,要把主体的分散性做必要整合集中,为此要引入社会力量(包括各类社会组织、社区居民自治组织、企事业单位和个人),找到政府参与、企业协同、民间主导中的"最大公约数",以跨界合作或者多中心治理形成推进的整体合力。

在我国慈善超市的发展问题上,政府、市场和社会三者的责任分担和角色分配可视为福利多元主义的一次政策实践,三者的关系将决定慈善超市能否持续健康发展。[①] 为使慈善超市能够持续长久地经营发展,近年来C市民政部门与市慈善总会决定开展慈善超市改造创新工程,面向全市的社会组织、企事业单位或市民个人征集"金点子"和"店掌柜",包括关于全市或某一家慈善超市的运营方案、为城区试点慈善超市招募运营者作为"合伙人"(其中以社会服务类组织优先)等,探索建立起公益慈善与市场之间的纽带联系,希冀建立慈善超市社会化运行机制,把慈善超市打造成为新型公益慈善综合性平台。在这方面,W市、S市面临同样问题,均在督促实施、及时跟进。

随着公众公益慈善意识的觉醒,对于政府主导型慈善超市来讲,要走出现有依附式窘境,实现华丽变身,应该在巩固慈善超市已有建设成果的基础上,寻求福利多元主义出路,促使社会力量成为慈善超市的运营主体。从调研访谈来看,实现政府与社会力量"交接"运营的选择之路大致有两条:一条是走企业兼带型之路,另一条是选择民间运作型之路。国家民政部在2013年12月出台的《关于加强和创新慈善超市建设的意见》(民发〔2013〕217号)中也明确提出,"加快民政部门职能转移,逐步把慈善超市交给社会组织、居民自治组织或市场主体去运营,鼓励社会力量通过独资、参股、租赁、并购、合建等方式参与慈善超市建设"。显然,苏南地区乃至全国绝大多数慈善超市面临转型升级难题,政府主导格局下的"变形"慈善超市需要发生深刻而永久地改变,慈善超市经营业态和模式需要做出重大调整与更新。

6.3 企业兼带型之路

应该来讲,慈善超市救助工程建设寻求企业兼带型出路并不是凭空设想、毫无依据的。现有统计数据显示,我国共拥有1 200多万家实营企业,个体户数量达4 400多万,这些数字仍在继续增长中,而苏南地区城市在先

---

① 冯敏良. 我国慈善超市的发展瓶颈与生存智慧[J]. 江苏大学学报(社会科学版),2014(6):55.

进的（中外资）企业实体上更具优势，企业或者市场的力量可谓强大，这为企业兼带型之路提供了有利条件和坚实基础。当苏南地区部分慈善超市陷入生存困境，通过解散的方式予以终止之后，地方政府便有意识地转变职能，舍弃自建自营慈善超市的传统模式，逐渐采取政府牵头、服务外包、商业超市（供销合作社）承办的方式，面向社会，由街道挑选辖区内符合条件的优质超市①签订共建合作协议，明确服务内容，建立规章制度和考核体系；商业超市自愿加入、自主经营、自负盈亏，承担慈善失信的后果。辖区困难家庭持街道慈善捐助基金提供的"爱心购物券"，在共建慈善超市内购买生活必需品。超市工作人员每月凭"爱心购物券"与街道民政科室进行如实结算，并接受社会监督和民意测评，街道根据考核情况实施奖惩措施。在探索慈善超市创新发展形式过程中，政府与企业在慈善组织中实现了"联姻"，虽然仅是面上的一种松散联合，但慈善超市运营引入优质企业资源，实现服务落地生根，这带有某种意义上的合作与交换，委托管理有助于优化慈善超市运营，可以说这是苏南地区慈善超市创新发展过程中的 2.0 版。

材料 6-1 和材料 6-2 是实地调研收集的两个关于苏南地区 W 市、S 市与商业超市共建慈善超市的实践案例的部分内容。

材料 6-1　W 市慈善超市合作方式②

为充分发挥慈善超市功能，更好地为困难群众提供人性化慈善救助，经 W 市慈善总会和 TH 超市股份有限公司共同协商，联办慈善超市。W 市慈善总会对指定困难对象消费实行慈善补贴，TH 超市股份有限公司应相应给予价格让利。TH 超市股份有限公司对其他市民仍按市场定价。

相关规定如下：

（一）W 市慈善总会确定的救助范围为具有本市户籍的梁溪区、滨湖区、新吴区、锡山区、惠山区的困难对象（其中：2013 年暂定每个区 500 户，共计 3 500 户）。

（二）经 W 市慈善总会批准享受补贴让利的困难对象，由市慈善总会发放"慈善爱心卡"，每户发放一卡。

（三）困难对象凭"慈善爱心卡"自愿到慈善超市消费，在购物总价 2 000 元（含）内，W 市慈善总会和 TH 超市分别按商品市场售价的 15% 和 3% 给予补贴和让利。

（四）"慈善爱心卡"规定的补贴、让利额度限当年享受，当年享受额度不足的视作自动放弃。不得结转下一年度合并使用。

---

① 这里的优质超市，主要基于政府的视角观点，是指辖区那些有爱心、有资质、懂经营、善管理的商业企业。
② 资料来源于无锡市慈善总会 2013 年《关于市慈善总会与天惠超市合作联办慈善超市的决定》，经整理而成。

（五）慈善爱心卡余额查询方式：一是每次购物后，在小票上有"可用余额"；二是可由持卡人向超市收银员查询。持卡消费刷卡时，POS机将打印相关交易单据，不再提供发票。

（六）相关商品情况可以在以下网址查询：天惠网上商城http://www.cy365.com/。

（七）慈善爱心卡片若发生遗失或损坏，请拨打：0510－83090260；联系人：贾××。

材料 6-2　S 市下属 T（市）慈善超市运作简报[①]

2007年，我们正式注册"家德福慈善爱心超市"商标，并成立第一家慈善爱心超市，到2013年为止，已成立慈善爱心超市35家，覆盖城市各行政区域，基本满足困难群众服务的需要。在慈善超市筹建之初，我们提出"政府倡导、民间运作、社会参与"的总原则。政府负责制定慈善超市发展规划、管理规章及相关奖惩措施；企业负责超市的市场化经营，自愿加入，自主经营，自负盈亏。这样将政府从既当裁判员又当运动员的角色中解放出来，让企业由过去的"要我办"变成"我要办"。我市慈善爱心超市运作主要有三种：第一种是直接冠名"家德福慈善爱心超市"；第二种是与社会超市联合建立的慈善爱心超市；第三种是利用品牌超市为载体，内设"慈善爱心超市专柜"。

在规范超市的发展过程中，逐渐形成"八统一"的管理模式，主要表现：一是统一慈善爱心超市标识和制度；二是捐赠物品统一开具入库单和出货单；三是对捐赠物品进行统一调拨和管理；四是统一配发专用POS机；五是慈善超市数据统一归送管理，建立数据系统；六是统一"慈善超市管理员"制度，每个超市指定一至两名管理员，定期组织培训，提高从业人员素质；七是统一为慈善爱心超市购买财产和人身伤害保险；八是业务上统一接受市县民政局指导。

当然，慈善超市是一新生事物，我们将在探索实践的基础上，以社会力量为主体、以市场选择为原则、以政府扶持为补充，总结提炼慈善超市运作经验，丰富慈善超市的建设内涵，提升慈善超市扶贫助困职能，造福城乡广大救助对象。

企业兼带型之路意指政府外包服务采取生产方补助的方式，这种全新方式给服务生产方提供补贴优惠，再由他们将服务提供给救助对象，日常销售依旧是服务生产方的主要业务活动。用商业企业负责人的话来讲，"我们卖出的这些货品，售价要比周围的超市商家低些（商品进价成本相对较低），确保让需要照顾的百姓得到实惠。显然这不是较好的市场盈利机会，这是在兼做慈善公益，尽到企业的社会责任。谁都知道，公益慈善是当下

[①] 资料来源于太仓市慈善总会2013年度报告《汇集社会力量，帮扶困难群体，切实发挥慈善爱心超市服务功能作用》（内部稿子，未正式公开）。

最好的'卖点',有很多发展机遇,我们希望企业参与能合作双赢,给企业带来好名声的同时,也能解决部分社会问题"。[资料编号CSFZR-140719-WX-02C] 材料6-1和6-2反映出一个显著特点,政府与企业的共建协议只有一个基本轮廓,涉及资金安排、宣传设计、进度安排等的注意事项并没有展现,需要在合作过程中予以不断细化。企业兼带型路径的背后实际是公私协力思想的体现,它是政府、营利性企业和非营利性组织基于某个项目而形成的相互合作关系的形式,通过合作,各方可以达到比预期单独行动更有利的结果。在公私协力之中,政府将服务供给功能让渡给私人部门,并发挥引导和监管功能,对私营机构等相关合作伙伴的战略、态度及行为进行监督管理,私营机构发挥服务与执行功能,双方通过协调合作来实现公共物品和服务的供给,实现扬长避短、优势互补。[①] 企业兼带型之路意味着政府不再参与慈善超市具体运作,而是重点专注于服务规章制度的制定、承办组织的资格审查、监督考核机制的建立与执行等,赋予商业企业运作较大空间。通过有效嫁接,借用企业商品齐全、物美价廉、物流规范等显著优势,来盘活处于困境的慈善超市,使困难家庭得到优质服务和更多的实惠,满足受助者的多样化需求。"这种(嫁接)模式感觉还是挺不错的。我们拿着手中的爱心卡可以在超市各个连锁门店按照折扣优惠价买东西,选择面大大变宽了,过去那里只有米、油、面、纸等少数几类品种选择,现在是大超市、连锁经营的,货品流动快,东西新鲜、手感也好;品种种类繁多,可谓应有尽有,价格也相对便宜,服务质量更有保证一些,让人觉得还是挺舒心的。"[资料编号CSJZDX-140715-CZ-02F] 同时,政府能迅速从慈善救助困境中解脱出来,财政上仅提供超市场地、水电费用、人员培训、运营补贴等支持,节约了大笔建设成本,规避了可能的运营风险,也消除了救助项目不成功给自身带来的道德风险和名誉损失。对于企业而言,兼带行善能塑造自身良好社会形象(包含企业家个人政治荣誉),提升知名度和美誉度,也能获取当地政府的有形支持。鉴于企业兼带型之路的若干优势,该模式受到各方特别是地方政府的青睐,并使之逐渐扩散开来。

若对照慈善事业的发展要求仔细思考,该共享模式的弊端也是显而易见的,一是它降低了慈善超市救助平台效用,仅发挥超市发放物品的济困职能——便民生活用品的销售者,对于募捐、变现、教育、便民服务等职能,对于慈善超市搭建的情感交流(关爱、同情等)平台效应,企业兼带型模式基本不会涉及或者无暇顾及。长此以往慈善核心职能会不断萎缩,

---

① 李月娥,赵肖然. 公私协力视角下慈善超市发展路径选择:基于辽宁省的调查数据[J]. 社会保障研究,2016(1):79-80.

角色退化，最终沦为政府购买服务的固定点，这与慈善事业发展的大方向是相背离的。二是可能出现利益浸染问题，主要是企业与公益慈善之间存在使命定位、理念的差异，可能出现利益冲突，扼杀慈善零售的志愿文化。"企业关注的底线是经济利益，也就是以私人目标为起点，而非营利机构注重的是公共目标，它们的社会功能不同；企业的运作基于商业管理的实践，而非营利机构的运作基于社会互助的关系网，它们的运作环境不同。"① 企业倾向于根据自己的商业底线来改变其使命，而不是自始至终专注于慈善事业，或者仅是将慈善的社会价值看作附加品，模糊慈善的焦点。因此，政府需要花费巨大力气进行监管和管理，并为此承担责任风险。访谈过程中，多位民政部门科室负责人强调："这里边可能存在着一个误区，那就是认为将慈善超市交给高度商业化的企业后，政府就没什么事了，可以当'甩手掌柜'了。跨界合作实际上是有很多的工作要做的，需要政府继续投入，要有配套性的政策支持。比如实践过程中，我们按照建筑面积给予慈善超市硬件改造维护补贴，按照服务对象人次给予运营补贴。同时，还要解决政府部门双重管理体制造成的监督不力、管理不严、公众投诉举报无回应等问题。"

美国经济学家亨利·汉斯曼（Henry Hansmann）曾指出，在服务领域，购买者和消费者是不一样的。基于追逐利润或者敛财的本能驱动，在信息不对称的情况下，生产者很可能出现坑害消费者的欺诈行为，如提供劣质商品来获取额外的收益，产生"合约失灵"现象。② 因此，商业企业机构如何抑制固有营利冲动、持续自愿地提供救助服务，实现公益属性与商业属性的调和；如何保证所购买的商品或者服务符合规定的数量与质量标准，以及如何处理日常经营当中的一些违法违规行为等，是政府部门需要思考的现实问题。现实监管过程中，也很有可能出现令人尴尬的情形：（1）作为监督者，政府由于监督能力有限，不可能获得关于操作层面的事务所有信息，监管审核上处于被动地位。每年一度的例行年审常止于表面，实际效用如何还得打上问号。（2）政府对于商业企业的监管是有成本的，当监管成本大大高于监管收益时，那监管行为本身就变成不划算的事情，监管行为及其监管体系能否持续令人生疑，是否需要引入第三方监管的呼声渐起，监管制度本身就成了一种表面形式。正如S市民政部门社会组织管理处负责人指出的那样，"社会公益组织在业务范围内取得正当收入是被

---

① 卢咏. 公益筹款［M］. 北京：社会科学文献出版社，2014：180.
② 田凯. 非协调约束与组织运作：中国慈善组织与政府关系的个案研究［M］. 北京：商务印书馆，2004：15–18.

允许的,但这个盈利收入必须仍用于公益事业的发展,包括机构的建设费用、人员工资、救助对象支出等。如果哪天这个组织解散不干了,那剩余经费必须转给其他同类组织。S市现在共有10 000多个社会组织,政府民政部门不可能对每一个组织都事无巨细地管到底。监督管理上,一是靠社会公益组织自律,健全法人治理结构;二是要依靠公众社会监督,确保捐赠和超市运营的规范性;三是基于政府部门年审和抽样调查,抽查面目前较窄,检查主要是看看运作有无得到组织决策机构的批准,财务支出账单是否详细、有无充分地记录等,希望不要出现社会公益组织的越轨犯罪行为"。(3)救助服务转向企业的外包还可能会削弱公众纳税与救助对象所获服务之间的认知联系,混淆受助者对于所获援助的来源断定,因为救助服务是通过爱心企业而不是通过政府机构提供给受助对象的,进而导致政府在救助领域运作的控制性降低,受助者更加偏重爱心企业。

慈善超市要想实现长期持久发展,就不能一直靠地方政府"抱着喂奶",也不能总是指望有大中型企业"靠着""兜着"。我们认为,政府和企业虽是慈善组织自主性成长的外部重要推力,但它们并不能真正替代慈善组织本身。短期来看,由企业兼带慈善超市运营没有什么技术难度或者运作障碍,而且介入异常迅速,但它终究不是慈善超市发展的长远之计,这是由其使命宗旨特性使然,企业很难在追求利润重心的同时很好地兼顾外界要求的公益属性,也没有将市场商业手段真正用于慈善超市运营,慈善居于边缘位置。正如有学者指出的那样,"企业人习惯以业绩为导向,有清晰的目标与步骤,有风险的考量;公益人习惯于理想当先、价值驱动,只要认为事情是正确的,就憋着一股劲前进"[1]。企业与公益组织的跨界合作(常表现为Public-private Partnership)很容易产生各种问题。因此,企业兼带型慈善超市运作类型经不起市场和时间的检验,地方政府部门应通过个案协商的路径,用变通的方法积极处理好它。

应该指出,企业兼带型慈善超市发展若更深一步,便会出现企业介入型慈善超市。企业介入型是企业与慈善机构合作共同进行项目设计,企业将慈善社会价值看成企业价值主张的基本组成部分,标志着它介入公益慈善领域的程度加深。首先,企业与慈善机构明确双方的需求,达成较为一致的愿景目标;在此前提下,找到双方合作的连接点,推进具体项目策划;然后,双方发挥各自优势特长,慈善机构优势在于自身合法性以及对社会议题、救助对象的深入了解,而企业的优势在于拥有丰富的市场经验和商

---

[1] 商道纵横. 跨界对话:公益项目实战宝典[M]. 北京:社会科学文献出版社,2016:2(序言).

业化运营手段，强强联合确保资源有效整合，确保项目的专业化和高效运转；最后，进入项目设计的评估阶段，秉持结果导向，关注项目开展后带来的实际变化，促成项目的成功实施。① 例如，玫琳凯（中国）化妆品有限公司出资与中国妇女发展基金会于 2001 年共同创办"玫琳凯女性创业基金"，通过提供小额无息循环贷款、技能培训等方式，为中国女性打造创业平台，实现经济赋能。目前，该基金提供的小额无息循环贷款已达 1 000 多万元，累积为全国 2 个省（区、市）的 7 万余名下岗失业女工和贫困妇女发放了贷款。② 企业与慈善机构的具体合作方式具有多样性，常见的是现金和实物直接捐赠，还有鼓励员工的慈善参与（如志愿服务），以及事业关联营销③等。为进一步规范企业与公益慈善组织的合作，2011 年 12 月 17 日，中国红十字基金会、中国青少年发展基金会、爱德基金会、腾讯公益慈善基金会等共同制定《公益与商业合作九大行为准则④》，标志着中国慈善公益行业首个"公益与商业合作"行规确立。该准则指出公益与商业合作是既存现实，企业通常筛选与自身行业相关性强、与自身运营战略紧密结合的公益慈善议题作为慈善项目的主要内容，如造车企业倾向选择以行人道路安全教育、司机驾驶技能培训、儿童安全座椅等为主题的公益项目，这能为公益慈善事业注入丰富的资源，有利于公益慈善组织的生存和持续发展，但是需要注意的是双方合作须恪守公益宗旨，给予对方充分的信任和尊重，加强沟通、协调，撬动资源，实现"1＋1 >2"的效果，规避商业活动和商业合作带给慈善组织的风险。此外，在具体合作细节上，企业通常会要求简短的项目建议书和实施报告，更为偏好短中期的慈善合作项目，不想陷入太多实施问题的困境中，这会打乱非营利性组织钟爱的长期筹款策略，企业与非营利性组织共事需要经历一个范式转换的过程。我们调查分析认为，政府主导型慈善超市的升级，在不排斥企业兼带型（介入型）的背景下，也没有必要一定要经过这种过渡阶段（2.0 版本），故现有政府主导型慈善超市完全可以在调查摸清"家底"的情况下，通过精心规划设计跳过它。

---

① 商道纵横. 跨界对话：公益项目实战宝典 [M]. 北京：社会科学文献出版社，2016：113 - 114.

② 张雪弢. 玫琳凯女性创业基金，助力推进联合国可持续发展目标 [N]. 青年报，2016 - 08 - 04 (A9).

③ 所谓事业关联营销，是指企业在促销活动开展过程中，主动将商品营销的部分收入捐助给非营利性组织的公益慈善事业，而人们通常会愿意选择那些有益于公益事业的商品，在消费过程中能够献出个人爱心。

④ 九大行为准则是指（诚实信用、平等互利等）基本原则、恪守公益宗旨规则、尽职调查规则、公益品牌谨慎使用规则、公益促销规则、商业投资规则、确保公益支出规则、风险控制规则、避免利益冲突规则。

6.4 民间运作型之路

既然企业兼带型不是慈善超市健康发展的必然之路，那就只剩下民间运作型一条道路。民间运作型之路是指慈善超市平台搭好之后，交由民间社会组织来运营管理，对它进行赋能增效，使其走"慈善＋企业"[①] 的发展道路，这是将慈善超市从政府救助体系中剥离出来的发展方向，也是慈善超市自主性发展的标志，我们姑且称之为3.0版。社会组织作为与政府、企业并列的"第三方力量"，其发育程度是判断一个国家社会形态发展的主要标准，它从过去社会救助的补充角色上升为社会治理体系的重要一极。有学者综合指出，社会组织实体具有五个关键特征：（1）组织性；（2）私人性（即不是政府机构的一部分）；（3）非利润分配；（4）自治性；（5）非强制性。[②] 在此基础上，有学者将之细化为三大属性：（1）非营利性。社会组织存在非营利的分配与收入约束机制，这要求社会组织的捐赠人、理事会成员和实际管理者不得从其财产及运作中获得利益；社会组织存在非营利的组织运作和管理机制，这要求社会组织在决策、执行和监督的各个环节都要具备有效规避较高风险与较高回报的自我控制机制，以及避免用利润和收益作为激励手段的管理规则；社会组织存在非营利的财产保全机制，这要求社会组织不得以捐赠以外的其他方式变更财产及其产权结构，当组织终止其活动并注销时，其剩余财产只能用于合乎其宗旨的其他社会活动。（2）非政府性。社会组织在决策体制上具有自主、自治和独立性，是自主决策、自治管理的独立实体；社会组织在治理结构上具有民主、公开和社会性，是民主治理、公开透明的开放组织；社会组织具有非垄断的市场竞争性，是追求核心竞争力、在市场中优胜劣汰的实力组织。（3）社会性。一是资源的社会性，社会组织得以存续和运作发展的资源主要来自社会；二是产出的社会性，社会组织所提供的产品或服务具有较强的利他或公益导向，其受益对象或是不特定多数的社会成员，或是社会上的弱势群体或边缘群体；三是问责的社会性，社会组织在其运作管理的过程中要受到来

---

① "慈善＋企业"的发展道路实际上就是社会企业之路。社会企业是为了实现社会目标或者社会效益而进行交易的企业，其利润必须用于社会事业的发展，不能用于企业所有者或股东的分红，遵循亨利·汉斯曼提出的"非分配约束"法则。社会企业的优越性在于可持续性、可推广性以及具有规模效应。

② 王浦劬，莱斯特·M. 萨拉蒙，等. 政府向社会组织购买公共服务研究：中国与全球经验分析[M]. 北京：北京大学出版社，2010：201.

自社会及公共部门的问责与监督。①

与第一部门"政府"、第二部门"企业"相比，民间社会组织来自"社会"，因而比市场部门更关注公共福利；其追求"社会"价值，因而更关注价值理性，愿意长期投身于福利领域；其标榜"非营利"的性质，因而在那些微利且需承担社会义务的领域可大显身手。②当政府和企业遭遇双重"失灵"或者存在漏洞时，需要由民间社会组织来填补空白。民间社会组织主导的慈善超市具有较强的亲和力，走的是一条贴近社区的基层运作路线，在慈善资源募集、组织运营上具有灵活、高效、专业、作用力持久的特点，是政府公共服务的有效补充和合作伙伴，它能反映行业和服务对象诉求，能发挥宏观层面公共政策倡导和增进社会和谐稳定的功能。在北京市城乡接合部，有一家面向外来农民工群体的"同心爱心超市"。这家由草根组织运营的超市扎根在农民工相对集聚的社区，面向大学、社会爱心人士募集闲置物品，同时，与京东集团、时尚集团等知名企业合作进行公益募捐活动，外来农民工在这可以低价购买捐赠的闲置衣物，市民也可以前来购买物品奉献爱心。自 2005 年成立以来，超市一直运营良好，呈现出向上生长的趋势。目前，同心爱心超市已有 15 家连锁店，专职员工 40 人，其中 8 名为残疾人。2014 年，同心爱心工作团队实现年度营业额近 169 万元，取得营业收入约 25 万元的好成绩。

针对现有政府主导的慈善超市，民间运作型之路要求：(1) 政府边界回撤"后退"，主动放权让渡某些职能空间，提升慈善组织的运作动力机制。政府部门须转移工作职能，从过去慈善超市的全包全揽中逐步有序退出，由直接管理转为行政监督，由具体操办变为辅助推动、工作指导，着重扮演"推手"(Enabler) 的角色，负责救助对象的资格认证、政策引导、规范举办主体的监管事宜等，通过赋权增能为民间慈善事业发展创造外部健康环境，让慈善超市回归慈善的本源属性。例如，美国政府以税收为支点，以经济为杠杆，通过税收这只"看不见的手"来推动、监管慈善组织发展，提升公共服务效率和质量。(2) 慈善超市主动去拓展、回收某些职能，如前面提及的募捐功能、服务职能等，实现慈善超市自主性发展，彰显自身的主体性地位。慈善超市可与政府民政部门签订协议，实行契约式管理，形成一个由慈善超市、民间社会组织、捐助者、地方政府等组成的

---

① 王名. 中国民间组织：走向公民社会 1978—2008 [M]. 北京：社会科学文献出版社，2008：6—7.
② 黄晓春. 中国社会组织成长条件的再思考：一个总体性理论视角 [J]. 社会学研究，2017 (1): 101—124.

共同体。(3)鼓励民间社会组织进行运营,充分发挥组织的主体作用,挖掘、拓展、调动各类社会慈善资源,规范使用捐赠款物,广泛开展救助活动。同时,民间化要求社会组织之间形成链接同盟,互通有无,相互支持合作。作为回应人类服务需求的机制,政府、非营利部门各有其长处和固有的缺陷。"然而,非常重要的是,志愿部门的弱点正是政府部门的长处,反之亦然。在这种情况下,无论是非营利部门替代政府,还是政府替代非营利部门,都没有两者之间的合作有意义。"①

当然,对于后来民间社会组织兴办的慈善超市,政府的管理应向结社自由、注册免税、创造公平竞争的政策环境,以及形成监管合力的方向发展。2016年8月,中共中央办公厅、国务院办公厅下发的《关于改革社会组织管理制度促进社会组织健康有序发展的意见》指出,要着力构建登记管理机关、业务主管单位、行业管理部门和相关职能部门各司其职、协调配合,登记前审查与事中事后监管全过程衔接,行政监管与行业自律和社会监督相结合的综合监管体系和联合执法机制。针对现有的一些企业兼带型慈善超市,政府应主动出面与企业进行沟通协商,适时中止原先的合作"联姻",实现慈善超市业务的"转手"与机构的"接手"同步,使其能够进入良性发展的轨道。民间社会组织与政府、企业之间的跨界合作常遵循平等对话、相互尊重的原则;各自发挥自身比较优势,达到互利共赢,这是成功合作的内在要求。在对慈善超市组织机构的访谈中,苏南地区多数慈善超市负责人肯定慈善超市运营的民间化转向,认为能达到扶贫帮困、款物捐赠、便民服务、志愿服务和公益文化传播等多种功能,借用商业的手法能拓展慈善超市的生存发展能力。现实问题是民间社会组织的力量积聚如何?能否自愿并顺利从政府手中接过慈善超市运营的接力棒,展现应有的社会服务承接能力?从调研来看,情况并不令人乐观。

其一,苏南地区社会组织发育程度较低,数量规模偏少,具有快速(被)"催熟"的发展特点。如表6-1所示,截至2013年,S市累计成立社会组织15 332个,其中正式登记的只有5 173个,远少于备案社会组织数量,万人拥有社会组织数为7.99个;W市拥有社会组织8 790个,其中正式登记社会组织4 159个,备案社会组织4 631个,登记社会组织与备案社会组织相差不大,另有省管基金会37个,每万人拥有社会组织数为8.85个;C市拥有社会组织9 126个,万人拥有社会组织数达到11.19个。从国外发展来看,早在2010年,法国每万人就拥有110个社会组织,日本每万

---

① [美]莱斯特·M.萨拉蒙.公共服务中的伙伴[M].田凯,译.北京:商务印书馆,2008:51.

人拥有 97 个社会组织，美国每万人拥有 57 个社会组织。而我国社会组织数量明显偏小，截至 2012 年年底，依法登记的社会组织有 49.2 万个，比上年增长 8.1%，每万人社会组织拥有量仅为 3.7 个，公益事业的推动力量极其弱小；且地方社会组织数量往往是在近一两年内才被迅速催化的，组织运作基础并不牢固，公益项目简单招投标容易造成"劣币驱逐良币"① 的情形。

表 6-1　苏南地区 2013 年社会组织数量简要情况

城市	登记社会组织（个）	备案社会组织（个）	万人拥有社会组织数（个）
S 市	5 173	10 159	7.99
W 市	4 159	4 631	8.85
C 市	4 084	5 042	11.19
平均值	4 472	6 611	9.34

其二，苏南地区社会组织服务内容狭窄单一。其活动多以公益慈善②为主，围绕减轻突发公共事件造成的影响、帮助弱势群体改善生活和健康状况、帮助残疾人等特殊群体实现基本的生存发展权等内容开展工作，而基于职业教育、科学目的、社区便民服务等的活动较少，这意味着同质型社会组织之间充满竞争，生存空间相对狭小；创新型组织严重不足，政府购买服务时选择面不大；同质型社会组织能力建设比较乏力，彼此之间合作交流较少。

其三，苏南地区社会组织发展参差不齐。在这些社会组织中，依托街道社区帮助成立的社会组织，以及行业协会、福利院或救助站等原有社会组织的数量居多，它们多与政府行政机关挂钩，存在诸多的行政束缚和经费掣肘，真正自发的民间化的专业机构较少。仅有的一些也面临着资金缺乏、场地紧缺、缺少专业人员③的困境，难以有效承担政府转移出来的服务职能。基于社会组织的发展状况，可以大致做出如下判断：目前三分之一的社会组织正在积极发挥作用，三分之一的社会组织则是不温不火，还有

---

① 公益项目招标过程，通常是公开竞标先于服务供给，服务质量考核评估在服务供给之后。主管单位在考查之后虽能及时终止不合格者的合约，但还是容易造成"劣币驱逐良币"的结果，使得坚持优质服务的社会组织越来越少。
② 社会组织除公益慈善型之外，还有行业协会和商会类、科技宣传类、社区服务类等，故社会组织是一个内容极其丰富的概念。
③ 我国公益慈善组织最缺乏的是专业化和职业化的人才，国内目前只有北京师范大学一家高校开设公益慈善事业管理专业，培养公益慈善专门人才。与蓬勃发展的公益慈善事业相比，专业人员缺口很大，加上公益慈善组织薪酬不高，很难吸引海内外优秀的管理人才。

三分之一陷入死气沉沉的局面。民间社会组织力量的不足，会使慈善超市欠缺理念指导、难以明确组织目标，导致定位不准、性质模糊、服务无序等问题。① 我们认为，慈善超市可与社区已有的成熟社会服务组织对接，由其接管运营。一方面，社区社会服务组织针对的对象能为慈善超市发展提供志愿服务人员；另一方面，慈善超市能为服务对象提供工作机会，两者可以互相促进。

调研发现，当前苏南地区政府部门对社会组织的成长给予支持：

一是提供资金配套支持，主要采取公益创投购买服务方式进行，这是项目制在非营利领域中的一种应用。公益创投（Venture Philanthropy）作为一种新型的公益伙伴关系和慈善投资模式，其主要特点是资助者与社会组织合作的长期性、参与性，它强调资助方与受资助方不单是简单的捐赠关系，更重要的是与被投资者建立长期的平等合作伙伴关系，由"花钱养人"向"花钱买服务"转变。这种合作伙伴关系带来的是共赢：合作伙伴能够更快地成长，资助者能更有效率地达到初设的社会目标。公益创投项目通过创意投标、项目运作和第三方评估等，培育和发展公益性社会组织，促进其规范治理，提升专业服务能力；在基层社区实施助人自助的专项公益服务项目，满足社区居民多样化、个性化的服务需求，促进社会和谐；利用"福彩公益金"作为种子基金，通过公益创投，推动政府购买公共服务理念的提升，建立政府和社会组织合作共赢的崭新机制。从独立性和竞争性的维度出发，理想层面的公益创投应属于独立关系竞争性购买模式，购买者和承接者之间是独立的关系，不存在资源、人事等方面的依赖关系。作为购买者的政府在挑选承接服务的社会组织时，通常采用公开竞争的程序，借助招标的方式选择最合适的服务提供者，以达到最小成本和最大收益的效果，体现物有所值的原则。② 苏南地区 S 市、W 市已经连续进行五届公益创投活动，一些项目满足了服务对象的个性需求，取得了较为显著的服务成效和社会影响力，有效缓解了社会特定问题。

当然，在政府购买服务过程中，还存在这样或那样的问题，如部分社会组织为获得政府资金而借壳成立；缺乏公众信任，服务购买过程中增加额外成本；出于对降低成本、提高收益的考虑，公共服务的主旨变得模糊，服务质量受到影响；以及"在缺乏理念、经验和技术的情况下，社会组织

---

① 李月娥，赵肖然. 公私协力视角下慈善超市发展路径选择：基于辽宁省的调查数据［J］. 社会保障研究，2016（1）：82.
② 王浦劬，莱斯特·M. 萨拉蒙，等. 政府向社会组织购买公共服务研究：中国与全球经验分析［M］. 北京：北京大学出版社，2010：20.

一味地迎合政府的需求，忽略了提供服务本身的质量和效能，使得大量社会组织成为政府的伙计，而不是伙伴，这一过程中伴随着严重的组织等级化、服务官僚化以及体制建制化等乱象"[1]。学者杨团曾敏锐指出，在我国的公共服务购买实践中，形式性购买较为常见，即政府向具有独立法律地位的社会组织购买公共服务，但该组织实际上与采购者之间存在一定的依存关系，合同双方并非决策独立的两个主体，这种服务合同构成法律意义上的购买关系，实际带有一定的"雇佣"性质。形式性购买是在社会组织市场发育不充分、公民自组织机制薄弱的情况下，政府主动转移职能的结果，反映出政府"边培育边购买"的思路。[2] 当然，如果竞标不成功，社会组织将面临"断粮"的困境。更深层次的问题是，购买服务是以项目制形式出现，其特点是以工具主义的技术逻辑来处理、吸纳和化解总体结构层次的改革压力，地方政府为体制内目标而培育社会力量、购买社会组织服务，从形式上注重基层民主制度建设，却忽视了实质性的社会赋权。[3] 上述所列举的问题需要我们加以反思并找到解决办法，逐渐夯实政府购买服务的基础。

二是针对社会组织发育滞后的问题，苏南地区地方政府正在为统分结合的孵化政策提供空间。主要以项目实施的效果确定扶持对象，即综合考虑社会组织实施项目对本地区经济和社会发展产生的作用性、社会性和公益性等因素，决定扶助支持对象，以绩效考核的结果兑现扶持政策。对处于初创时期、无法独立运行的社会组织进行基地孵化，给予运行经费补助和场地租金补贴，助推社会组织自立；对街道、社工委社会组织孵化和网络建设平台，经评估运行良好的，给予承接孵化平台的运营机构3—5万元的工作经费补贴；对具有资质的成熟社会组织，政府依据社会需求购买服务，双方订立契约，由社会组织提供公共服务产品，激发社会组织活力。而在浙江省温州市，社会组织建设的重心放在服务平台构建上面，其一，设立社会组织发展基金会，以公共财政为引导，以福利彩票公益金资助、社会募捐等多渠道筹资的方式，组建社会组织发展基金会；其二，建立社会组织孵化基地，按照"政府扶持、社会参与、专业运行、项目合作"的模式，构建社会组织孵化基地，为组织发展提供资金、场地、项目、专业人才等要素支持；其三，建设社会组织信息平台，找到政府、企业和社会

---

[1] 杨团．中国慈善发展报告（2014）[M]．北京：社会科学文献出版社，2014：6．
[2] 王名．中国民间组织30年：走向公民社会1978－2008 [M]．北京：社会科学文献出版社，2008：206－207．
[3] 杨永娇．因信而生：中国慈善组织的信任问题研究[M]．北京：社会科学文献出版社，2018：62－63．

组织之间的"最大公约数",实现其在公益服务方面的有效对接。

我国是一个低信任度的国家,"不信任已经蔓延到社会生活的各个层面,由局部的、个别的不信任扩大为普遍的不信任,由理性的、依赖证据的不信任转变为情绪性的、不自觉的、无条件的不信任"[1],这在很大程度上抑制了社会组织的发展。只有信任超越个体血亲关系的社会才是高信任的。高信任以及以此为基础的自发性社会交往,往往能发育出健全的社会组织——商会、工会、俱乐部、民间慈善团体、民间教育组织,以及其他自愿团体。社会公众针对社会组织的信任具有三个维度的内容:第一是期望,期望社会组织具有善意、正直和能力的关键因素属性;第二是接受或者承担易受损害性的意愿;第三是价值相似性,公众与社会组织之间存在价值相似性或共享价值。[2] 由低信任度社会转向高信任度社会,构建未来公益慈善的立足点,需要有一段相当长的时间,意味着社会组织的孵化、成长、独当一面不可能一蹴而就,政府需要进行跟踪指导,加强社会组织能力建设,在员工培训、改善技术和设施等方面进行投资;建立社会组织建设信息数据库,动态跟踪并及时发现典型,总结推广成功经验,以点促面;对不符合规定的社会组织,政府民政部门予以警告批评,责令限期改正,加强监督管理。在过渡阶段,需要政府和民间社会组织共同管理,通力协作,政府不宜立即脱身、撇开关系。

如前所述,在慈善超市发展问题上,政府、市场和社会三者的责任分担和角色分配被视为福利多元主义的一次政策实践。尽管目前受助对象需求的不断增长、公共服务供给政策的有效改善、互联网技术的迅猛发展以及公民社会的快速成长,有力推动了慈善组织的数量增长,但我国的非营利部门无论在整体数量还是自身能力建构方面,都还不足以承担起政府所转移的福利责任。"在福利制度改革中,我们要防止在政府过早退出某些福利领域而非营利部门又没有能力介入制度的缝隙中,国民的福利水平受到影响。"[3] 当然,政府的过早退出,极可能加速现有慈善超市解体,使得已有慈善救助成果化为零,这种断崖式后果需要我们高度关注并力图避免。有学者指出,随着新公共管理的影响不断上升,新公共管理寻求将问责、绩效管理、效率、竞争和选择等商业概念纳入政府与非营利部门之间的关系中,政府与非营利部门伙伴关系的相对依赖性发生了很大的变化,总体

---

[1] 郑也夫,彭泗清. 中国社会中的信任 [M]. 北京:中国城市出版社,2003:293.
[2] 杨永娇. 因信而生:中国慈善组织的信任问题研究 [M]. 北京:社会科学文献出版社,2018:171—175.
[3] 田凯. 机会与约束:中国福利制度转型中非营利部门发展的条件分析 [J]. 社会学研究,2003(2):99.

趋势是从一般性的整体拨款转向限制更加严格的合同，从提供者补助转向消费者补助。[1] 总之，社会组织培育是社会体制创新的综合系统工程，政府应当"有退有进"，在对民间社会组织进行引导、培育和扶植的同时，借助委托、授权、购买服务等形式，加大经费支持力度，严格机构准入门槛。同时，民间社会组织要练好"内功"，建立健全内部自律机制，提高承担公共服务职能的能力水平，从与政府的关系要么是助手要么是对手的定位中"破茧而出"，真正成为与政府平等的合作主体、伙伴。

6.5 慈善超市运作的发展路径

针对苏南地区的实际情况，简单地说，政府主导型慈善超市扮演社会救助领域政府助手角色，企业兼带型慈善超市发挥生活日用品销售者角色，而这些类型的慈善超市往往会陷入发展困境。如何实现慈善超市的华丽变身，只有科学分析现有困境才能创新慈善超市改造方案，合理构建符合中国国情的慈善超市发展之路，具体路线图如下：

步骤一是准确定位慈善超市公益组织属性，跳出政府主导型慈善超市的旧框架，构建慈善超市清晰的内部治理结构，组建公益慈善市场。这是确立慈善组织核心概念、进行角色定位和实现内部自治的问题，也是公益慈善项目运作实施的起点，以确保公益组织的外在形式与其内在运作逻辑保持统一，具有组织结构上的独立性和自我控制性，防止组织运作过程中衍生出众多的"变形"类型。具体要点是，厘清当前公益慈善的边界，确定慈善超市非营利性、非政府性和社会性的组织特性，明确其肩负的使命、宗旨，做出法人与非法人型的类型划分；建立登记准则制度，优化组织设立程序，鼓励引导慈善超市成为自我管理、自我约束的独立法人单位[2]；规范慈善超市理事、监事及主管人员的职责与义务，确保慈善超市依规而治；建立慈善超市法定解散事由、清算注销以及财产归属等变更终止退出要项。在实践过程中，地方政府完全可以将一些条件较好、运转顺畅的慈善超市整体打包，移交给一些具有一定实力的专业社会组织进行一体化运作，走向连锁化经营的道路。而对社会组织发育滞后或者迟缓的地区，则应加大培育和孵化力度，慈善超市可暂由地方政府部门托管、培育，待到以后时

---

[1] 王浦劬，莱斯特·M.萨拉蒙，等.政府向社会组织购买公共服务研究：中国与全球经验分析[M]. 北京：北京大学出版社，2010：214.

[2] 对于那些暂时不具备法人登记条件的组织，可委托具有法人资质的社会机构进行运营，或者通过联办、加盟等方式与具备法人身份的慈善超市共同经营，待到各方面条件成熟之时，再去办理法人登记手续。委托社会机构运营或联建联营的慈善超市，应与合作方签订协议，明确界定职责范围。

机成熟之时再行移交，确保慈善超市能顺利渡过转型期。

步骤二是完善国家现行的捐赠优惠政策，切实提高慈善超市获取外部社会资源的能力。这要求国家为慈善超市的发展营造适宜的制度环境并提供相应的基础性保障，主要是税收优惠和捐赠者税前抵扣资格详细规定，从而有力推动社会捐赠向前发展。按照《中华人民共和国企业所得税法》和《中华人民共和国个人所得税法》修订版，企事业单位通过公益性社会团体或者县级以上人民政府及其部门，用于公益事业的捐助支出，在年度利润总额12%以内的部分，准予在计算应纳税所得额时扣除；超过年度利润总额12%的部分，准予结转以后三年内在计算应纳税所得额时扣除。个人将其所得通过境内的社会团体、国家机关向教育和其他社会公益事业以及遭受严重自然灾害地区、贫困地区捐赠，未超过纳税义务人申报的应纳税所得额30%的部分，可以从其应纳税所得额中扣除。对于境外捐赠用于公益慈善的物资，依法减征或免征进口关税和进口环节增值税。政府税收法规鼓励个人和企业向慈善公益组织捐赠财物，所得税的减免对慈善捐赠能发挥"四两拨千斤"的作用，但是现有税收优惠政策是特惠制而非普惠制，得到优惠的慈善组织仅限于部分公益性团体机构、基金会，或者特定领域的捐赠活动，占总体比例低于10%。正如学者所言，"零散的非营利组织税收优惠制度规定的优惠税种偏窄，优惠条件偏高，优惠程序烦琐，致使非营利组织获取税收优惠较难"①。对于具有法人资格、以发展公益事业为宗旨、有健全的财务会计制度、经营业务符合法人设立目的、收益用于公益事业的非营利组织，应鼓励其申请并及时纳入税前扣除资格认定的行列。

苏南地区一些慈善超市可以开具作为减免税有效凭证的专用收据，但接收税收减免优惠捐赠的主体资格仍待政府税务部门确认，企事业单位和个人的捐赠并不能享受税收减免优惠；慈善超市公开、独立面向公众的义演、义赛、义卖、义展、义拍等也受到限制。在慈善事业大力发展的今天，若慈善超市捐赠免税主体资格能得到认定，将会极大地调动社会各界捐赠的积极性，从而大大增加慈善超市的募集款项，提升针对救助对象的帮扶力度。"慈善地位的正式确认给慈善组织带来了重大的经济和税收收益。慈善组织可以依赖捐赠募集资金而进行运转，它不仅为捐赠者回报社会提供了机会，也为他们带来了非常切实的回馈，即就捐赠部分可以享受所得税

---

① 伍治良. 我国非营利组织立法的原则、模式及结构[J]. 经济社会体制比较，2014(6)：104.

减免。"① 当然，在有关税收激励政策中，政府还可以发挥筛选、引导功能，引导社会公众捐赠给那些具有资质、良性运行的慈善公益组织，明确与慈善目的不相关的商业收入应当缴纳所得税，对慈善组织做出的贡献给予肯定和认可。

步骤一和步骤二实质是赋予社会组织合法地位和行动权力的展开空间，通过慈善组织的确立，将资金、人力、政策等各种资源要素有序组合和汇集起来，理清慈善超市与外部环境之间的关系，提升组织化运作程度。

步骤三是采取市场化的业务经营模式，拓展慈善超市经营范围和服务内容，增强自身"造血"能力。如果说，政府主导型慈善超市背后的运营逻辑是计划者以自上而下的方式来规划慈善超市运营，那么，市场化则是以自下而上的方式在实践中找寻适应特定环境的解决方式，它需要的是探寻者，市场动因的推力与拉力推动了慈善超市的成长，突出了慈善超市的主体地位。它重在进行（慈善超市）专业能力建设，强调需求分析和盈利理念，为组织机构运行编织一张稳定共赢的价值网，打造慈善超市公益品牌和善意经济。它已跳出传统道德评价的束缚，冷静思考后，不难发现，用市场化的手段运作公益活动并不意味着道德水准的降低，也不意味这会淡化个体的利他主义动机，其与慈善宗旨理念并不矛盾，它能为公益慈善领域的"反哺"功能做出有益的尝试。具体要点：

一是慈善超市运作的专业化。如前所述，现行简单、低层次的行政发放式救助，凭口头道德说教的慈善践行，显然已经无法适应急剧变迁的中国社会。困难对象需要的不仅仅是面包，他们还需要谋生技能和思想观念的革新等，这是融入现代社会的基本条件，也是对慈善组织社会救助提出的更高要求。而慈善组织自身如何培养捐助者？如何制定吸引捐助者的远景战略？如何管理使用募集而来的善款？如何有效接受社会监督问责？这一连串的问题都需要专业的管理知识与经验。"公益事业不仅停留在帮助个人的层面上，而且需要将慈善行为制度化和专业化，使之成为一种现代社会服务形式，以科学系统的方式来满足公共需求。"② 经过转型升级后的慈善超市亟须走出散漫无序状态，在专业化发展和科学慈善方面做出调整回应，增强自我发展能力，提升专业化水平，以便实现慈善价值理想。体现在：合理设置网点分布，加强广告宣传投入，与银行、保险、证券行业合作，扩大慈善超市的潜在捐赠人群和消费人群，重视慈善资金保值增值；

---

① [美] 贝希·布查尔特·艾德勒，大卫·艾维特，英格里德·米特梅尔. 通行规则：美国慈善法指南 [M]. 金锦萍等，译. 北京：中国社会出版社，2007：15.
② 卢咏. 公益筹款 [M]. 北京：社会科学出版社，2014：16.

建立慈善超市的法人治理结构，健全规章管理制度，明确工作职责和运转流程，实行网络信息化管理；设立物资接收、财务管理、价格评估等专业团队，重视物品变现处理和财务信息披露，提高慈善超市的透明度与公信力；建立专业人员的配置与培训制度，提高从业人员的道德、业务水准①，调动其工作积极性；设立义工志愿服务岗位，提高社会动员能力和服务效率；重视受助对象物质、精神、行为能力等方面的提升，借助职业培训等手段为有劳力者牵线搭桥介绍工作，变单纯"输血"为积极"造血"。由此，专业化表现为拥有专业的团队，具有流程化、系统化的管控措施和治理手段，重视组织绩效。延伸开来，慈善超市专业运作与社会服务、社会工作领域紧密联系起来，善念的弘扬与具体的实务操作有机融合，能充实慈善救助的内涵，打造"经营管理者＋社会工作者＋义工"的公益团队，展现慈善超市救助工程的平台力量。

二是慈善超市运作的商业化。善心并不一定会产生善果，有些善念善举没有发挥应有的作用，甚至好心办成坏事，就是因为没有将经营之术注入善行实践，没有将慈善公益项目的运作模式当作关注的焦点。以商业手段来实现社会使命的商业化运作模式被描述成"战略性的""有影响的""基于知识的"②，其本身没有道德上的邪恶或者良善之说，它是慈善事业可持续发展的有力保障，有助于打破人们对传统行业观念和僵化思想的束缚，取得可观的社会效益与慈善成果，前面提及的好意慈善事业组织成功商业化运作就是典型例证。美国、英国、德国等国家都在立法中予以规定，非营利性组织可以从事以公共利益实现为前提的商业活动。当然，在用商业手段解决问题的同时，也应用社会公益的理念去指导商业行为。在公益慈善领域中，也有杠杆作用原理和盈利回报概念。"杠杆作用意味着将钱用在它能产生不成比例效应的地方，提高投资的回报。这就要求对社会问题产生的条件和所处的体制进行严格的分析，从而发现临界点或者瓶颈。这些地方能够让更多的钱产生重要的乘数效应，而这往往是慈善家和其他组织，包括非营利组织和政府在内的组织进行合作的结果。"③孟加拉国的格莱珉穷人银行（乡村银行）就是典型例证，它是一家自主经营、自负盈亏的金

---

① 国外慈善救助实践表明，非营利机构专业人才要具备幽默、志向、乐观、远见、务实、直觉、坚持、技能、激情等品质。人才是影响公益慈善项目成功的关键因素之一，与非营利机构的社会影响力有着直接的关系。
② ［美］马修·比索普，迈克尔·格林. 慈善资本主义：富人在如何拯救世界［M］. 丁开杰等，译. 北京：社会科学文献出版社，2011：7.
③ ［美］马修·比索普，迈克尔·格林. 慈善资本主义：富人在如何拯救世界［M］. 丁开杰等，译. 北京：社会科学文献出版社，2011：78.

融企业，面向穷人提供小额信贷服务，它解决了过去银行"嫌贫爱富"和低收入与贫困农户难以贷款缺乏起步资本的问题。该银行的商业模式特色在于信誉"五人小组制"①，通过建立必要的激励机制，鼓励贷款者在创业营生中互帮互助，从而取得成功；同时贷款人须提供存款的创新方式也为银行的生存提供良好的保障，贷款清偿率惊人地达到98.7%。格莱珉穷人银行已是全球盈利兼顾公益的标杆，实现企业发展与社会责任的完美结合。② 在我国深圳，身患血友病的郑卫宁和残疾人朋友创建的残友软件企业，是一家完全由残疾人自主管理、自我良性发展的集团化高科技企业，企业95%的员工为残疾人士，他们依靠"电脑＋人脑"的工作模式造就优质人力资源，并使公司在专业技术领域具备竞争力。目前，残友集团拥有1家基金会、8个社会组织和32家社会企业，资本、公益和商业运作构成其运作模式：非公募基金会控制着资本，并对旗下社会企业绝对控股；社会企业的利润支撑基金会的运营，而基金会旗下的非营利组织则承担着对残疾员工及社区的服务，如提供免费吃、住、洗衣、心理辅导、出行等服务以及企业独有的"退养"制度③。显然，上述治理模式面对弱势群体，将金融资本与公益慈善价值紧密结合起来，在获得实际盈利回报的同时，也对周边社会环境产生了积极影响，朝着可持续公益迈出可喜的一步。"公益向右，商业向左，左右逢源，殊途同归，当两者交集于社会企业时，公益和商业已经浑然一体，成为一边赚钱一边为社会谋福利的新模式。"④ 我们希望苏南地区慈善超市在商业化运营方面也能产生一批成功的典范标杆。

当然，商业化除了内含商业行为的意思之外，更包含了一种商业观念和意识。尤其在中国慈善公益事业尚不发达、变现难以实现的境况下，引入商业理念刻不容缓，如成本收益概念、品牌竞争意识、顾客导向、创新精神、营销策划观念等。只有先行解决观念认知层面的问题，才能更好地将商业化的具体行为付诸实践。商业大规模地进入慈善公益，将会使得商业与慈善的界限日益模糊。"以市场为基础的跨界公益激发了多态化生存的公益组织的活力，而将那些封闭的慈善圈子边缘化了。"⑤ 转型升级后的慈

---

① "五人小组制"是指每五个贷款者构成一个小组，小组为每一笔贷款担负道义责任。成员保证自己合理利用并努力偿还贷款的同时，监督和帮助其他组员合理利用贷款并不断偿还，这样，他们才有共同的机会和希望。若有组员不按时还款，那整个小组组员的信贷额度都将降低，直至取消贷款权。
② 林伟贤，魏炜. 慈善的商业模式［M］. 北京：机械工业出版社，2011：31－35.
③ 残友软件公司退养制度规定，凡"残友"员工无法工作之后，公司仍按其工作期间的最高工资标准支付其生活补助，直至其生命终结。
④ 徐永光. 公益向右 商业向左［M］. 北京：中信出版集团，2017：5.
⑤ 杨团. 中国慈善发展报告（2014）［M］. 北京：社会科学文献出版社，2014：8.

善超市需要克服道德优越感带来的束缚，需要引入或者嫁接商业化运营模式，明确组织定位、业务系统、关键资源能力、盈利模式以及秉持的价值观等要素；需要行业自律与协作，彰显募捐、变现、救助、教育、社会服务等多重功能；需要市场化经营、政府支持与社会爱心捐助的有机结合，防止出现困难对象"被挤出"的现象。慈善超市的优化运作，需要在捐赠来源、参与动力、受益人选择等诸方面实现平衡，这是公益组织与商业机构的最大差别，也是对于公益组织商业模式创新的最大挑战。①

基于企业经营战略的设计，迈克尔·波特曾提出三种通用战略：总成本领先（Overall Cost Leadership）战略、专一化（Market Focus）战略和差别化（Differentiation）战略。总成本领先战略意指建立起达到有效规模的生产设施，在经验的基础上全力以赴降低成本，加强成本与管理费用的控制，以及最大限度地减小研究开发、服务、推销、广告等方面的成本费用。专一化战略是主攻某个特殊的顾客群、某条产品线的一个细分区段或某一地区市场。差别化战略是将产品或公司提供的服务差别化，树立起一些全产业范围中具有独特性的东西。②与周边的营利性商业超市相比，慈善超市持续发展最适宜采用差别化战略，其慈善资金来源包括通过募捐活动获得的年收入、各种捐赠的收益、通过市场运作获取的净利润以及政府补贴等，再加上慈善的道德情感感召，逐渐形成自己的比较优势，拓宽生存发展空间。总之，通过公益慈善与商业的交错渗透，要使慈善救助活动更具张力与活力。

三是慈善超市运作的网络化。"互联网＋"是当下一流行概念，指的是利用通信信息技术以及互联网平台，将互联网与传统相关行业结合起来，创造新的发展生态网络。网络化内涵要求之一是面对慈善新兴业态，公众的思维也要加以调整。这方面典型的负面例子是英国的"红旗法案"。1865年，在汽车开始流行时，英国议会通过一部《机动车法案》（俗称"红旗法案"），其中规定：每辆在道路上行驶的机动车，须由3人驾驶，其中一个是专职旗手，他须在车前面50米以外做引导，要用红旗不断摇动为机动车开道，并且机动车速度不能超过每小时4英里（每小时6.4公里）。由此，汽车如同马车，该法案扼杀了英国成为汽车大国的大好机会。社会学中的文化滞后（惰距）理论早已指出，"物质文化变迁要引起其他社会变迁，即适

---

① 林伟贤，魏炜. 慈善的商业模式［M］. 北京：机械工业出版社，2011：Ⅵ.
② ［美］迈克尔·波特. 竞争战略：分析产业和竞争者的技巧［M］. 陈小悦，译. 北京：华夏出版社，1997：33.

应文化的变迁，被引起的变迁往往是滞后的"①。故对于"互联网＋"产生的新兴业态，公众要勇于跳出又爱又怕的怪圈。网络化内涵要求之二是切实发挥"互联网＋"的业态革新力量。现有慈善公益囿于刻板的宣讲模式、保守的资源聚合框架，存在小众化的参与壁垒。而将现有公益与现代互联网深度融合起来，在做好公益活动的同时，发挥互联网在行业生态圈功能配置中的优化与集成作用，可以形成以互联网为基础平台和载体工具的慈善事业新形态。它能有效整合慈善组织、爱心企业、公益人士等拥有的资源，使慈善公益生态圈形成良性、合理、满足多方需求的利益链，便于各项工作的推进；能在捐赠者、受助对象之间搭建起信息化桥梁，降低慈善活动的门槛，打造触手可及的人人公益平台。

在广州市，市慈善总会在当地民政部门的指导下，根据"互联网＋"的发展要求，创办"广益联募"平台（http://www.gyufc.org），规划"善捐、善助、善品、善行、善知"五大板块，为公众参与慈善提供了全方位支持。在网络化的大慈善新机遇下，采取"电子商务＋连锁经营"的模式，慈善超市可以面向社会公众开展募集善款、义工队伍招募、公益电子商务等多种活动，拓宽慈善公益项目的传播渠道，提升社会影响力，践行"万人捐小，胜过一人捐大"的理念，培养起"人人可慈善，行行做慈善"的互联网公益思维；线上线下的有效互动，虚拟网络平台宣传引导与实体店铺的体验相结合，便于促成资源要素对接，完成救助帮扶；运营方式的标准化和模块化，容易复制推广延伸，形成面上（区域）的跨越衔接。总体而言，在政府相关部门垂直监管的现实下，"互联网＋"下的慈善超市会具有较强的可塑性、智能性和协同性。

步骤四是积极营造公益慈善文化氛围，构建广泛的社会支持网络，发挥资源整合效应，夯实慈善超市可持续发展的基础。由政府主导型慈善超市成功迈向民间运作型慈善超市，公益慈善文化氛围的营造显得尤为重要。公益慈善是要创建一个公益生态圈，使慈善成为个体生活内容的一部分，达到"人人行慈善，全民做公益"，"慈善并不是少数人做了很多，而是多数人做了一点；慈心不分多少，善举也不分先后"。当全社会真正认识到慈善是一件利己利人、功德无量的好事时，慈善事业才会具有无穷的生机与活力，休戚与共、共享机遇的人类共同体才能真正建立。我们认为，应该通过教育使慈善文化得到传承，而家庭、学校在公益慈善文化形成、慈善理念普及中间扮演关键角色，可将它们作为环境改造的切入点。

---

① ［美］威廉·费尔丁·奥格本. 社会变迁：关于文化和先天的本质［M］. 王晓毅等，译. 杭州：浙江人民出版社，1989：143.

家庭作为社会的细胞，应该尽早普及慈善知识，学习捐赠共享的观念，传播慷慨的美德，然后让成员运用到日常生活中。榜样是育人行善特别有效的手段，慷慨行善的父母无疑是子女学习的榜样，助人能够使人快乐，而且父母均希望子女拥有快乐的生活，所以言传身教地引导子女积极做善事，是父母极乐意做的事。小学阶段往往是对子女进行慈善行为教育的最佳时机，美国的一些慈善基金会已经启动了一项名为"学习给予"的计划，儿童发展专家和慈善事业学者制定发展策略，协助家长培养子女，使之从小养成捐赠的习惯，成为乐善好施的人。其中一个妙招便是在家庭中设立一个专门用来支持公益慈善的"慈善零钱罐"，家长从每月收入中拿出一小部分存进零钱罐，同时鼓励子女将部分零花钱甚至奖学金也存入其中，支持他们对自己的零花钱做好规划，并共同思考如何保证"慈善零钱罐"中的善款不断增长，如何合理、最大限度地使用善款去造福他人。这是培育激发公众慈善意识、养成慈善习惯的重要路径。《儿童捐献指南》的作者蔡勒，分享了其对"慈善自传"的见解，讲述了他从14岁开始捐钱，多年来学到了许多关于如何设法省出更多的钱用于捐赠，以及如何抽时间做义工、捐财物和组织慈善活动的知识。① 这值得我们加以学习和效仿。

　　学校同样也是青少年社会化的重要场所之一。学校的教育知识、教育环境和教育制度影响青少年的成长成才，在公益慈善价值观引领上，应尽快启动校园慈善文化行，创作适合广大中小学学生阅读欣赏的慈善读本和慈善文艺作品，将慈善文化纳入学校教育教学内容。在中小学校园开展"慈善宣传语征集""慈善沙龙""爱心义卖"等活动，大力推广慈善文化，培育学生慈善美德，激发学生向上向善，影响和带动家长参与。在高等学校尝试设立公益慈善专业，培养慈善专门人才，开设有关慈善领域的通识教育课程，进行慈善文化课题研究，将慈善与教育特别是高等教育融合起来。通过唤醒公益慈善意识和改变观念，再经过探索公益行动和增进社会共识等阶段，达到"众人拾柴火焰高"的效果，实现"慈善手拉手，关爱你我他"，为国家社会救助事业整体发展提供信念支撑和行动指引。

　　在政府层面，除已经立法设定的"中华慈善日"②之外，还应及时将慈善文化建设纳入现有文明城市考评体系。通过节日的设立和具体的硬性指标考核，引导地方政府重视公益慈善宣传，培育和普及慈善文化。苏南地

---

① ［美］比尔·克林顿.付出：我们可以改变世界［M］.于少蔚等，译.北京：中信出版社，2008：26.
② 中华慈善日是在2015年11月我国慈善法草案审议时提出的，2016年9月1日施行的《中华人民共和国慈善法》将每年的9月5日确定为"中华慈善日"。

区 W 市在制定的《促进慈善事业健康发展的实施意见》（2015 年）中，提出"大力宣传慈行善举和正面典型，以及慈善事业在服务困难群众、促进社会文明进步等方面的积极贡献，引导社会公众关心、支持、参与慈善"。鼓励平面媒体每周免费提供 1 个慈善宣传专栏，电视新闻媒体每周在黄金时段安排不少于 30 分钟的时间来播放慈善公益广告，宣传慈善典型，传播慈善文化。大力推动慈善文化进机关、进企业、进学校、进社区、进乡村，弘扬中华民族团结友爱、互助共济的传统美德，为慈善事业发展营造良好的社会氛围。与家庭、学校等初级社会组织相比，政府在慈善文化建设过程中扮演着重要的引导者和赋能者角色。

以上四个步骤对应的实际是连续的"四步走"运作路线图，具有向外推广和复制的价值。它需要慈善超市苦练内功，提升自身能力，建立慈善品牌意识。一是培养资源挖掘和链接能力，提高劝募水平；二是增强超市运营产出能力，提高经营管理水平；三是拓展合作能力，发挥社会协同整体能量；四是提高社会公信力，塑造优质品牌形象。"四步走"运作策略需要慈善超市坚持"慈善"与"超市"并重的原则，即既要发挥社会募捐、扶贫济困的服务功能，又要发挥超市商业运作的"造血"功能，着力提升慈善超市的自我发展能力，推动慈善超市自我驱动、健康发展。"四步走"运作策略还需要慈善超市发挥多重功能，如募捐接收功能、社会救助功能、商品变现功能、教育功能、便民服务功能以及志愿功能等，丰富并充实慈善超市角色内涵，建立"平时恒温，节日添暖"的长效帮扶救助机制。"四步走"运作策略揭示出慈善超市救助工程运作的基本路线规划，可作为今后我国慈善超市可持续发展的路径选择。我们认为，只要救助对象的需求继续存在，救助所需的社会资源源源不断，救助工程运作具有强大生命力，慈善超市公益项目就能持续进行。当然，由于各个地区慈善文化基础与社会结构的差异，"四步走"运作策略内容可以稍做调整，具体运作方案可以各有侧重。

毋庸置疑，慈善超市救助工程运作机制的升级，从起始的 1.0 版本进展到 3.0 升级版本要经历曲折、艰辛的过程，其本身并不是真理的化身。卡尔·波普（Karl R. Popper）曾用"渐进""零星"等词语来描述，主张渐进性地修补各项制度，采取不断改进的小规模的调整和再调整，仔细地把预想的结果与已取得的结果相比较，以消除社会工程建设过程中的错误以及由此带来的不可逆转的巨大破坏效应。① 詹姆斯·C. 斯科特（James C.

---

① ［英］卡尔·波普. 历史决定论的贫困［M］. 杜汝楫等，译. 北京：华夏出版社，1987：52—53.

Scott)基于20世纪全球改善人类状况的大型工程项目的种种失败案例,总结归纳出社会工程建设的几条著名法则:(1)小步走。在不知道干预对未来会有什么结果的条件下,应尽可能迈小步,停一停,退后观察,然后再计划下一小步的行动。(2)鼓励可逆性。鼓励那些一旦被发现有错误就很容易被恢复原状的项目。(3)为意外情况做计划。要选择那些对未预见事物有最大适应性的计划。(4)为人类创造力做计划。计划要永远建立在这样的假设上,那些计划涉及的人将来都会发展出经验和洞察力,从而改进设计。[①] 慈善超市救助工程建设显然要吸取经验教训,紧紧围绕现有基本国情,遵循上述基本法则,并辅以科学的设计及评估机制,实现日常有序管理,以达到良性运行和降低风险慈善的发生概率,推动公益慈善事业的发展和社会的更好改变。

[①] [美]詹姆斯·C. 斯科特. 国家的视角:那些试图改善人类状况的项目是如何失败的[M]. 王晓毅,译. 北京:社会科学文献出版社,2004:475-476.

> 慈善是长征，而且永远没有终点。但慈善不是苦难的长征，而是快乐的长征。
>
> ——我国知名慈善家陈光标

第 7 章 研究小结与反思

7.1 研究小结

本研究立足于苏南地区，在实地调研收集资料的基础上，对我国慈善超市救助工程运作机制做了重点分析研究，主要得出如下的结论：

1. 慈善超市救助工程运作的现实基础。

比较而言，苏南地区慈善超市成立时间较早，但运作基础并不十分牢固，在实际选址、规模大小、服务对象等方面存在设计不周、仓促推进的情形，在慈善的本真意义、慈善超市的结构—功能、慈善超市的需求导向基础等内在指标上缺乏深入思考与主动规划。慈善超市几乎是地方政府部门强力催生的结果，在慈善超市业态发展相关要素不全、公益慈善氛围不浓的情况下后续极易产生"抛锚式慈善"的情形。

2. 慈善超市救助工程现有运作机制。

动力之源来自地方政府正式支持，它是单轮驱动，缺少社会爱心支持和市场运作机制，容易造成慈善超市对政府部门的强烈依赖，慈善超市发展后继乏力。"源头"募捐方面，主要来自企事业单位和地方政府部门捐赠，平民慈善氛围尚未形成，慈善超市缺乏物品变现能力，政府福利支出存在挤出效应，非公募基金会的发展有待加强。救助对象的确立方面，主要面向困难民众，以所在管辖区域的"三无"人员、低保家庭和低保边缘家庭为基本救助对象，以因病致贫、因灾受难的特殊困难家庭、贫困优抚对象和贫困劳动模范为延伸救助对象。慈善超市面临属地化救助与政府低保存在救助对象上的重叠，救助对象与服务对象重合，救助对象与慈善超市项目贴合性不强（包裹式救助服务欠缺，工具性支持与表达性支持脱节）等问题。运营核心要素方面，虽然慈善超市的成本收益意识有所提高，但存在标识不规范、收银系统应用不广泛、物品评估定价不科学、服务流程有待优化、工作人员的数量与质量有待提升等问题。概括言之，慈善超市救助工程运作机制需要予以改进提升。

3. 慈善超市救助工程运作的主要困境。

一是制度方面的供给不足。相关政策文件停留在原则性方针政策层面，没有设计可操作性的方案充实制度内容，核心主旨内容尚未成型完备，对慈善超市的内涵质量建设缺乏实际的指导意义；慈善超市救助工程的顶层设计上，缺乏相关配套政策的及时推出或跟进。二是在实践探索环节，缺乏精细化的社会技术积累和提炼，未能有效指导慈善超市实践运作。慈善募捐方面，对外宣传应增加创意比重，提供心灵体验；捐助模式应由道德说教型走向积极的项目引领型；捐赠场所应谋划升级改造；推动劝募岗位的职业化，加强针对高净值人士重点对象的募捐。经营"造血"方面，应加强二手物品的零售，拓展慈善超市的服务职能，采取电子商务经营模式，加强线上线下的融合。社区运作方面，应以社区为根基，加强慈善超市与社区的融合，将捐助者、慈善机构、救助对象整合成一个网络，提升运营社会化水平。社会评估方面，应将绩效置于首位，把评估自觉纳入慈善机构组织规划和项目资助流程，科学设定慈善超市考核标准，加强对慈善超市服务过程和运营能力的考察。上述实践的各个关键环节，慈善超市未能提炼出有效的实践技巧或规则体系，未能形成共同的行业标准或操作准则。三是义工队伍培育相对薄弱，慈善超市的义工数量不一，主要以退休的社区居民居多，义工组织管理亟待加强制度规范建设、（义工）队伍能力建设以及推进人员保障激励措施，亟须设计义工服务的发展指数等。四是慈善超市社会公信力有待提高，募捐资金、项目资金使用等财务信息透明度偏低，无法满足公众日益增长的慈善信息需要；慈善经费的合理使用有待进一步加强；在机构使命忠诚上，慈善超市忙于募捐、应付检查以及媒体宣传，对自身的使命与责任反思不够。

4. 慈善超市救助工程的发展路径。

针对上述困境及种种问题，研究报告指出，慈善超市发展亟待转型升级，摆脱政府主导框架的旧有格局。具体发展出路有两条：企业兼带型之路和民间运作型之路。企业兼带型之路转型会较为平顺快速，但它并不是慈善超市救助工程的长久发展之计。比较而言，民间运作型之路代表着未来长远发展方向，但其转型升级会出现短期阵痛。政府在对社会组织进行引导、培育和扶持的同时，慈善超市等社会组织要自觉练好"内功"，注重运作的专业化和商业化，通过金融和网络技术创新强化自身的"造血"能力，形成可持续发展的路径，建立良好的慈善生态系统。

7.2 研究反思

我们认为,上述研究结论有其现实应用价值和理论意义。对现实的启示是,我国慈善超市救助工程发展到今天,正处于由数量建设进入质量提升的关键时期。传统的政府主导型运作模式已经走向末路,为减小转型成本代价,需要尽快找准民间运作型的路径方向,即坚持公益属性和社会化运营原则,推进运营机制改革,健全社会救助等服务功能,使身处困境之中的慈善超市重新焕发活力,进而走上持续发展的健康良性轨道。这种转变,需要丰富并完善慈善超市实践运作流程,需要国家层面尽快出台成形的慈善超市创新发展规划纲要,做好顶层制度设计,规范政府行政管理行为;需要积极培育专业化的社会组织力量,使其成为慈善超市运作的主体;需要积极营造慈善友爱的良好社会氛围,厚植公益慈善的"土壤"基础。

从理论意义来讲,上述研究结论给我们的启发是,非营利组织的外在表现形式要与其内在运作逻辑保持统一,要具有组织结构上的独立性和自我控制性,要始终坚持慈善宗旨使命和非营利性。否则,极易衍生出众多的"变形"类型,组织运作容易走向弯路、误入歧途,并给后续的转型升级带来难度。而社会工程建设的整体推进,要有系统的全局思维能力,重视现有基础条件,扎根基层,循序渐进;要吸收并创新社会技术,强化款物资源募集能力,提高慈善实体组织运营水平;要加强慈善组织内子系统之间的衔接,整合社会多元主体的力量,共同推动慈善救助工程。

安德鲁·卡内基在《财富的福音》一书中抛出了一个启迪性的理念,即拥巨富而死者以耻辱终。"富人的余财是社会所赐,理应以最佳方式还之于社会。这不是恩赐,也不是利他主义,不需要表扬和感谢,而是维持社会稳定繁荣,利人利己之事。"[①] 通常,社会物质财富的分配有初次分配、二次分配和三次分配三个层次。初次分配遵循市场导向原则,讲求竞争与效率,以能力贡献或者资本等的大小决定收入多寡,容易产生贫富差距。二次分配是政府利用税收、财政、金融等手段,通过社会保障、社会救助和福利帮助等方式进行财富再分配,能在更大范围内实现社会公平。三次分配是基于个体的道德与爱心,社会各界协作建立民间捐赠、慈善救助、志愿者活动等各种救助辅助机制,对弱势群体予以帮扶,起到缓和社会矛盾、维护社会秩序的作用。作为社会贫富差距现象的一种校正,三次分配是社会财富市场与政府调节的重要补充。"我国的公益事业植根于中国的传统文化,成长于中国的改革开放,兼具国际化因素与中国特色,先后经历

---

① 资中筠. 财富的责任与资本主义演变[M]. 上海:三联书店,2015:534.

了公益理念启蒙、公益行动探索、增进社会共识等阶段，浓缩了西方国家上百年的公益发展历程，吸取了深刻的教训，积累了宝贵的经验，走过了一条在实践探索中前进的曲折道路，几十年来取得了跨越式的进步。"① 我们相信，慈善超市等救助工程将会越来越多地走进人们的日常生活，转型升级后它发挥的稳定调节作用与影响力将日趋显著，能够有效嵌入我国社会救助体系，成为广大受助对象的福音，有效促进社会的和谐稳定，慈善也会成为一种普世性回应方式的文化模式。如果说，过去包括慈善超市救助工程在内的慈善事业是西方国家走在前列，那么，接下来我国有望产生世界上一股规模空前的慈善发展力量。

7.3 研究主要不足

需要指出的是，在苏南地区慈善超市救助工程运作机制研究中还存在一些不足之处，主要表现在：

1. 研究的资料基础薄弱。

要想全面深入了解慈善超市这一新生事物的产生、运行以及慈善超市救助工程的整体性和差异性，须对中外慈善超市的总体性发展有较为全面的把握，这必然要求研究者要全面参与到具有代表性的个案中去，详细了解、深入解剖个案，资料收集过程的（时间）跨度大、难度高。在本研究中，关于慈善超市个体过程发展的具体资料（如部分年份资料）以及慈善超市内部经营财务统计数据较为缺乏，主要原因是慈善超市尚处于成长发展之中，运作上没有做到公开透明，涉及的财务信息不愿对外公布，加之也缺乏慈善超市运营发展过程的文字记录。这些都影响到研究论证效果、质量。

2. 研究对象的空间性掌控不够。

慈善超市散布在全国城乡大大小小的街区、村落之中，其发展水平、发展路径不尽相同。本研究仅是立足于苏南地区有限空间，对居于主流的政府主导型慈善超市类型予以深入研究。除此之外，全国还存在以广州等地为代表的单纯一次性救助模式、以上海为代表的市场化运作模式②、以济南等地为代表的混合型运作模式，以及时下新兴的网络虚拟慈善超市等。这些因地制宜或者依托信息技术支撑的不同模式同样具有重要性，同样需

---

① 详见中国公益事业：现状、问题与反思［EB/OL］.新华日报，2012-09-27. http://xh.xhby.net/mp2/html/2012—09/27/content_641803.htm.
② 上海社区慈善超市被作为成功范例为媒体广泛宣传介绍，对全国慈善超市建设具有很大的示范作用。详见张彦.社区慈善超市如何做久做大？——以上海的经验为例［J］.社会科学，2006（6）：75.

要予以观察和分析,并在横向比较研究的框架视野下加以辨析,指明慈善超市救助工程的未来走向和注意事项。

3. 基于社会工程视角的分析不够深入。

与国家的现代化建设实践相呼应,社会工程理论内容有着较大的发展空间。本研究侧重慈善超市救助工程的运作模式解析,论述了国家政策、地方实践与公众参与在其中具有的重要作用,指明慈善超市可持续发展的路径及其相关对策建议,但缺少多元主体之间的互动协作探究,也缺少慈善超市发展具体指标(体系)及其测评的解析,研究深度存在不足。

针对以上缺陷和不足,在恳请专家和广大读者原谅的同时,我们希望能在慈善超市救助工程承继性研究中予以改进、提升。

最后,此次研究给我们的启发和思考是,围绕慈善超市救助工程还有一些议题值得今后进一步深入研究,例如,剖析慈善超市运作的商业模式与公益导向,慈善超市社会运营的策略性技巧和实务经验,"互联网+"背景下的慈善超市建设,我国慈善超市发展转型的节点、路径及其原则,以及中外慈善超市发展模式的比较等。希望今后能有机会逐一予以展开分析。

附 录

附录1 访谈提纲

A类 访谈对象：民政部门负责人；慈善基金会负责人　　编号：

一、慈善超市的基本情况

1. 您所在辖区（片区）慈善超市发展的规模和数量如何？在您看来，地方慈善超市成立有哪些社会背景？

2. 作为新生事物，我国慈善超市的性质和基本定位，您认为应该如何设计、看待？

3. 因慈善超市创建的审批、主管部门、业务主管单位是怎样设置的？对当前慈善超市创建条件给出必要评价？

4. 您所在辖区慈善超市的成立时间、空间布局、规模怎样？与商业超市相比，在您看来有何特点和不同之处？

二、慈善超市的具体运作

1. 与其他现有社会救助方式相比较，慈善超市救助方式的价值和意义体现在哪些地方？

2. 您所在辖区慈善超市救助对象的资格审查、申请程序及其退出是如何规定的？

3. 您所在辖区慈善超市救助对象的人口特征是怎样的？包括性别、年龄、文化程度、经济状况等。

4. 您所在辖区慈善超市的募捐及其效果如何？包括主办方、募捐方式、捐赠款物数量、捐助者的主观动机。

5. 在您看来，如何统合慈善超市的募捐、变现、救助、教育等诸多功能？

6. 政府对慈善超市救助工程的政策设计如何？包括政府或基金会与慈善超市间的关系、政府出台的促进慈善事业发展的举措、政府扮演的应有角色等。

7. 如何看待企业在慈善超市救助工程的地位和作用？

8. 慈善超市救助工程如何顺利实现政府搭台、社会主导、企业参与的格局，有何良策？

9. 互联网在慈善超市救助工程中的作用如何？如何实现慈善超市线上与线下的结合？

10. 政府部门对当前慈善超市发展的总体评价，以及面对当前发展形势对慈善超市工作的未来考虑设想如何？

B类 访谈对象：慈善超市负责人、有关工作人员　　　　编号：

一、个人基本情况

1. 有关您的个人基本信息介绍？包括性别、年龄、文化程度、工作年限等。

2. 在进入慈善超市之前，您从事何种工作？为何要选择加入慈善超市？

3. 您是通过何种途径进入慈善超市的？在慈善超市中承担何种工作角色？

4. 您认为自己在慈善超市的工作中充分发挥出能力和水平了吗？对目前自己在慈善超市的工作总体满意度如何？可以打多少分？

二、慈善超市运作情况

1. 您所在慈善超市救助困难对象的程序过程怎样？有无照顾到困难对象的心理自尊？

2. 您所在慈善超市的组织机构是如何构建的？发挥的功能如何？

3. 您所在慈善超市的管理制度怎样？包括财务透明度、物品的采购和变现、工作规范等。

4. 慈善超市每年运行的成本费用多少？救助对象人次和救助金额怎样？是否对困难对象产生积极正面影响？

5. 您认为慈善超市的外部环境如何？包括慈善募捐的群众基础、社会公众对慈善超市的认知度、当地政府对慈善超市的支持举措等。

6. 目前慈善超市义工志愿服务活动开展得怎样？在招募及管理过程中有何隐忧或者苦恼之处？

7. 当前慈善超市存在的主要问题以及解决的建议有哪些？

8. 当前慈善超市运营有哪些好的值得推广应用的技巧或技术？

9. 您对未来慈善超市的专业化、市场化、民间化有何想法、建议？

10. 您对慈善超市脱离政府行政管控，采取民间运作模式赞成吗？对民间运作型慈善超市有信心吗？

C类 访谈对象：受助对象　　　　编号：

1. 有关受助对象的基本情况？包括年龄、性别、文化程度、家庭贫困状况等。

2. 您对慈善超市有所了解吗？在您心目中慈善超市是什么样子的？
3. 您申请慈善超市救助对象的资格顺利吗？申请当中有无发生些插曲？
4. 您如何看待慈善超市建在社区基层？成为社区慈善超市好吗？
5. 您如何看待慈善超市与地方政府之间的关系？慈善超市有无独立的必要？
6. 您觉得慈善超市救助对自己有帮助吗？具体体现在哪些方面？
7. 慈善超市救助能否提升您克服困境的勇气和信心？
8. 您对慈善超市组织开展的义工活动参加情况如何？经常参加还是偶尔参加？
9. 您觉得慈善超市发展建设还有哪些需要改进之处？包括救助标准、服务方式、便民服务内容等。
10. 总体而言，您对慈善超市的评价怎样？如果以总分100计的话，可以打多少分？

附录2　慈善超市政策相关文件

民政部关于在大中城市推广建立"慈善超市"的通知

民函〔2004〕109号

各省、自治区、直辖市民政厅（局），计划单列市民政局，新疆生产建设兵团民政局：

在建立健全经常性社会捐助制度过程中，一些地方在做好对口支持灾区和贫困地区的同时，创新建立了"慈善超市""阳光超市""爱心超市""扶贫超市""爱心捐助家园"等社会捐助新模式，激发了社会各界参与社会捐助的热情，帮助城市困难群众解决了生活困难，取得了很好的社会效果。为进一步推进经常性社会捐助和扶贫济困活动的深入开展，加快社会救助体系建设，民政部决定在全国大中城市推广建立"慈善超市"（各地可根据文化习俗自主确定名称），现就有关问题通知如下：

一、统一思想，提高认识。"慈善超市"丰富和完善了社会捐助制度，通过"慈善超市"这个平台，让捐助者更直观地看到捐助效果，扩大了社会捐助参与面，激发了人们扶贫帮困的热情。同时，"慈善超市"为城乡贫困群众搭建了一个新的救助平台，通过人性化的超市运作模式，切实体现了民政部门"以人为本，为民解困"的宗旨，对完善社会救助体系起到了积极的作用。各级民政部门要深刻认识推广建立"慈善超市"的重要意义，进一步转变观念，从践行"三个代表"重要思想的高度，推动这项工作深入、持久、健康地开展。

二、因地制宜，逐步推广。有条件的大中城市要积极推广"慈善超市"。已经建立各种"慈善超市"的省市，要不断总结经验，强化管理，规范运作，完善制度建设。尚未建立"慈善超市"的地区，可以结合当地实际，选择一些经济条件较好的大中城市先搞试点，在总结经验的基础上，逐步推广建立"慈善超市"。争取用两至三年的时间，在全国大中城市普遍建立"慈善超市"。

三、积极探索，扎实推进。各地要积极探索适合本地实际的"慈善超市"运作模式。一是要把建立"慈善超市"与完善捐助接收站点结合起来，建立健全经常性社会捐助活动服务网络。二是要把建立"慈善超市"与社会救助体系建设结合起来，通过"慈善超市"整合社会扶贫济困资源，提高对困难群众的救助水平。三是在推广"慈善超市"工作中，政府可以通过委托、授权、购买服务等形式，充分发挥公益性社会团体和社会志愿者的作用，在政策、管理、经费上鼓励、扶持公益性社会团体积极参与社会捐助工作，并使之制度化、规范化。

四、及时交流，不断完善。民政部将在今年正式开通"中国捐助"网，利用网络来沟通信息，交流经验，联系公益组织，指导开展社会捐助工作。各地要加强社会捐助及推广"慈善超市"信息的收集、整理、报送工作，以便于民政部从总体上掌握社会捐助活动情况，从而不断改进工作，使"慈善超市"更好发挥社会效益。

民政部
二〇〇四年五月十二日

民政部关于加强和创新慈善超市建设的意见

民发〔2013〕217号

各省、自治区、直辖市民政厅（局），各计划单列市民政局，新疆生产建设兵团民政局：

慈善超市是以社会公众自愿无偿捐助为基础、借助超级市场管理和运营模式，为困难群众提供物质帮扶和志愿服务的社会服务机构。截至2012年底，各地已建立各类慈善超市近万家，在汇集社会捐助、帮扶困难群众、提供志愿服务等方面起到了重要作用。同时，也应看到，许多慈善超市定性定位模糊、募集能力弱、运行成本高、自我经营能力低等问题日益突出，严重影响了其功能的发挥。在已有工作的基础上，进一步建设和发展好慈善超市，有利于夯实慈善事业的基层工作平台，有利于促进捐赠物资的再利用，推动循环经济发展和节约型社会建设，有利于弘扬慈善精神，传播慈善文化。为深入贯彻落实党的十八大和十八届三中全会精神，支持发展慈善事业，发挥其扶贫济困的积极作用，现就加强和创新慈善超市建设提出以下意见。

一、加强和创新慈善超市建设的总体思路

（一）指导思想。以党的十八大和十八届三中全会精神为指针，充分发挥市场和社会力量在慈善超市建设中的决定性作用，以体制机制创新为重点，以社会化运营为方向，以增强慈善超市自我发展能力和社会服务功能为目标，把慈善超市建设成布局合理、功能多样、充满活力、运行规范的城乡基层公益慈善综合服务平台，为我国慈善事业发展奠定坚实的基层基础。

（二）基本原则。

第一，坚持公益属性。把服务社会公众特别是困难群众作为慈善超市建设的出发点和落脚点，坚持公益理念，发挥扶贫济困作用，防止偏离正确方向。

第二，坚持社会化方向。加快民政部门职能转移，逐步把慈善超市交给社会组织、居民自治组织或市场主体去运营，鼓励社会力量通过独资、参股、租赁、并购、合建等方式参与慈善超市建设。

第三，坚持可持续发展。着力提升慈善超市的自我发展能力，创新运营机制，强化政策支持，推动形成慈善超市自我驱动、可持续的发展模式。

第四，坚持因地制宜。结合本地慈善事业发展状况和特点，有计划、有针对性地推进慈善超市发展，积极探索创新适应当地实际的慈善超市发展形式和体制机制。

二、加强和创新慈善超市建设的主要任务

（一）推进法人注册，明确慈善超市法人地位。鼓励和引导慈善超市进行民办非企业单位登记或工商企业注册，成为自我管理、自我约束的独立法人单位。新成立的慈善超市，要进行法人登记。具备条件但又未登记为法人的慈善超市，要在2014年底之前完成法人登记手续。暂不具备法人登记条件的，可委托有法人资质的社会力量进行运营，或通过加盟、合办等方式与具备法人身份的慈善超市联营，条件成熟时，再办理法人登记手续。

（二）改进运营机制，使社会力量成为慈善超市的运营主体。充分依托社区服务中心（站）、现有商业网点等设施，合理设置慈善超市，完善慈善超市布局。鼓励社会组织、居民自治组织、企业和个人根据自身特点和能力举办慈善超市，大胆探索慈善超市运营社会化的新方式、新机制。对现有民政部门举办的慈善超市，可采取公建民营、委托管理等方式，交给有资质、有爱心、懂经营、会管理的社会组织、居民自治组织或企业运营。探索慈善超市集群发展道路，鼓励慈善超市实施开放式经营、连锁化经营。充分利用互联网络技术，借鉴电子商务模式，鼓励慈善超市开展互联网营销。

（三）健全服务功能，拓展慈善超市多元化服务。当前，要突出健全四项功能：款物募集功能。充分发挥慈善超市作为经常性社会捐助网络枢纽的作用，引导社会各界进行捐赠。有条件的慈善超市，可按照有关规定由慈善组织设立经常性社会捐助点，配备捐款（物）箱，实行专账管理。困难群众救助功能。将店内物资直接发放或优惠出售，满足困难群众的基本生活需要。受民政部门或慈善组织委托，面向困难群众提供基本生活物资领取、兑换、凭卡（券）购买等服务。利用店内海报栏、宣传单（册）等，开展公益慈善项目的展示推介，方便困难群众获取慈善救助信息。志愿服务功能。依托慈善超市开展志愿者招募，开发志愿服务项目，设置志愿服务岗位，有条件的慈善超市，可在志愿者和困难群众之间搭建对接平台。便民服务功能。在主要履行款物募集、困难群众救助、志愿服务等功能的基础上，有条件的慈善超市，可面向社会公众提供商品售卖、彩票销售、代收代缴公共事业费、居家养老服务等便民服务。

（四）加强运营管理，不断提高慈善超市规范化运营水平。要明确帮扶对象。以民政部门确认的低保对象、低收入群体、农村五保对象、遭遇临时性困难的群体和支出型贫困群体等为主要帮扶对象。要严格款物管理。实行收支两条线，社会捐赠和经营性收入要隔离管理、分别核算。募得物资要做好消毒、分拣、仓储、估值、处理。要坚持阳光运作。及时公布捐赠款物接收、使用和去向情况，方便捐赠人查询，并自觉接受媒体和社会公众监督。要加强日常管理。慈善超市要在醒目位置悬挂统一的标识，使用统一的捐赠

协议，规范开展志愿服务，做好消防安全、食品卫生安全和安全生产工作。对利用现有商业网点设立的慈善超市，要严格做好授牌工作，实行动态管理。对登记为民办非企业单位的慈善超市，要加强非营利性监管。

（五）扩大信息技术应用，提高慈善超市信息化管理水平。有条件的慈善超市，要尽可能地应用现代信息技术，使用专门的财务管理软件，做到台账记录准确、款物往来清晰。有条件的地区，可依托当地慈善信息平台，搭建慈善超市之间的捐赠款物管理平台或物资调配平台，实现资源统一管理、通盘调配、有效整合。

三、加强和创新慈善超市建设的保障措施

（一）切实加强领导和指导。各地要把加强和改进慈善超市建设工作纳入推进民政事业特别是慈善事业发展的重要议事日程，科学谋划慈善超市布局，夯实工作力量，安排专门资金，扎实推进慈善超市建设。要加强宣传和舆论引导，广泛宣传慈善超市改革改制的重要意义和工作进展，对需要改革改制的慈善超市，要细致做好有关人员的教育引导和后续安置工作。要做好需要改革改制的慈善超市的资产管理工作，明确产权归属，避免国有资产流失。

（二）完善支持措施。各地民政部门要加大政府购买社会服务力度，每年安排一定比例的福利彩票公益金，争取一定比例的财政资金，通过委托、承包、采购等方式，支持社会力量建设和运营慈善超市、提供扶贫帮困服务。依法协调财税部门减免慈善超市有关税收。积极协调有关部门、单位、街道和社区为慈善超市提供场地支持和用水、用电等方面的优惠。开展慈善超市从业人员的专业培训，增强其人力资源支撑。

（三）加强监督管理。加强慈善超市规划设计、设备配置、人员配备和募得物资分类、消毒、折价评估等方面标准的制定和实施。委托第三方对慈善超市开展绩效评估，总结推广运营好、绩效高的慈善超市经验，督促整改运营差、绩效低的慈善超市。各地慈善超市运营绩效情况将纳入民政部年度重点工作评估。

（四）探索捐赠物资再生加工。积极推进以废旧衣物为主的捐赠物资再生加工工作，探索建立高效的社会捐助体系和合理的利益分配机制，利用再生加工产业的发展支持慈善超市建设。根据国家统一安排，在部分地区开展捐赠物资再生加工试点。

各地要围绕本意见制定具体实施办法，对文件实施过程中遇到的问题，请及时向民政部反映。

民政部

2013年12月31日

慈善组织公开募捐管理办法

民发〔2016〕59号

第一条 为了规范慈善组织开展公开募捐，根据《中华人民共和国慈善法》（以下简称《慈善法》），制定本办法。

第二条 慈善组织公开募捐资格和公开募捐活动管理，适用本办法。

第三条 依法取得公开募捐资格的慈善组织可以面向公众开展募捐。不具有公开募捐资格的组织和个人不得开展公开募捐。

第四条 县级以上人民政府民政部门依法对其登记的慈善组织公开募捐资格和公开募捐活动进行监督管理，并对本行政区域内涉及公开募捐的有关活动进行监督管理。

第五条 依法登记或者认定为慈善组织满二年的社会组织，申请公开募捐资格，应当符合下列条件：

（一）根据法律法规和本组织章程建立规范的内部治理结构，理事会能够有效决策，负责人任职符合有关规定，理事会成员和负责人勤勉尽职，诚实守信；

（二）理事会成员来自同一组织以及相互间存在关联关系组织的不超过三分之一，相互间具有近亲属关系的没有同时在理事会任职；

（三）理事会成员中非内地居民不超过三分之一，法定代表人由内地居民担任；

（四）秘书长为专职，理事长（会长）、秘书长不得由同一人兼任，有与本慈善组织开展活动相适应的专职工作人员；

（五）在省级以上人民政府民政部门登记的慈善组织有三名以上监事组成的监事会；

（六）依法办理税务登记，履行纳税义务；

（七）按照规定参加社会组织评估，评估结果为3A及以上；

（八）申请时未纳入异常名录；

（九）申请公开募捐资格前二年，未因违反社会组织相关法律法规受到行政处罚，没有其他违反法律、法规、国家政策行为的。

《慈善法》公布前设立的非公募基金会、具有公益性捐赠税前扣除资格的社会团体，登记满二年，经认定为慈善组织的，可以申请公开募捐资格。

第六条 慈善组织申请公开募捐资格，应当向其登记的民政部门提交下列材料：

（一）申请书，包括本组织符合第五条各项条件的具体说明和书面承诺；

（二）注册会计师出具的申请前二年的财务审计报告，包括年度慈善活动支出和年度管理费用的专项审计；

（三）理事会关于申请公开募捐资格的会议纪要。

有业务主管单位的慈善组织，还应当提交经业务主管单位同意的证明材料。

评估等级在4A及以上的慈善组织免于提交第一款第二项、第三项规定的材料。

第七条 民政部门收到全部有效材料后，应当依法进行审核。

情况复杂的，民政部门可以征求有关部门意见或者通过论证会、听证会等形式听取意见，也可以根据需要对该组织进行实地考察。

第八条 民政部门应当自受理之日起二十日内作出决定。对符合条件的慈善组织，发给公开募捐资格证书；对不符合条件的，不发给公开募捐资格证书并书面说明理由。

第九条 《慈善法》公布前登记设立的公募基金会，凭其标明慈善组织属性的登记证书向登记的民政部门申领公开募捐资格证书。

第十条 开展公开募捐活动，应当依法制定募捐方案。募捐方案包括募捐目的、起止时间和地域、活动负责人姓名和办公地址、接受捐赠方式、银行账户、受益人、募得款物用途、募捐成本、剩余财产的处理等。

第十一条 慈善组织应当在开展公开募捐活动的十日前将募捐方案报送登记的民政部门备案。材料齐备的，民政部门应当即时受理，对予以备案的向社会公开；对募捐方案内容不齐备的，应当即时告知慈善组织，慈善组织应当在十日内向其登记的民政部门予以补正。

为同一募捐目的开展的公开募捐活动可以合并备案。公开募捐活动进行中，募捐方案的有关事项发生变化的，慈善组织应当在事项发生变化之日起十日内向其登记的民政部门补正并说明理由。

有业务主管单位的慈善组织，还应当同时将募捐方案报送业务主管单位。

开展公开募捐活动，涉及公共安全、公共秩序、消防等事项的，还应当按照其他有关规定履行批准程序。

第十二条 慈善组织为应对重大自然灾害、事故灾难和公共卫生事件等突发事件，无法在开展公开募捐活动前办理募捐方案备案的，应当在公开募捐活动开始后十日内补办备案手续。

第十三条 慈善组织在其登记的民政部门管辖区域外，以《慈善法》第二十三条第一款第一项、第二项方式开展公开募捐活动的，除向其登记的民政部门备案外，还应当在开展公开募捐活动十日前，向其开展募捐活动所在地的县级人民政府民政部门备案，提交募捐方案、公开募捐资格证书复印件、确有必要在当地开展公开募捐活动的情况说明。

第十四条　慈善组织开展公开募捐活动应当按照本组织章程载明的宗旨和业务范围，确定明确的募捐目的和捐赠财产使用计划；应当履行必要的内部决策程序；应当使用本组织账户，不得使用个人和其他组织的账户；应当建立公开募捐信息档案，妥善保管、方便查阅。

第十五条　慈善组织开展公开募捐活动，应当在募捐活动现场或者募捐活动载体的显著位置，公布本组织名称、公开募捐资格证书、募捐方案、联系方式、募捐信息查询方法等。

第十六条　慈善组织通过互联网开展公开募捐活动的，应当在民政部统一或者指定的慈善信息平台发布公开募捐信息，并可以同时在以本慈善组织名义开通的门户网站、官方微博、官方微信、移动客户端等网络平台发布公开募捐信息。

第十七条　具有公开募捐资格的慈善组织与不具有公开募捐资格的组织或者个人合作开展公开募捐活动，应当依法签订书面协议，使用具有公开募捐资格的慈善组织名义开展公开募捐活动；募捐活动的全部收支应当纳入该慈善组织的账户，由该慈善组织统一进行财务核算和管理，并承担法律责任。

第十八条　慈善组织为急难救助设立慈善项目，开展公开募捐活动时，应当坚持公开、公平、公正的原则，合理确定救助标准，监督受益人珍惜慈善资助，按照募捐方案的规定合理使用捐赠财产。

第十九条　慈善组织应当加强对募得捐赠财产的管理，依据法律法规、章程规定和募捐方案使用捐赠财产。确需变更募捐方案规定的捐赠财产用途，应当召开理事会进行审议，报其登记的民政部门备案，并向社会公开。

第二十条　慈善组织应当依照有关规定定期将公开募捐情况和慈善项目实施情况向社会公开。

第二十一条　具有公开募捐资格的慈善组织有下列情形之一的，由登记的民政部门纳入活动异常名录并向社会公告：

（一）不符合本办法第五条规定条件的；

（二）连续六个月不开展公开募捐活动的。

第二十二条　慈善组织被依法撤销公开募捐资格的，应当立即停止公开募捐活动并将相关情况向社会公开。

出现前款规定情形的，民政部门应当及时向社会公告。

第二十三条　慈善组织有下列情形之一的，民政部门可以给予警告、责令限期改正：

（一）伪造、变造、出租、出借公开募捐资格证书的；

（二）未依照本办法进行备案的；

（三）未按照募捐方案确定的时间、期限、地域范围、方式进行募捐的；

（四）开展公开募捐未在募捐活动现场或者募捐活动载体的显著位置公布募捐活动信息的；

（五）开展公开募捐取得的捐赠财产未纳入慈善组织统一核算和账户管理的；

（六）其他违反本办法情形的。

第二十四条 公开募捐资格证书、公开募捐方案范本等格式文本，由民政部统一制定。

第二十五条 本办法由民政部负责解释。

第二十六条 本办法自 2016 年 9 月 1 日起施行。

上海市慈善超市创新发展三年规划（2017—2019年）

沪民慈发〔2017〕1号

慈善超市是以社会公众自愿无偿捐助为基础、借助超级市场管理和运营模式，为困难群众提供物质帮扶和志愿服务的社会服务机构。目前，全国各地已建立各类慈善超市万余家，在汇集社会捐助、促进扶贫帮困、提供志愿服务等方面发挥了积极的作用。2003年5月，全国第一家慈善超市在上海开业。截至2016年底，全市共建立各类慈善超市近150家，为慈善事业在基层的延伸和发展奠定了良好的工作基础。为进一步推进新形势下慈善超市的创新和发展，现结合上海实际，特制定本规划。

一、指导思想

深入贯彻落实《中华人民共和国慈善法》《国务院关于促进慈善事业健康发展的指导意见》（国发〔2014〕61号）、《民政部关于加强和创新慈善超市建设的意见》（民发〔2013〕217号）、《上海市人民政府关于促进本市慈善事业健康发展的实施意见》（沪府发〔2015〕77号）的有关精神和要求，充分发挥市场和社会力量在慈善超市建设中的决定性作用，以体制机制创新为重点，以社会化运营为方向，以增强慈善超市自我发展能力和社会服务功能为目标，把慈善超市建设成布局合理、功能多样、充满活力、运行规范的慈善综合服务平台，为上海慈善事业发展奠定坚实的基层基础。

二、基本原则

——坚持公益属性。把服务社会公众特别是困难群众作为慈善超市建设的出发点和落脚点，发挥扶贫济困作用，健全慈善超市的款物募集功能、困难群众救助功能、志愿服务功能、便民服务功能和慈善文化传播功能。

——坚持社会化方向。加快职能转移，逐步把慈善超市交给社会组织、居民自治组织等市场主体去运营，鼓励社会力量通过租赁、合建等方式参与慈善超市建设。

——坚持资源整合。加强本区域物资统筹，强化慈善超市在低保对象、低收入群体、临时性困难群体、支出型贫困群体的帮扶款物发放等方面的功能，发挥慈善超市作为帮扶款物统一发放点的作用。

——坚持因地制宜。结合各地区慈善事业发展状况和特点，规范有序推进慈善超市发展，积极探索和创新适应本区域实际的慈善超市发展形式和体制机制。

三、工作目标

——实现慈善超市街镇（乡）全覆盖。以社会需求为导向，以实现有效保障为重点，科学合理布点布局，到2019年底，实现本市各街镇（乡）慈善超市的全覆盖。

——推行慈善超市标准化建设试点。积极研究探索，提高慈善超市的管理水平和运行效率，在全市推行慈善超市标准化建设试点工作。

——建立慈善超市从业人员培训机制。每年对慈善超市从业人员开展培训，努力培养一支政治素质好、专业水平高、法制观念强的人员队伍。

通过各项工作目标的实现，进一步促进慈善超市突出帮困职责、拓展服务功能、规范运作机制、提升经营活力；进一步将全市慈善超市建设成布点布局科学合理、有效服务社会公众、延伸公共管理渠道、弘扬传播慈善文化的基层工作平台。

四、主要任务

（一）完善区域布点，实现街镇（乡）全覆盖

坚持"实事求是、科学规划、分类实施、方便群众、便于管理"的原则，逐步推动形成覆盖全市的慈善超市网络。到2019年底，各区实现各街镇（乡）慈善超市的全覆盖。目前尚未完成各街镇（乡）全覆盖的区，要抓紧在街镇（乡）层面布点，有针对性地推进慈善超市布点建设。

（二）实施标准化工作，推动可持续发展

市民政局将出台慈善超市设施和服务规范，有计划地推进慈善超市标准化试点工作，推动形成慈善超市自我驱动、可持续的发展模式。各区民政局要因地制宜，按标准化要求新建慈善超市，对已建的慈善超市进行标准化改建，统筹规划，有序推进本区域的慈善超市标准化工作。

（三）推进法人登记，拓展经营模式

独立运营的慈善超市应当进行社会服务机构（民办非企业单位）登记，成为自我管理、自我约束的独立法人单位。暂不具备法人登记条件的，可委托有法人资质的社会力量进行社会化运营，或通过合作等方式与具备法人身份的慈善超市联建联营，条件成熟时，再办理法人登记手续。委托社会力量运营或实施联建联营的慈善超市，应与合作方签订相关协议，明确界定各自职责。有条件的慈善超市可以探索捐赠物资再生加工和门店销售一体化的模式。鼓励爱心企业，与慈善超市建立慈善物品捐赠合作关系，通过设立爱心专柜等途径，为困难群体提供切实有效的帮助。

（四）加强社会化运营，整合各方资源

充分发挥市场和社会力量在慈善超市建设中的作用，大胆探索慈善超市社会化运营的新方式、新机制，鼓励社会组织、居民自治组织等根据自身特点和能力举办慈善超市。对现有的慈善超市，可采取公建民营、委托管理等方式，交给有资质、有爱心、懂经营、会管理的社会组织、居民自治组织等进行管理和运营。鼓励有条件的区探索慈善超市与品牌连锁超市实行联建联营，通过运作机制和经营模式的创新，进一步提升慈善超市的活力。引导社会各界进行捐赠，帮助困难群众解决基本生活需求，面向困难群众提供基本生活物资领取等服务。探索慈善超市集群发展道路，建立动态化数据库和实行网络化管理。探索慈善超市与民政业务相结合，可以与福利彩票管理机构、社区服务中心、老年人日间照护中心、上海市敬老卡联盟等加强合作，向周边社区居民提供商品售卖、彩票销售、代收代缴公共事业费、居家养老服务等便民利民生活服务。

（五）打造公益团队，积聚人力资源

积极探索并打造"经理＋社工＋志愿者"的公益团队，建立市场化发展的激励机制，充分调动从业人员的积极性。慈善超市应聘用专业管理人员，有效推进经营管理。慈善超市可设立社工岗位，聘用专职社工，负责慈善超市的服务工作。慈善超市可设置公益服务岗位，开发公益服务项目，招募志愿者。鼓励有条件的慈善超市提供公益性岗位，安置残疾人就业。鼓励有条件的慈善超市申报上海公益基地，开展慈善项目，记录服务时间，公开捐赠记录等。

（六）加强业务培训，提升从业队伍素质

市民政局每年对慈善超市新从业人员开展业务培训，各区民政局每年对本区慈善超市全体从业人员开展不少于一次的业务培训。业务培训要重点加强款物管理方面的培训，严格实行收支两条线，社会捐赠和经营性收入要隔离管理、分别核算，募得物资要做好消毒、分拣、仓储、估值、处理等；要重点加强"阳光运作"方面的培训，及时公布捐赠款物接收、使用和去向情况，方便捐赠人查询，并自觉接受媒体和社会公众监督等；要重点加强日常管理方面的培训，在慈善超市设置统一的店面标识，规范开展志愿服务，做好消防安全、食品卫生安全和安全生产工作等。

五、保障措施

（一）切实加强组织领导

市民政局把慈善超市工作纳入年度重点工作，对全市慈善超市创新发展作统筹规划，并将各区慈善超市工作情况纳入年度业务考核范畴。各区要把慈善超市工作纳入推进民政事业特别是慈善事业发展的重要议事日程，科学谋划慈善超市布局，每年年初上报新建慈善超市计划数，年底上报新建慈善超市完成数，定期上报本区慈善超市的建设情况。各街镇（乡）要和区民政局密切配合，加强沟通，有效落实慈善超市的布点建设，合力推动慈善超市的创新发展。

（二）积极提供支持扶持

市民政局要加强调查研究和规划引导，研究制定有利于慈善超市发展的政策；加大政府购买服务力度，积极做好慈善超市扶持经费保障工作；探索与大型品牌连锁超市的沟通与协调，因地制宜、就近就便加强对区域内慈善超市的支持与合作，支持慈善超市发展。各区民政局要积极与相关部门协调统筹，加大人力、物力、财力等方面的投入，在税收优惠等方面提供适当的支持；每年要安排一定比例的财政性资金，扶持慈善超市发展；统筹安排和有序推进本区域街镇（乡）慈善超市全覆盖的工作，加强对本区慈善超市创新发展的指导和协调；加强区域内的物资统筹，发挥好慈善超市作为帮扶款物统一发放点的作用。各街镇（乡）要为慈善超市创造良好的运营环境，为慈善超市提供场地、用水、用电等方面的支持。

（三）严格加强验收和监管

市民政局要每年对各区新建慈善超市的完成情况进行抽查，对本市慈善超市发展中遇到的新情况、新问题加强研究和指导。各区民政局要每年对本区的新建慈善超市进行检查验收，对本区慈善超市为困难群众提供物质帮扶、开展的公益项目和运营状况等进行数据统计和综合评估，并将相关情况报市民政局。各街镇（乡）要对所在区域慈善超市的日常运行加强监督和管理。

（四）广泛开展宣传引导

市民政局要广泛发动各级媒介，加强对慈善超市及相关工作的宣传报道和舆论引导。各区民政局要充分利用区有线电视、报刊、微博微信等媒体加强宣传。各街镇（乡）要充分利用多媒体平台、社区报、信息简报、居（村）委会报刊画廊和电子屏等途径，提高慈善超市的知晓度和社会公信力，宣传和弘扬慈善文化，倡导和培养捐助意识，营造"人人可慈善、人人做慈善"的良好氛围。

各区民政局要结合本区实际情况，制定相关工作方案，及时报送市民政局慈善事业促进处。市民政局适时对各区贯彻落实情况进行专项督查，总结各区实践经验，推广优秀工作典型，对落实工作做得好的区给予鼓励。

附件：

上海市慈善超市 2019 年底布点建设一览表

区名	现有慈善超市数量	街道数	镇数	乡数	区布点总数
黄浦区	10	10	—	—	10
徐汇区	5	12	1	—	13
长宁区	9	9	1	—	10
静安区	14	13	1	—	14
普陀区	9	8	2	—	10
虹口区	8	8	—	—	8
杨浦区	8	11	1	—	12
闵行区	13	4	9	—	13
宝山区	2	3	9	—	12
嘉定区	2	3	7	—	10
浦东新区	33	12	24	—	36
金山区	11	1	9	—	10
松江区	8	6	11	—	17
青浦区	2	3	8	—	11
奉贤区	5	2	8	—	10
崇明区	5	—	16	2	18
合 计	144	105	107	2	214

注：统计情况截至 2016 年 12 月 31 日。

主要参考文献

[1] 朱力. 起步中的中国慈善事业 [J]. 南京社会科学, 2000 (12): 37－40.

[2] 郑功成. 中国社会福利发展论纲：从传统福利模式到新型福利制度 [J]. 社会保障制度, 2001 (1).

[3] 田凯. 机会与约束：中国福利制度转型中非营利部门发展的条件分析 [J]. 社会学研究, 2003 (2):92－100.

[4] 高功敬. 慈善超市的运行模式：济南市慈善超市的个案分析 [J]. 社会科学, 2006 (3):121－126.

[5] 李雪萍, 陈伟东. 社区慈善超市：慈善为本 市场为径 [J]. 社会主义研究, 2006 (4):71－74.

[6] 张彦. 社区慈善超市如何做久做大？：以上海的经验为例 [J]. 社会科学, 2006 (6):74－85.

[7] 方素琴. 上海市慈善超市现状分析 [J]. 中国减灾, 2007 (12): 26－27.

[8] 蒋积伟. "慈善超市"政策评价：制约"慈善超市"发展的政策因素 [J]. 社会科学研究, 2008 (2):133－137.

[9] 任晓敏, 王亚南. 慈善超市的发展及困境研究：以济南市市中区舜玉路慈善超市为个案 [J]. 理论学习, 2008 (9):34－35,39.

[10] 王伟, 刘新玲. 企业慈善超市组织和运营特色分析：以福建永辉慈善超市为例 [J]. 赤峰学院学报（自然科学版）, 2009 (6):114－115.

[11] 潘小娟, 吕洪业. 构建慈善超市长效发展机制的探索 [J]. 国家行政学院学报, 2010 (1):96－100.

[12] 彭华民. 论需要为本的中国社会福利转型的目标定位 [J]. 南开学报（哲学社会科学版）, 2010 (4):52－60.

[13] 孙璐. 试论社会资本视阈下我国社区慈善超市的运营机制 [J]. 行政与法, 2010 (6):43－46.

[14] 刘青. 社会资本视野下的慈善超市发展：以湖州慈善超市为例 [J]. 商场现代化, 2006 (30):168－169.

[15] 李义波. 城市困难群体救助需求研究：以南京市 W 区慈善超市制度为例 [J]. 调研世界, 2010 (12): 17—19.

[16] 肖小霞. 我国社会救助社会化之路：以"爱心超市"为研究样本 [J]. 河南社会科学, 2011 (3): 103—106.

[17] 袁晶. 我国慈善超市的定位与发展：与 Goodwill 的对比分析 [J]. 社会工作（学术版）, 2011 (10): 82—85.

[18] 汪大海, 杨永娇. 中西方慈善超市的发展模式及造血机制比较研究 [J]. 中国民政, 2012 (10): 31—34.

[19] 马德峰. 慈善超市救助工程多维释义 [J]. 成都理工大学学报（社会科学版）, 2013 (2): 64—68, 74.

[20] 王云斌. 运营社会化：中国慈善超市可持续发展路线图：美国好意商店和英国乐施商店的启示 [J]. 社会福利（理论版）, 2013 (5): 47—51, 46.

[21] 赵敏. 社会企业视角下我国慈善超市发展模式探讨 [J]. 民族论坛, 2013 (6): 100—103.

[22] 马德峰. 慈善超市社会工程的表征及其推进 [J]. 南通大学学报（社会科学版）, 2014 (4): 115—120.

[23] 王向民. 中国社会组织的项目制治理 [J]. 经济社会体制比较, 2014 (5): 130—140.

[24] 冯敏良. 我国慈善超市的发展瓶颈与生存智慧 [J]. 江苏大学学报（社会科学版）, 2014 (6): 52—57.

[25] 郑乐平. 慈善的"道"与"术" [J]. 至爱, 2017 (8): 40—41.

[26] 谢家琛, 李鸿兴. 慈善超市体制机制改革研究：以上海模式为例 [J]. 社会福利（理论版）, 2018 (9) 46—54.

[27] 民政部. 2012—2016 年社会服务发展统计公报 [EB/OL]. 民政部网站 http://www.mca.gov.cn.

[28] 帅庆. 社会学视野下的武汉市"慈善超市"研究 [D]. 武汉：华中科技大学, 2006.

[29] 晋燕. 北京慈善超市发展面临的困境及其对策分析：兼论美国好意慈善事业组织 [D]. 北京：中共北京市委党校, 2008.

[30] 杨玉娟. 我国慈善超市运营机制研究：以苏州市 Y 慈善超市为个案 [D]. 苏州：苏州大学, 2012.

[31] 孙立平, 晋军, 何江穗, 等. 动员与参与：第三部门募捐机制个案研究 [M]. 杭州：浙江人民出版社, 1999.

[32] 田凯. 非协调约束与组织运作：中国慈善组织与政府关系的个案

研究[M].北京：商务印书馆，2004.

[33] 陶传进.社会公益供给：NPO、公共部门与市场[M].北京：清华大学出版社，2005.

[34] 徐卫华.发展慈善事业的理念认知与行为方式[M].北京：中共中央党校出版社，2006.

[35] 王宏波，等.社会工程研究引论[M].北京：中国社会科学出版社，2007.

[36] 杨团，葛道顺.和谐社会与慈善事业[M].北京：社会科学文献出版社，2007.

[37] [美] 莱斯特·M.萨拉蒙.公共服务中的伙伴[M].田凯，译.北京：商务印书馆，2008.

[38] 王名.中国民间组织30年：走向公民社会1978—2008[M].北京：社会科学文献出版社，2008.

[39] 田鹏颖.社会工程哲学[M].北京：人民出版社，2008.

[40] 上海市慈善基金会，上海慈善事业发展研究中心.慈善：创新与发展[M].上海：上海社会科学院出版社，2009.

[41] 王浦劬，莱斯特·M.萨拉蒙，等.政府向社会组织购买公共服务研究：中国与全球经验分析[M].北京：北京大学出版社，2010.

[42] 林伟贤，魏炜.慈善的商业模式[M].北京：机械工业出版社，2011.

[43] [美] 马修·比索普，迈克尔·格林.慈善资本主义：富人在如何拯救世界[M].丁开杰等，译.北京：社会科学文献出版社，2011.

[44] 陈秀峰，张华侨.慈善唤醒中国[M].北京：中国社会科学出版社，2011.

[45] 赵华文，李雨.慈善的真相[M].合肥：安徽人民出版社，2012.

[46] 刘亚莉.慈善组织财务信息披露质量研究[M].北京：化学工业出版社，2013.

[47] [美] 马克·T.布雷弗曼，诺曼·A.康斯坦丁，等.慈善基金会和评估学：有效慈善行为的环境与实践[M].陈津竹，刘佳，姚宇译.北京：中国劳动社会保障出版社，2013.

[48] 江苏省统计局，等.江苏统计年鉴（2013）[M].北京：中国统计出版社，2013.

[49] [美] 罗伯特·L.佩顿，等.慈善的意义与使命[M].郭烁，译.北京：中国劳动社会保障出版社，2013.

[50][美]彼得·弗朗金. 策略性施予的本质：捐助者与募集者实用指南[M]. 谭宏凯，译. 北京：中国劳动社会保障出版社，2013.

[51]杨团. 中国慈善发展报告（2014）[M]. 北京：社会科学文献出版社，2014.

[52]张良. 我国社会组织转型发展的地方经验：上海的实证研究[M]. 北京：中国人事出版社，2014.

[53]袁浩，刘绪海. 社会组织治理的公共政策研究[M]. 桂林：广西师范大学出版社，2014.

[54][美]比尔·萨莫维尔，弗雷德·塞特伯格. 草根慈善[M]. 吴靖等，译. 北京：商务印书馆，2014.

[55]商道纵横. 跨界对话：公益项目实战宝典[M]. 北京：社会科学文献出版社，2016.

[56]法律出版社法规中心汇编. 中华人民共和国慈善法[M]. 北京：法律出版社，2016.

[57]贺海涛，聂新平. 基层社区治理的创新实践：国家治理现代化视野下的罗湖探索[M]. 北京：中国社会科学出版社，2016.

[58]王名. 慈善组织与慈善项目评估标准研究[M]. 北京：中国社会出版社，2017.

[59][美]劳伦斯·J. 弗里德曼，马克·D. 麦加维. 美国历史上的慈善组织、公益事业和公民性[M]. 徐家良等，译. 上海：上海财经大学出版社，2016.

[60][美]郭超，沃尔夫冈·比勒菲尔德. 公益创业：一种以事实为基础创造社会价值的研究方法[M]. 徐家良等，译. 上海：上海财经大学出版社，2017.

[61][美]佩内洛普·卡格尼，伯纳德·罗斯. 全球劝募：变动世界中的慈善公益规则[M]. 徐家良等，译. 上海：上海财经大学出版社，2018.

[62]Wuthnow R. Between States and Markets: the Voluntary Sector in Comparative Perspective. Princeton: Princeton University Press, 1991.

[63]Young N, Woo A. An Introduction to the Nonprofit Sector in China. Kent: Charities Aid Foundation, 2000.